法官谈维权系列

刘玉民 总主编

法官谈

怎样保护

妇女和儿童权益

刘玉民　刘珍君　曲爽　编著

THE JUDGE TALKS
ABOUT RIGHTS PROTECTION
SERIES

中国民主法制出版社

全国百佳图书出版单位

图书在版编目（CIP）数据

法官谈怎样保护妇女和儿童权益/刘玉民，刘珍君，曲爽编著．—北京：中国民主法制出版社，2023.3

（法官谈维权系列/刘玉民主编）

ISBN 978－7－5162－3056－5

Ⅰ.①法… Ⅱ.①刘… ②刘… ③曲… Ⅲ.①妇女儿

童权益保护—案例—中国 Ⅳ.①D922.75

中国国家版本馆 CIP 数据核字（2023）第 002270 号

图书出品人：刘海涛

责 任 编 辑：逯卫光

书名/ **法官谈怎样保护妇女和儿童权益**

作者/ 刘玉民 刘珍君 曲 爽 编著

出版·发行/ 中国民主法制出版社

地址/ 北京市丰台区右安门外玉林里 7 号（100069）

电话/ （010）63055259（总编室） 63058068 63057714（营销中心）

传真/ （010）63055259

http：//www. npcpub. com

E-mail：mzfz@ npcpub. com

经销/ 新华书店

开本/ 16 开 710 毫米×1000 毫米

印张/ 20.75 **字数**/ 293 千字

版本/ 2023 年 6 月第 1 版 2023 年 6 月第 1 次印刷

印刷/三河市宏图印务有限公司

书号/ ISBN 978－7－5162－3056－5

定价/ 76.00 元

作者简介

刘玉民 男，北京市密云区人民法院党组书记、院长，二级高级法官，法学博士。曾任北京市高级人民法院组织宣传处处长、办公室主任，北京市西城区人民法院党组副书记、副院长。出版著作100余部，参与省部级课题12个，发表理论文章52篇，获得学术调研奖项33次。

刘珍君 女，1985年生，研究生学历，法学硕士，北京市密云区人民法院刑庭（少年法庭）副庭长、四级高级法官。获评北京法院民事审判业务标兵、北京法院先进法官、北京法院立案（速裁）业务标兵、北京法院先进审判团队、北京市密云区政法系统政法英模和先进典型等。2022年当选北京市第十三次党代会代表。始终坚持问题导向，聚焦审判实践，及时将案件审理中对疑难问题的思考、对法律适用的探索转化为具有实践意义的理论成果，发表法学理论文章31篇，调研成果获市级以上奖项4次，与党组书记、院长刘玉民合作撰写的《心灵探微与危机干预：刑事审判中未成年被害人心理干预机制之构建》在全国第七次少年法庭工作会议论文评选中荣获二等奖。

曲 爽　女，1986年11月生，中共党员，毕业于中国政法大学，2009年7月入职北京市密云区人民法院，于2016年5月成为首批员额法官，现为二级法官。曾荣获优秀共产党员、调解能手、实干先锋等多项荣誉，并多次获得"优秀""嘉奖"。所撰写的论文和稿件，先后获得北京市法院第24届学术讨论会三等奖、北京市法院刊物稿件三等奖，撰写的案例被《中国法院年度案例》丛书采用。

总序

习近平总书记指出："依法治国是坚持和发展中国特色社会主义的本质要求和重要保障，是实现国家治理体系和治理能力现代化的必然要求。我们要实现经济发展、政治清明、文化昌盛、社会公正、生态良好，必须更好发挥法治引领和规范作用。"党的十八大以来，以习近平同志为核心的党中央从全局和战略高度定位法治、布局法治、厉行法治，领导全党全国人民解决了许多长期想解决而没有解决的法治难题，办成了许多过去想办而没有办成的法治大事，开辟了全面依法治国的新境界，推动法治中国建设取得了历史性的成就，创立了习近平法治思想，实现了马克思主义法治理论中国化时代化的历史性飞跃，为全面依法治国提供了根本遵循和行动指南。党对全面依法治国的领导更加坚强有力，健全了党领导法治建设的工作机制和程序，建立起党政主要负责人履行推进法治建设第一责任人职责制度。宪法得到全面贯彻实施，设立国家宪法日和宪法宣誓制度，宪法制度已转化为治国理政的强大效能。法律规范体系更加完备系统管用，坚持科学立法、民主立法、依法立法，统筹推进"立改废释纂"，修改宪法，编纂民法典，加快重点领域、新兴领域、涉外领域立法，以良法促进了发展、保障了善治。法治政府建设迈上新台阶，颁布和实施了两个五年《法治政府建设实施纲要》，深入推进"放管服"改革，持续深化行政执法体制改革，法治政府建设推进机制基本形成，依法行政制度体系日益健全，严格规范公正文明执法水平普遍提高。司法体制改革取得历史性突破，司法质量、效率和公信力持续提升，人民群众对司法公正的认可度明显提高。法治社会建设取得实质性进展，全社会办事依法、遇事找法、解决问题用法、化解矛盾靠法的法治环境正在逐步形成。涉外法治工作开辟新局面，运用法治手段维护国家主权、安全、发展利益的能力显著提升。依规治党实现历史性跃升，党内法规制度建设推进力度之大前所未有，依规治党取得成效之显著前所未有，为世界政党治理贡献了中国智慧和中国方案。法治工作队伍建设成效卓著，忠于党、忠于国家、忠于人民、忠于法律的队伍逐步建成，法治工作队伍的规模、结构和素质更加优化。

法律是神圣的，但不是神秘的。深入开展全民普法，大力弘扬社会主义法治文化，让法律走出神圣的殿堂，来到人民群众中间，是习近平法治思想的重要内容，也是法律职业者重要而光荣的职责。作为首都基层法院，我们自觉履行"谁执法谁普法"的主体责任，通过庭审直播、新闻发布、"法律十进"、"法院开放日"等形式，线上线下有机结合，积极开展普法宣传。开展庭审网络直播，方便人民群众足不出户"在线学法"；全面推进新闻发布月例会制度，针对热点问题梳理典型案例、总结类案特点、作出法官提示，召开发布会；组织法官送法进机关、进学校、进社区、进企业、进军营等"法律十进"专场，精准开展"定制普法"；在国家宪法日等重要节点举行"法院开放日"活动，邀请社会各界近距离参与司法实践。通过官方微博、微信公众号、今日头条等新媒体平台，发布原创普法漫画、视频、公益广告，借力互联网让法治宣传深入人心。同时，深挖"密、云、法、院"四字内涵，建立"密之语"心理工作室，创办《云之声》院刊，打造"法之谈"培训品牌，树立"院之人"集体群像，努力形成"水云深处"书香密法的浓厚氛围。与中央民族大学、北京航空航天大学、北京农学院等高校密切联系，共同开展实践调查、理论研讨、课题研究，促进法学教育与司法实践良性互动、有机结合，不断提升各项工作水平。

法律的生命在于适用，案例是法律适用的结晶，是活的法律。马克思曾言："法律是普遍的。应当根据法律来确定的案件是个别的。要把个别的现象归结为普遍的现象就需要判断。法官的责任是当法律运用到个别场合时，根据他对法律的诚挚的理解来解释法律。"可以说，人民法官正是通过公正审理各类案件，向社会解释着法律、传输着正义。每一个司法案例都蕴藏着法官的判断和思考，都体现着法官的经验和智慧。运用司法案例进行普法宣传，既贴近实际、贴近生活、贴近群众，又案法交融、前沿权威、通俗易懂，具有强大的生命力和重要的现实意义。有鉴于此，我院与中国民主法制出版社反复研究论证，策划了这套"法官谈维权系列"丛书。

该套丛书包括未成年人权益保护、公民权益损害赔偿、婚姻家庭与继承权益守护、务工人员权益保护、妇女和儿童权益保护、消费者权益保护和老年人权益守护7册内容，15名优秀法官参与编写，很多案例改编于他们审理的真实案例。丛书内容全面系统，案例新颖精准，体例和谐统一，分析透彻简明，相信必将成为广大学法、用法者的良师益友。在此特别感谢中国民主法制出版社给予的难得机会，为我院持续抓好审判主业、着力提升工作质效、全面培养人才骨干提供了坚实抓手和有益载体，也实现了我院与出版单位全面合作、协同共进的多年愿望。

奉法者强则国强，奉法者弱则国弱。我们将时刻牢记职责使命，以党和国家大局为重，以最广大人民利益为念，坚守法治精神、忠诚敬业、锐意进取、勇于创新，与广大法界同人携手奋进，努力为中国特色社会主义法治国家建设作出更大的贡献。

是为序。

北京市密云区人民法院
党组书记、院长 刘玉民
2022年10月

前言

　　党的十八大以来，以习近平同志为核心的党中央高度重视包括妇女、儿童权益在内的人权保障。习近平总书记在党的二十大报告中明确提出"坚持男女平等基本国策，保障妇女儿童合法权益"。"保障妇女儿童合法权益"第三次被写进报告，充分彰显党对妇女儿童事业发展的高度重视。保障妇女儿童的合法权益，是我国宪法的一项基本要求，也是我国民法典的重要原则之一。对妇女儿童合法权益的特别保护，体现了我们党和国家关怀妇女、爱护儿童的崇高精神。坚持这一原则，对于切实贯彻男女平等原则，形成良好的家庭家教家风，建设社会主义精神文明，都具有十分重要的意义。

　　目前，妇女儿童权益的保障取得了长足进步，妇女儿童健康保障水平也进一步提高，但现实中仍然存在一些侵害妇女儿童合法权益的现象，重男轻女、家庭暴力、虐待拐卖等侵害妇女儿童权益的不法行为仍有发生。虽然从法律上，妇女在政治、经济、文化、社会、家庭等各方面享有同男子平等的权利，但法律上的平等并不意味着在现实中一定实现平等。儿童是祖国的未来，儿童的身心都处于成长发育阶段，需要家庭、社会给予广泛的关注，并为之提供良好的成长环境。妇女儿童权益保障水平，事关民众的安全感、获得感、幸福感，是社会文明进步的重要标志。为了回应妇女儿童权益保护的新期待，人民法院正不断完善妇女儿童权益保障工作。近年来，人民法院"零容忍""依法严惩""绝不姑息"，严惩各类侵犯妇女儿童权益的违法行为，公正高效审理涉妇女儿童权益案件。在依法保障妇女儿童权益的道路上，人民法院留下阔步向前、提升跨越的坚实足迹。

　　本书是"法官谈维权系列"丛书的组成部分，密切结合新出台的法律、法规和司法解释，将民法典最新精神与反家庭暴力法、预防未成年人犯罪法、未成年人保护法等法律法规的基本理论和实践发展结合起来，多角度、全方位地分析问题，为人们提供通俗易懂的法律知识和有效的问题解决途径。

考虑到本书特殊的读者群，在编写过程中，我们力求让它成为一本通俗易懂、简明实用的普法读物。内容涵盖了妇女的婚姻家庭权益保护、财产权益保护、儿童受教育权益保护等领域，形式统一、结构完整、思路清晰、语言朴实、风格清新。在体例上坚持问题导向，将每一个案例分为四个部分——"维权要点""典型案例""法官讲法""法条指引"，以设问方式提出问题，以简洁、质朴的语言阐明要点，用时效性、现实性强的典型案例讲述故事，理论深入浅出，分析细致入微，选取精准权威的法条供读者参考，使读者能够多角度地理解有关的法律问题，力求既能全面系统又能重点突出地向全社会宣传相关法律知识，使社会公众从中受到启发和教育。

本书广泛参考了现有的研究成果与资料，中国民主法制出版社编审逯卫光、北京市密云区人民法院教育培训组负责人杨雪做了大量的协调工作，在此一并表示衷心的感谢。同时，由于时间仓促，编者水平有限，书中疏漏之处在所难免，望广大读者批评指正。

编　者

2022 年 10 月

目录

CONTENTS

第一章　妇女婚姻家庭权益维护

1. 母亲无法母乳喂养小孩，能否取得对非婚生子女的抚养权？

【维权要点】

非婚生子女由哪一方抚养，首先由父母双方协商，如协商不能达成协议时，人民法院要综合考量子女的利益和父母双方的具体情况，作出判断和裁判。

【典型案例】

林某（男）和赵某（女）均有自己的家庭，两人因为在同一单位上班，时间一长便产生了婚外恋情，2021年5月，赵某与林某生下一子。赵某决定对孩子进行人工喂养，但遭到林某的强烈反对，双方由此产生了矛盾。2022年5月，林某将赵某告上法庭，请求变更孩子抚养权。为了让儿子留在自己的身边，赵某在法庭上据理力争。她称林某有自己的家庭和女儿，非婚生儿子随其家庭成员生活必然对孩子不利。另外，自身是因为患有妇科疾病，才无法母乳喂养。而且林某工作繁忙，无暇照顾孩子，孩子出生后也没有尽到抚养义务，此外，自己的父母愿意共同抚养孩子，已经具备了抚养孩子的各种条件。

【法官讲法】

《最高人民法院关于适用〈中华人民共和国民法典〉婚姻家庭编的解释（一）》（以下简称《民法典婚姻家庭编司法解释（一）》）第3条规定：当事人提起诉讼仅请求解除同居关系的，人民法院不予受理；已经受理的，裁定驳回起诉。当事人因同居期间财产分割或者子女抚养纠纷提起诉讼，人民法院应当受理。非婚生子女享有与婚生子女同等的权利，任何组织或者个人不得加以危害和歧视。关于非婚生子女的抚养权问题，应当按照下列原则解决：双方的非婚生子女由哪一方抚养，首先由双方协商；如协商不能达成协议时，人民法院要根据子女的利益和双方的具体情况进行判决。对于哺乳子女，原则上由母亲方抚养，如果父亲方条件较好，母亲方又同意由父亲方抚养，也可由父亲方抚养。子女已满8周岁的，应当尊重其真实意愿。无论子女归哪一方抚养，抚养方都要尽到养育的法律义务，引导子女的身心向健康的方向发展。未尽抚养责任的一方，也有责任对子女给予关怀和提供物质帮助。

在本案中，赵某和林某都有抚养孩子的经济能力，且都希望自己对孩子进行抚养，但是应当看到，孩子出生后就跟着母亲赵某生活，虽然赵某无法母乳喂养，但是因为客观条件使她没办法用母乳喂养，并不是为了某种目的，主观上排斥母乳喂养。同时，林某在孩子出生的一段时期内并没有尽到抚养的义务，其请求变更抚养权主要是想要一个儿子传宗接代。综合来看，将该孩子交由赵某抚养是正确的。

在离婚案件或者解除非法同居关系的案件中，许多案件存在着争夺孩子抚养权的问题。其中又包括两种：其一真心爱孩子，愿意和孩子一起生活；其二为了得到房产或者更多的财产，以孩子为筹码。对于争夺抚养权的案件中，一方如果真心要孩子，就要充分举证孩子和自己生活将更有利于孩子的成长。首先，双方基本条件的举证。如思想品质、工资、文化水平等差距。其次，双方父母基本条件的举证。孩子以往的生活环境，以及长期带孩子的父母的意见及身体情况，往往也是影响孩子抚养权的一个重要方面。再次，孩子生活环境方面的举证。如果双方离婚，但有一方距离孩子学校较近，或生活小区较熟悉，对孩子入学、生活最为有利，得到孩子抚养权的机会就会更大。最后，孩子的意见相当重要。一般情况下，法院在处理抚养权问题上，会认真听取8周岁以上孩子的意见，并作笔录入卷。

【法条指引】

中华人民共和国民法典

第一千零七十一条 非婚生子女享有与婚生子女同等的权利，任何组织或者个人不得加以危害和歧视。

不直接抚养非婚生子女的生父或者生母，应当负担未成年子女或者不能独立生活的成年子女的抚养费。

第一千零八十四条　父母与子女间的关系，不因父母离婚而消除。离婚后，子女无论由父或者母直接抚养，仍是父母双方的子女。

离婚后，父母对于子女仍有抚养、教育、保护的权利和义务。

离婚后，不满两周岁的子女，以由母亲直接抚养为原则。已满两周岁的子女，父母双方对抚养问题协议不成的，由人民法院根据双方的具体情况，按照最有利于未成年子女的原则判决。子女已满八周岁的，应当尊重其真实意愿。

最高人民法院关于适用《中华人民共和国民法典》 婚姻家庭编的解释（一）

第三条　当事人提起诉讼仅请求解除同居关系的，人民法院不予受理；已经受理的，裁定驳回起诉。

当事人因同居期间财产分割或者子女抚养纠纷提起诉讼的，人民法院应当受理。

第四十四条　离婚案件涉及未成年子女抚养的，对不满两周岁的子女，按照民法典第一千零八十四条第三款规定的原则处理。母亲有下列情形之一，父亲请求直接抚养的，人民法院应予支持：

（一）患有久治不愈的传染性疾病或者其他严重疾病，子女不宜与其共同生活；

（二）有抚养条件不尽抚养义务，而父亲要求子女随其生活；

（三）因其他原因，子女确不宜随母亲生活。

第四十五条　父母双方协议不满两周岁子女由父亲直接抚养，并对子女健康成长无不利影响的，人民法院应予支持。

第四十六条　对已满两周岁的未成年子女，父母均要求直接抚养，一方有下列情形之一的，可予优先考虑：

（一）已做绝育手术或者因其他原因丧失生育能力；

（二）子女随其生活时间较长，改变生活环境对子女健康成长明显不利；

（三）无其他子女，而另一方有其他子女；

（四）子女随其生活，对子女成长有利，而另一方患有久治不愈的传染性疾病或者其他严重疾病，或者有其他不利于子女身心健康的情形，不宜与子女共同生活。

2. 单身母亲要求解除非婚生子抚养权，应当如何受理？

【维权要点】

非婚生子女与婚生子女的法律地位是相同的，父母子女间的权利义务同样适用于非婚生子女。父母与子女之间的关系是因血亲而形成的，所以无论父母方是合法夫妻，还是非法两性关系所生子女，所生育的孩子在权利义务上都同样受到法律的保护，任何人不得加以危害和歧视。

【典型案例】

黄某（女）与本居民楼内已有家室的徐某（男）发生婚外性行为，并生下非婚生子黄甲。2020 年 12 月，双方发生纠纷起诉到法院，经法院调解，黄甲归母亲黄某抚养，黄甲父亲徐某每月给付抚养费 800 元，直至黄甲 18 周岁为止。2022 年 1 月，黄某以自己是文盲，身体欠佳，无经济能力，无稳定居所等不利于黄甲成长为理由，再次起诉到法院，要求解除对黄甲的抚养关系。

【法官讲法】

本案中，黄甲系黄某与徐某的非婚生子女。所谓非婚生子女是指没有婚姻关系的男女所生的子女。包括未婚男女所生子女和已婚男女与第三方所生子女。我国法律规定非婚生子女与婚生子女的法律地位是相同的，父母子女间的权利义务同样适用于非婚生子女。父母与子女之间的关系是因血亲而形成的，所以无论父母方是合法夫妻，还是非法两性关系所生子女，所生育的孩子在权利义务上都同样受到法律的保护。非婚生子女无论由父或母任何一方直接抚养，仍是父母双方的子女。

但在现实生活中，因非婚生子女出生的特殊性，大部分都是在单亲家庭中生活，无论孩子归哪一方抚养，都会或多或少地给孩子带来不利影响，加之社会上不同程度仍存在对非婚生子女的现实歧视等问题，尤其是在一些偏僻保守的地方，对于非婚生子女的歧视非常严重。这些负面影响及对非婚生子女的伤害，更多地需要社会道德领域的调整与解决，完全依靠、运用法律是难以消除的。法律在确定非婚生子女的抚养权时，只能从有利于子女身心健康，保障子女合法权益的原则出发，结合父母双方的文化水平、经济状况、家庭环境、父母与子女之间的感情等因素，确定子女归父方或母方抚养。同时还有一项原则：婚生子女与非婚生子女之间的权利是相同的，即不能因为照顾某一方利益而损害另一方的利益。

本案中，黄某不愿意抚养孩子是没有法律依据的，根据民法典第26条规定：父母对未成年子女负有抚养、教育和保护的义务。成年子女对父母负有赡养、扶助和保护的义务。第1071条规定：非婚生子女享有与婚生子女同等的权利，任何组织或者个人不得加以危害和歧视。不直接抚养非婚生子女的生父或者生母，应当负担未成年子女或者不能独立生活的成年子女的抚养费。据此，黄某对黄甲的抚养责任不可推卸。

【法条指引】

中华人民共和国民法典

第二十六条 父母对未成年子女负有抚养、教育和保护的义务。

成年子女对父母负有赡养、扶助和保护的义务。

第一千零七十一条 非婚生子女享有与婚生子女同等的权利，任何组织或者个人不得加以危害和歧视。

不直接抚养非婚生子女的生父或者生母，应当负担未成年子女或者不能独立生活的成年子女的抚养费。

3. 夫妻约定互不承担扶养义务，该约定是否有效？

【维权要点】

我国民法典规定，夫妻可以采用书面形式明确约定婚姻关系存续期间所得的财产以及婚前财产归一方所有或双方共有。但法律同时规定，夫妻有互相扶养的义务。该扶养义务不能因双方约定而解除，换言之，夫妻互不承担扶养义务的约定是无效的。

【典型案例】

乔某（男）与毛某（女）于2013年结婚。婚后，因两人性格不合，经常发生矛盾，夫妻关系恶化。自2017年起，乔某与毛某分居。分居时，两人书面约定：收入归各自所有，互不承担扶养义务。2018年，乔某与他人合伙做生意，获利20万元。毛某于2021年起诉离婚，并要求依法分割包括分居后乔某做生意赚取的20万元在内的全部夫妻共同财产。乔某同意离婚，但认为双方在分居时已有财产约定，收入归各自所有，互不承担扶养义务。因此，分居后做生意赚取的20万元属于其个人财产，不应当作为夫妻共同财产加以分割。毛某则认为该财产是在婚姻关系存续期间取得的，属于夫妻共同财产，应当依法予以分割。

【法官讲法】

我国民法典第1065条第1款规定，男女双方可以约定婚姻关系存续期间所得的财产以及婚前财产归各自所有、共同所有或者部分各自所有、部分共同所有。约定应当采用书面形式。没有约定或者约定不明确的，适用本法第1062条、第1063条的规定。夫妻对婚姻关系存续期间所得的财产以及婚前财产的约定，对双方具有法律约束力。该条确立了夫妻约定财产制。所谓夫妻约定财产制，即"婚姻当事人通过协议的方式，对他们婚前、婚后财产的归属、占有、使用、管理、收益和处分等权利加以约定的一种法律制度"[1]。按照民法典的规定，夫妻双方对财产的约定必须同时具备实质要件和形式要件，否则，属于无效。其形式要件之一就是约定必须采用书面形式，其实质要件是对于夫妻双方婚前、婚后财产的归属、占有、使用、管理、收益和处分等权利都必须作出明确的约定。

在本案中，乔某与毛某在婚后分居时约定收入归各自所有，互不承担扶养义务。根据民法典第1059条第1款的规定，夫妻有相互扶养的义务。该扶养义务不随夫妻分居而解除。在夫妻双方分居后，如果一方患病或生活遇到困难，另一方仍然有予以扶助的义务。按照民法典第153条的规定："违反法律、行政法规的强制性规定的民事法律行为无效。但是，该强制性规定不导致该民事法律行为无效的除外。违背公序良俗的民事法律行为无效。"乔某与毛某的约定违反了民法典的有关规定，没有法律效力。即使该约定具有法律效力，也不属于民法典所规定的夫妻财产约定。夫妻财产约定的实质要件是对于夫妻双方婚前、婚后财产的归属、占有、使用、

---

[1] 马原主编：《新婚姻法条文释义》，人民法院出版社2002年版，第138页。

管理、收益和处分等权利都必须作出明确的约定。乔某与毛某的约定仅是关于分居期间夫妻之间扶养义务的约定，对夫妻双方婚前、婚后财产的归属、占有、使用、管理、收益和处分等方面没有作出全面和明确的约定，不具备夫妻财产约定的实质要件。笔者认为，根据民法典第1065条第1款的规定，在本案中，夫妻之间没有财产约定或约定不明确的，适用该法第1062条、第1063条的规定。民法典第1063条是关于归夫或妻一方所有财产的规定。法定归夫或妻一方所有的财产包括：（1）一方的婚前财产；（2）一方因受到人身损害获得的赔偿或者补偿；（3）遗嘱或者赠与合同中确定只归一方的财产；（4）一方专用的生活用品；（5）其他应当归一方的财产。在本案中，当事人所争议的财产显然不是法定的个人财产。按照民法典第1062条第1款的规定："夫妻在婚姻关系存续期间所得的下列财产，为夫妻的共同财产，归夫妻共同所有：（一）工资、奖金、劳务报酬；（二）生产、经营、投资的收益；（三）知识产权的收益；（四）继承或者受赠的财产，但是本法第一千零六十三条第三项规定的除外；（五）其他应当归共同所有的财产。"乔某在分居后做生意所赚的钱属于经营收益，应当作为夫妻共同财产加以分割。

【法条指引】

中华人民共和国民法典

第一千零五十九条 夫妻有相互扶养的义务。

需要扶养的一方，在另一方不履行扶养义务时，有要求其给付扶养费的权利。

第一千零六十二条第一款 夫妻在婚姻关系存续期间所得的下列财产，为夫妻的共同财产，归夫妻共同所有：

（一）工资、奖金、劳务报酬；

（二）生产、经营、投资的收益；

（三）知识产权的收益；

（四）继承或者受赠的财产，但是本法第一千零六十三条第三项规定的除外；

（五）其他应当归共同所有的财产。

第一千零六十三条　下列财产为夫妻一方的个人财产：

（一）一方的婚前财产；

（二）一方因受到人身损害获得的赔偿或者补偿；

（三）遗嘱或者赠与合同中确定只归一方的财产；

（四）一方专用的生活用品；

（五）其他应当归一方的财产。

第一千零六十五条　男女双方可以约定婚姻关系存续期间所得的财产以及婚前财产归各自所有、共同所有或者部分各自所有、部分共同所有。约定应当采用书面形式。没有约定或者约定不明确的，适用本法第一千零六十二条、第一千零六十三条的规定。

夫妻对婚姻关系存续期间所得的财产以及婚前财产的约定，对双方具有法律约束力。

夫妻对婚姻关系存续期间所得的财产约定归各自所有，夫或者妻一方对外所负的债务，相对人知道该约定的，以夫或者妻一方的个人财产清偿。

4. 夫妻开玩笑约定离婚协议，是否具有法律效力？

【维权要点】

在现实生活中，夫妻双方经常就人身、财产签订一些协议，应当说关于财产的协议只要不违反法律强制性规定，是双方的真实意思表示，那么该协议就是有效的，受到民法典合同编的保护。而双方针对人身关系的协议，只能靠双方的自觉遵守，一旦一方违反约定，另一方以违约为由提起诉讼是得不到法律的保护的，双方的人身关系只能由民法典婚姻家庭编来调整。

【典型案例】

张某（男，某公司业务经理）同赵某（女，某酒店服务员）于2019年8月结婚。婚后赵某在和张某一次开玩笑时写了一份协议。协议内容为：如果赵某在3年内不能给张某生个孩子的话，将自愿同张某离婚，且不要家中的任何财物。双方还在协议上签了字。至2022年9月，赵某一直没有怀孕，此时张某拿出当初的协议要同赵某离婚，而且主张家中的财产都是他的。赵某不同意离婚，并主张该协议是当初的玩笑，不具有法律效力。后张某将赵某告上法庭，要求确认协议有效，并要求离婚。

【法官讲法】

我国民法典第464条明确规定：合同是民事主体之间设立、变更、终止民事法律关系的协议。婚姻、收养、监护等有关身份关系的协议，适用有关该身份关系的法律规定；没有规定的，可以根据其性质参照适用本编规定。由此可见，夫妻关系具有人身性质，其权利义务是法定的，不能适用民法典合同编，应该适用民法典婚姻家庭编来调整。

对于婚后没有孩子提起离婚诉讼的情形，我国民法典婚姻家庭编没有明确规定，因为婚后无子的原因是复杂的，有的是一方不愿意要孩子，有的是由于夫妻一方有某种生理缺陷不能或不宜生孩子，但是无论是哪种情况，于法于情来讲，夫妻没有孩子都不能从根本上动摇婚姻关系，同时，我国民法典也规定了收养制度来弥补这一缺憾，现代医学的发展也从一定程度上能够克服生理上的缺陷。所以，婚后无子不属于双方感情破裂的情形，以该理由提起离婚诉讼的也不能得到法院的支持。

在本案中，双方的协议是无效的，是不受法律保护的，双方的婚姻关系只能受到民法典婚姻家庭编的调整。张某起诉后，赵某不同意离婚，那么双方就没有可以离婚的法定理由，张某的诉讼请求得不到法院的支持。

【法条指引】

中华人民共和国民法典

第一千零七十九条 夫妻一方要求离婚的，可以由有关组织进行调解或者直接向人民法院提起离婚诉讼。

人民法院审理离婚案件，应当进行调解；如果感情确已破裂，调解无效的，应当准予离婚。

有下列情形之一，调解无效的，应当准予离婚：

（一）重婚或者与他人同居；

（二）实施家庭暴力或者虐待、遗弃家庭成员；

（三）有赌博、吸毒等恶习屡教不改；

（四）因感情不和分居满二年；

（五）其他导致夫妻感情破裂的情形。

一方被宣告失踪，另一方提起离婚诉讼的，应当准予离婚。

经人民法院判决不准离婚后，双方又分居满一年，一方再次提起离婚诉讼的，应当准予离婚。

5. 女方婚前性行为导致婚后怀孕，男方能否在怀孕期间要求离婚？

【维权要点】

男女一方婚前与他人发生性行为，应该与婚后通奸行为加以区别，一般不能作为对方提出离婚的理由。如果女方婚前与他人发生性行为导致婚后怀孕，应从优先保护特定时期的母亲、胎儿和婴儿的角度出发，不受理男方要求离婚的诉讼请求。即要遵守女方在怀孕期间、分娩后 1 年内或终止妊娠后 6 个月内，男方不得提出离婚的一般原则。

【典型案例】

臧某（男）与周某（女）于 2020 年 12 月结婚。次年 2 月，在检查身体时，臧某发现周某已怀孕 4 个月。在臧某的一再追问下，周某承认婚前与前男友曾发生性关系并导致怀孕。臧某认为周某欺骗了自己，向人民法院提起诉讼，要求解除与周某的婚姻关系。周某不同意离婚。

【法官讲法】

民法典第 1082 条规定，女方在怀孕期间、分娩后 1 年内或者终止妊娠后 6 个月内，男方不得提出离婚；但是，女方提出离婚或者人民法院认为确有必要受理男方离婚请求的除外。法律的上述规定体现了对特定期间内妇女、胎儿和婴儿的特殊保护。因为在上述期间，妇女的身心都处于比较虚弱的状态，如果在此期间内男方提起离婚诉讼，对女方的身心健康和胎儿、婴儿的顺利生产和健康成长都将产生极为不利的影响。所以，法律对该期间内男方的起诉权作了限制。在该期间内，男方起诉离婚的，人民法院将不予受理。但法律对于男方特定期间内起诉权的限制并不是绝对的，如果由于某些特殊原因，人民法院认为确有必要受理男方离婚请求的，不受此限制。

在本案中，周某在婚前与他人发生性关系导致怀孕，一般不能作为对方提出离婚的理由。因为在这种情况下，婚姻关系尚未建立，男女双方之间还未产生夫妻间相互忠实的法律义务。婚前性行为只是道德问题，不是法律问题。所以，对女方因婚前与他人发生性关系导致怀孕，婚后怀孕期间男方能否起诉离婚的问题，在没有特殊原因的情况下，应当依照民法典第 1082 条"女方在怀孕期间、分娩后一年内或者终止妊娠后六个月内，男方不得提出离婚"的规定处理。

【法条指引】

中华人民共和国民法典

第一千零八十二条　女方在怀孕期间、分娩后一年内或者终止妊娠后六个月内，男方不得提出离婚；但是，女方提出离婚或者人民法院认为确有必要受理男方离婚请求的除外。

6. 生父死亡后，继母能否要求生母抚养继子女？

【维权要点】

生父母对生子女的权利义务关系是基于血缘关系而产生的一种法律关系，这种基础决定了生父母对生子女是第一位的亲等、亲权关系，当其他等级的关系与第一位的关系发生冲突时，第一位关系具有法律上的优势地位。而继父母与继子女是基于姻亲关系而产生的一种事实上的抚养关系，继父母对生子女没有第一位的抚养权，相应地也没有第一位的抚养义务。该义务应当由对继子女处于第一位的法律关系，拥有第一位的抚养权的生父母承担。

【典型案例】

雷某（男）与王某（女）于 2010 年结婚。雷某某（雷某与前妻所生之子）与两人共同生活。婚后，雷某与王某未生育子女。在生活和学习上，王某对雷某某悉心照顾，家庭关系比较融洽。2022 年 9 月，雷某因患急病突然去世。王某经再三考虑，觉得抚养雷某某的话，自己的生活和再婚都会受影响，遂向雷某某的生母张某提出由其将雷某某领回抚养。张某认为，王某与雷某结婚之后，与雷某某形成了继父母子女间的抚养关系。该抚养关系不随雷某的死亡而解除。同时，自己也已再婚，并生育了子女，生活条件较为困难，无力再抚养雷某某。双方未达成一致。王某向人民法院提起诉讼。

【法官讲法】

民法典第1072条第2款规定，继父或者继母和受其抚养教育的继子女间的权利义务关系，适用本法关于父母子女关系的规定。生父母就离婚时确定的子女抚养关系要求予以变更的，无论是抚养一方要求变更归未抚养一方抚养，还是未抚养一方要求变更归自己抚养，起诉一方的主张理由无非是双方实际抚养能力、条件的变化（包括其失去或降低抚养能力、条件，对方具备或提高抚养能力、条件）；对方即被告的抗辩理由无非是双方实际抚养能力、条件维持原状或己方现实抚养能力、条件不如对方；法院处理也是依据双方的抚养能力、条件的现实比较来决定是否给予变更。而继父母要求生父母领回其亲生子女的，其诉讼可以主张的理由绝不可能是双方抚养条件的比较，只可能主张亲权关系上的理由；生父母也不可能以双方抚养条件的差异作为抗辩的理由，只可能作亲权关系上的抗辩，双方之间不是因离婚形成的已确定的抚养关系的主体。

在本案中，张某作为生母，以自己的抚养条件不如作为继母的王某，抗辩王某依血亲关系提起的主张，就出现了抗辩不当的矛盾，张某的这种抗辩只能是对子女的生父提起。从法律上看，生父母对生子女的权利义务关系是基于血缘关系而产生的一种法律关系，这种基础决定了生父母对生子女是第一位的亲等、亲权关系，当其他等级的关系与第一位的关系发生冲突时，第一位关系具有法律上的优势地位，从而应获得法律的支持。这就是生父母在与公婆、岳父母或其他亲属争夺子女时，为什么总能胜诉的根本原因。而继父母与继子女是基于姻亲关系而产生的一种事实上的抚养关系，当姻亲关系与血缘关系、事实关系与法律关系发生冲突时，当然是后者更应当得到法律上强有力的保护。正因如此，《民法典婚姻家庭编司法解释（一）》第54条规定，生父与继母离婚或者生母与继父离婚时，对曾受其抚养教育的继子女，继父或者继母不同意继续抚养的，仍应由生父或者生母抚养。同时，在审判实践中，对一些因重大误解错将他人子女当作自己子女抚养及子女要求确认生父这样一些纠纷的处理，也都是本着血缘关系第一的原则，来纠正错误和确认生父母应当承担对子女的抚养义务的。从另一个角度考虑，如果在本案中生母张某作为原告，要求从继母王某处领回自己的儿子，王某有何种理由能够拒绝？如果雷某某也要求回到生母身边生活，王某又有何种理由予以阻拦？

由上可见，民法典第1072条第2款规定的"继父或者继母和受其抚养教育的继子女间的权利义务"，是继子女随继父或继母共同生活期间，继父或继母对继子女"不得虐待或歧视"（该条第1款）和应予抚养教育的义务；继父或继母因对继子女履行了抚养教育的义务，在继子女成年后，自己丧失劳动能力需要扶养时，可要求该继子女予以扶养。这里贯彻的是权利义务相一致的原则。从该条规定中解释不出继父母对继子女有如同生父母的抚养权，从而使继父母处于与生父母对生子女相同的法律地位。依据权利义务相一致的原则，既然继父母对继子女没有第一位的抚养权，也就没有第一位的抚养义务。该义务应当由对继子女处于第一位的法律关系，拥有第一位的抚养权的生父母承担。

【法条指引】

最高人民法院关于适用《中华人民共和国民法典》婚姻家庭编的解释（一）

第五十四条　生父与继母离婚或者生母与继父离婚时，对曾受其抚养教育的继子女，继父或者继母不同意继续抚养的，仍应由生父或者生母抚养。

7. 继父母能否解除与由其抚养长大的继子女的关系？

【维权要点】

继父母与继子女的关系是法律上拟制的血亲关系，与基于血缘关系而形成的父母子女关系不同，在性质上虽然接近于养父母与养子女之间的法律关系，但我国民法典只规定了养父母与养子女之间的收养关系可以解除，对继父母与继子女之间的关系能否解除并未明确规定。民法典第1072

条第2款规定，继父或者继母和受其抚养教育的继子女间的权利义务关系，适用本法关于父母子女关系的规定。继父母与继子女已形成的权利义务关系不能自然终止，一方起诉要求解除这种权利义务关系的，人民法院应视具体情况作出是否准予解除的调解或判决。

【典型案例】

彭某（男）与李某（女）于2008年结婚。彭某属于再婚，带有一名6岁男孩彭某某。2010年，彭某病故。李某独自一人抚养彭某某长大。2021年，彭某某职高毕业后，参加工作。踏入社会后，彭某某沾染上了许多不良习惯，无所不为。李某感到非常痛心，经常劝说其改邪归正。彭某某非但不接受，反而埋怨继母没有本事，没有给自己提供优裕的生活条件。后来发展到经常对李某辱骂，甚至殴打。2022年5月，李某病重，彭某某继续在外面寻欢作乐，还几次到医院逼李某交出存款。李某伤透了心，感觉再维系这样的母子关系已经没有意义，遂向人民法院提起诉讼，要求解除与彭某某的继母子关系。

【法官讲法】

我国民法典对继父母与继子女的关系能否解除的问题未作明确规定，只规定了养父母与养子女之间的关系可以解除。对于继父母或继子女形成抚养关系后，有抚养关系的继父母子女关系能否解除的问题，审判实践中存在较大的争议。一种观点认为，继父母与继子女之间形成抚养关系后，相互之间的权利义务关系与生父母完全相同，无论在什么情况下都不能解除，即使生母与继父或生父与继母婚姻关系解除了，继父母与继子女已经形成的权利义务关系也不能消除；另一种观点认为，继父母与继子女关系的基础首先是婚姻关系，在形成抚养关系后才转化成法律上的拟制血亲关系，如果生母与继父或生父与继母离婚，继父母子女之间的权利义务关系也随之消除。笔者认为，继子女与继父母之间的关系是以生父母与继父母之间的婚姻关系为前提，在继父母与继子女形成抚养关系后，虽然这种抚养关系可以在一定的条件下解除，但它是一种独立的民事法律关系。抚养关系产生于继父母与继子女足够长的共同生活时间、继父母对继子女实际承担的抚养义务和教育责任等，并不当然依附于生父母与继父母之间的婚姻关系。因此，不能认为生父与继母、生母与继父之间的婚姻关系一旦解除，继子女与继父母的权利义务关系也自然终止。审判实践中应注意把握的是：第一，生父与继母或生母与继父离婚时，继父或继母对曾受其抚养教育的继子女，不同意继续抚养的，仍应由生父母抚养，因为生父母与子女的权利义务关系是基于血缘关系而产生的一种法律关系，这种基础决定了生父母对子女是第一位的亲权关系，而继父母与继子女是基于姻亲关系而产生的一种事实上的扶养关系。离婚时继父母不愿继续抚养继子女的，不能勉强，本着血缘关系第一位的原则，仍应由生父母承担抚养义务。第二，在通常情况下，受继父母抚育成人并独立生活的继子女应当承担赡养继父母的义务，双方关系原则上不能自然终止。如果双方关系恶化，经当事人的请求，人民法院可以解除他们之间的权利义务关系，但成年继子女须承担丧失劳动能力、生活困难的继父母晚年的生活费用。

　　李某在彭某某的生父彭某去世后，独自一人将其抚养长大。彭某某长大成人参加工作后，非但不思报答继母的养育之恩，反而对李某的好心规劝拒不接受，并埋怨继母没有本事，没有给自己提供优裕的生活条件，辱骂、殴打李某。李某病重后，彭某某不管不问，继续在外面寻欢作乐，还几次到医院逼李某交出存款。这样的母子关系已经没有再继续维系的必要。对李某解除继母子关系的诉讼请求应当予以支持。

　　需要注意的是，我国民法典第 1042 条第 3 款规定，禁止家庭暴力。禁止家庭成员间的虐待和遗弃。《最高人民法院关于办理人身安全保护令案件适用法律若干问题的规定》第 1 条第 1 款规定，当事人因遭受家庭暴力或者面临家庭暴力的现实危险，依照反家庭暴力法向人民法院申请人身安全保护令的，人民法院应当受理。因此，李某有权向法院申请人身安全保护令。同时，如果彭某某虐待行为情节恶劣，也可能构成犯罪，李某可以向法院提起刑事自诉案件。

【法条指引】

中华人民共和国民法典

第一千零七十二条　继父母与继子女间，不得虐待或者歧视。

继父或者继母和受其抚养教育的继子女间的权利义务关系，适用本法关于父母子女关系的规定。

8. 生父母未尽抚养义务，寄养他处的子女是否具有赡养义务？

【维权要点】

寄养人与被寄养人之间不发生法律拟制的血亲关系，他们之间没有父母子女之间的权利义务，只是一种委托代理关系。无论寄养时间多长，父母子女关系都不发生变化，父母随时可领回子女由自己抚养。在寄养关系中，无论生父母是否对送出寄养的儿女尽过抚养义务，都有权利要求被寄养的子女履行赡养义务。

【典型案例】

姜某（男）与从某（女）于1959年结婚。婚后，先后生有两个孩子姜甲和姜乙。姜乙出生时，姜某家中非常困难，因此姜乙刚出生满一年后就被托付给一个家庭条件较好的亲戚方某家寄养。后由于姜某家庭负担一直很重，没有把姜乙接回。姜乙称方某夫妇为父母，在方某夫妇家长大成人后结婚，但姜乙的户口一直没有迁到方某夫妇的家中。2021年，姜某、从某年事已高，姜甲婚后不务正业，对父母不管不问，于是便找到了小儿子姜乙，希望儿子赡养自己。姜乙认为父母从来没有抚养过自己，自己对父母也没有赡养义务；并且自己是由方某夫妇抚养长大，方某夫妇是自己的养父母，自己应当对方某夫妇尽赡养义务。因此，坚决不同意父母的要求。姜某无奈，只好向人民法院提起了诉讼。

【法官讲法】

我国民法典第1105条第1款规定：收养应当向县级以上人民政府民政部门登记。收养关系自登记之日起成立。《最高人民法院关于适用〈中华人民共和国民法典〉时间效力的若干规定》第1条第2款规定，民法典施行前的法律事实引起的民事纠纷案件，适用当时的法律、司法解释的规定，但是法律、司法解释另有规定的除外。本案寄养的法律事实发生在民法典实施之前，所以应该适用当时的法律、司法解释的规定。

收养是将他人的子女作为自己的子女，使本无父母子女关系的人之间产生法律拟制的父母子女关系。收养应当具备一定的条件：收养人必须是成年人；被收养人应当是未成年人；收养人与送养人之间应当有建立收养关系的合意。收养将产生一系列的法律后果：在养父母和养子女之间产生父母子女之间的权利义务关系；养父母与养子女彼此之间有抚养和赡养的义务；养父母与养子女之间有相互继承遗产的权利。成立事实上的收养关系应当具备以下几个条件：（1）收养人与送养人之间在平等自愿的基础上形成收养的合意。收养人有收养他人子女为自己子女的意思表示，送养人有送养自己子女为他人子女的意思表示，双方达成收养的合意，被收养人有识别能力的，还应征得其同意；没有送养人的收养，收养人应当有领养他人子女为自己子女的目的。（2）有抚养事实。收养人与被收养人之间有长期共同生活的经历，并履行了父母子女间的权利义务。（3）双方均以父母子女身份相称。（4）养子女与生父母事实上已终止了权利义务关系。

在本案中，姜乙与方某夫妇长期共同生活，后姜乙改口称方某夫妇为父母，但姜乙的户口一直没有迁到方某夫妇的家中。更重要的是，姜某夫妇在姜乙年幼的时候，只是将姜乙托付给方某夫妇照顾，并没有表示将姜乙送养给方某夫妇，方某也没有收养姜乙的意思，即双方没有建立收养关系的意思。由于欠缺形成事实收养关系的第一要件，所以姜乙与方某夫妇没有形成事实收养关系。姜乙与方某夫妇之间的关系应当是寄养关系。所谓寄养是指，"因父母双亡或工作、生活条件特殊等原因，由父母的亲属、朋友代为抚养其子女的行为。寄养人与被寄养人之间不发生法律拟制的血亲关系，他们之间没有父母子女之间的权利义务。这是一种委托代理关系，无论寄养时间多长，父母子女关系都不发生变化，父母随时可领回子女由自己抚养"。由于姜某家同方某家是亲戚，姜某只是把姜乙寄养在方某夫妇家，所以姜乙与方某夫妇之间虽然后来以父子相称，但是没有法律上规定的父母子女之间的权利义务关系。姜乙与姜某间的父子关系也不因寄养的事实而发生变化。因此，姜乙与姜某、从某间的父子、母子关系并未终止，姜某对他们有赡养义务。

在寄养关系中，无论生父母是否对送出寄养的儿女尽过抚养义务，都有权利要求被寄养的子女履行赡养义务。如果被寄养的儿女不尽赡养义务，可提起诉讼来维护自己的合法权益。

【法条指引】

中华人民共和国民法典

第一千一百零五条第一款　收养应当向县级以上人民政府民政部门登记。收养关系自登记之日起成立。

最高人民法院关于适用《中华人民共和国民法典》
时间效力的若干规定

第一条　民法典施行后的法律事实引起的民事纠纷案件，适用民法典的规定。

民法典施行前的法律事实引起的民事纠纷案件，适用当时的法律、司法解释的规定，但是法律、司法解释另有规定的除外。

民法典施行前的法律事实持续至民法典施行后，该法律事实引起的民事纠纷案件，适用民法典的规定，但是法律、司法解释另有规定的除外。

9. 男方将婴儿送养他人，能否在女方分娩后一年内起诉离婚？

【维权要点】

根据我国民法典第 1082 条规定，女方在怀孕期间、分娩后一年内或者终止妊娠后六个月内，男方不得提出离婚。一方面是为了使在哺乳期的婴儿获得正常的哺育，保证其健康成长；另一方面也是为了保护女方的合法权益，使处在特殊时期、身心都比较脆弱的女方的身心健康得到照顾。因此，女方在分娩后，即使婴儿被送养，女方不再承担哺育婴儿的责任，男方也不得提起离婚诉讼。

【典型案例】

于某（男）与李某（女）于 2018 年登记结婚，双方是通过相亲相识并在双方父母催促下草率结婚。婚后，由于双方缺乏感情基础，夫妻关系淡漠，加之李某长期未生育，受到于某和其父母的歧视。2021 年 11 月，李某产下一名女婴。于某及其父母由于受"传宗接代"传统思想的影响，对李某态度恶劣，并将该女婴送养。李某虽然割舍不下骨肉亲情，但迫于丈夫和公婆的压力，不得不同意。2022年4月，于某在父母的挑唆下，向人民法院起诉离婚。李某不同意离婚。

【法官讲法】

民法典第1082条规定："女方在怀孕期间、分娩后一年内或者终止妊娠后六个月内，男方不得提出离婚；但是，女方提出离婚或者人民法院认为确有必要受理男方离婚请求的除外。"准确地理解上述法律规定，应当注意把握以下几点。

第一，在女方怀孕期间、分娩后1年内或终止妊娠后6个月内，男方的离婚起诉权是受到法律限制的。按照民事诉讼法第127条第6项的规定，"依照法律规定，在一定期限内不得起诉的案件，在不得起诉的期限内起诉的，不予受理"。男方在上述期间内提起离婚诉讼，因违反了法律的强制性规定，人民法院对其离婚起诉将不予受理。2021年11月，李某分娩产下一名女婴，于某于2022年4月提起离婚诉讼，显然在女方分娩后1年内，违反了法律的强制性规定。因此，人民法院应当驳回其离婚起诉，对其离婚请求不予受理。

第二，在上述法律规定的期间内，女方的离婚起诉权不受限制。女方提起离婚诉讼的，人民法院应当予以受理，根据双方婚姻关系的实际情况和有关法律规定作出判决。本案不是由女方提起的离婚诉讼，况且女方不同意离婚，所以应当驳回起诉。

第三，在特殊情况下，即"人民法院认为确有必要受理男方离婚请求的"，男方的离婚起诉权不受限制，对男方的离婚请求人民法院应当予以受理。根据司法实践和最高人民法院有关司法解释，人民法院认为确有必要受理男方离婚请求的情况一般是指女方因通奸而怀孕的情况。在这种情况下，对男方的离婚请求不予受理，显失公平，而且可能导致矛盾的激化，酿成更为严重的后果。所以，如果男方在女方因通奸怀孕期间、分娩后1年内或终止妊娠后6个月内提起离婚诉讼，人民法院应当受理，及早地解除因通奸怀孕而破裂的婚姻关系，保护男方的合法权益。在本案中，不存在女方因通奸而怀孕的情况，所以不属于"人民法院认为确有必要受理男方离婚请求"的范围。

在本案中，李某在分娩后，婴儿即被送养，女方不再承担哺育婴儿的责任，男方的离婚起诉不会影响母亲对婴儿的哺育，人民法院是否可以受理男方的离婚起诉？对此，应当看到民法典第1082条的规定，一方面是为了使在哺乳期的婴儿获得正常的哺育，保证其健康成长；另一方面是为了保护女方的合法权益，使在怀孕期间、分娩后1年内或终止妊娠后6个月内，身心都比较脆弱的女方的身心健康得到照顾，不会因为婚姻关系的变故而受到伤害。因此，在本案中，婴儿虽然已被送养，但女方在分娩后1年内的事实没有改变，根据法律规定，男方仍然不能提起离婚诉讼。对于某的离婚起诉应予驳回。

【法条指引】

中华人民共和国民法典

第一千零八十二条　女方在怀孕期间、分娩后一年内或者终止妊娠后六个月内，男方不得提出离婚；但是，女方提出离婚或者人民法院认为确有必要受理男方离婚请求的除外。

10. 丈夫长期精神虐待妻子，女方能否以家庭暴力为由起诉离婚？

【维权要点】

家庭暴力主要是指家庭成员之间实施的肉体上和精神上的摧残，既包括捆绑、殴打、禁闭、冻饿、残害、强迫超体力劳动、限制自由等身体暴力，也包括侮辱、谩骂、讽刺、不说话、虐待对方等精神暴力。如果家庭暴力导致夫妻感情确已破裂，经调解无效，可准予离婚。无过错的一方有权在离婚诉讼中请求损害赔偿。

【典型案例】

胡某（男）与李某（女）于2018年结婚。结婚后，双方因感情不和，经常发生争吵。胡某的父母、兄弟姊妹同胡某一起对李某进行围攻，当场侮辱、谩骂和讽刺李某，并在邻里间散布谣言、挑拨是非，孤立李某。最后发展到李某周围的人一律不和李某说话，见面即以冷眼相对。胡某及其家人的做法给李某的精神造成了巨大伤害，使李某长期精神压抑，情绪低落，性格变得内向、孤僻，注意力不集中，一度出现不同程度的心理障碍。2021 年 11 月，李某提出离婚。胡某不同意，并与其家人对李某采取限制外出，跟踪盯梢等手段。李某忍受不了胡某及其家人的长期精神虐待，向人民法院提起诉讼。李某在起诉书中称，胡某及其家人在长达 3 年的时间里，以侮辱、谩骂、冷嘲热讽和不说话等方式对其进行虐待，给其造成了巨大的精神伤害，请求人民法院判决准予离婚，并要求精神损害赔偿。

【法官讲法】

家庭暴力问题已经引起了社会的普遍关注。民法典、反家庭暴力法等法律法规均对家庭暴力问题作了规定，严格禁止夫妻之间和其他家庭成员之间的家庭暴力。对因家庭暴力提起离婚诉讼的，经调解无效，可判决准予离婚，无过错方有权请求损害赔偿。持续性、经常性的家庭暴力，构成虐待。构成虐待罪的，可依刑法第 260 条的规定，追究其刑事责任。实施家庭暴力，情节恶劣，后果严重的，可依照刑法的相关规定追究其刑事责任。由此可见，家庭暴力是法律严格禁止的。但对于家庭暴力的范围，即哪些行为可以构成家庭暴力，目前还存在不同的意见。

反家庭暴力法第 2 条第 1 款规定，本法所称家庭暴力，是指家庭成员之间以殴打、捆绑、残害、限制人身自由以及经常性谩骂、恐吓等方式实施的身体、精神等侵害行为。《民法典婚姻家庭编司法解释（一）》第 1 条规定，持续性、经常性的家庭暴力，可以认定为民法典第 1042 条、第 1079 条、第 1091 条所称的"虐待"。从上述法律规定可以看出："家庭暴力主要是指家庭成员之间实施的殴打、体罚以及辱骂等肉体上和精神上的摧残。""以给被（受）害人造成的损害（后果）看，包括单纯造成精神损害的家庭暴力、单纯造成身体损害的家庭暴力和造成两个方面损害的家庭暴力。"家庭暴力既包括捆绑、殴打、禁闭、冻饿、残害、限制自由等身体暴力，也包括侮辱、谩骂、讽刺、不说话、虐待对方等精神暴力。不论行为人是以"殴打、捆绑、残害、强行限制人身自由"的方式，还是以其他手段实施家庭暴力，只要给受害人的身体、精神等方面造成了一定的伤害后果，就是家庭暴力。反家庭暴力法列举的不只是家庭暴力中的殴打、捆绑等身体暴力，还包括了辱骂、恐吓等精神暴力。同时，该法第 23

条规定，当事人因遭受家庭暴力或者面临家庭暴力的现实危险，向人民法院申请人身安全保护令的，人民法院应当受理。当事人是无民事行为能力人、限制民事行为能力人，或者因受到强制、威吓等原因无法申请人身安全保护令的，其近亲属、公安机关、妇女联合会、居民委员会、村民委员会、救助管理机构可以代为申请。

在本案中，胡某及其家人在长达3年的时间里，以侮辱、谩骂、冷嘲热讽和不说话，挑拨邻里关系，孤立李某等方式，给李某造成了巨大的精神伤害，使李某长期精神压抑，情绪低落，性格变得内向、孤僻，注意力不集中，一度出现不同程度的心理问题。笔者认为，胡某及其家人的行为造成了伤害后果，可认定构成家庭暴力，如夫妻感情确已破裂，经调解无效，可准予离婚。李某作为无过错方，有权在离婚诉讼中请求损害赔偿。此外，胡某在遭受家庭暴力时，可以向人民法院申请人身安全保护令。

【法条指引】

中华人民共和国民法典

第一千零七十九条 夫妻一方要求离婚的，可以由有关组织进行调解或者直接向人民法院提起离婚诉讼。

人民法院审理离婚案件，应当进行调解；如果感情确已破裂，调解无效的，应当准予离婚。

有下列情形之一，调解无效的，应当准予离婚：

（一）重婚或者与他人同居；

（二）实施家庭暴力或者虐待、遗弃家庭成员；

（三）有赌博、吸毒等恶习屡教不改；

（四）因感情不和分居满二年；

（五）其他导致夫妻感情破裂的情形。

一方被宣告失踪，另一方提起离婚诉讼的，应当准予离婚。

经人民法院判决不准离婚后，双方又分居满一年，一方再次提起离婚诉讼的，应当准予离婚。

最高人民法院关于适用《中华人民共和国民法典》
婚姻家庭编的解释（一）

第一条　持续性、经常性的家庭暴力，可以认定为民法典第一千零四十二条、第一千零七十九条、第一千零九十一条所称的"虐待"。

中华人民共和国反家庭暴力法

第二条　本法所称家庭暴力，是指家庭成员之间以殴打、捆绑、残害、限制人身自由以及经常性谩骂、恐吓等方式实施的身体、精神等侵害行为。

第二十三条　当事人因遭受家庭暴力或者面临家庭暴力的现实危险，向人民法院申请人身安全保护令的，人民法院应当受理。

当事人是无民事行为能力人、限制民事行为能力人，或者因受到强制、威吓等原因无法申请人身安全保护令的，其近亲属、公安机关、妇女联合会、居民委员会、村民委员会、救助管理机构可以代为申请。

11. 离婚后男方引诱孩子抽烟喝酒，女方能否要求剥夺男方的探望权？

【维权要点】

父母离婚后，不直接抚养孩子的一方，有探望子女的权利。但不应干扰子女的正常生活，不利于子女的身体健康。否则，人民法院可以依法中止其探望权。被中止探望权的父或母仍必须承担对子女的抚养义务，同时探望权只是中止并不是永久的剥夺，待父或母一方不再违反法律的规定，对子女健康成长不利的事由消失后，应该恢复其探望子女的权利。

【典型案例】

关某（男）和费某（女）经过自由恋爱后结婚，婚后生有一子关某某。后费某发现关某平时不思进取，整日混迹于歌厅酒吧之中，家庭生活非常困难。在关某某9岁的时候两人协议离婚，婚后关某某跟着费某生活。两人在离婚协议中明确约定，关某每月可以探望关某某一次。开始的时候执行得较好，费某对关某前来探视也给予协助。但是到了后来，关某经常到学校去找关某某，并带着孩子出入各种娱乐场所玩耍，致使关某某小小年纪就染上了抽烟喝酒的不良嗜好。费某曾多次劝说关某不要把孩子给带坏了，但是关某不听劝告，并认为关某某也是自己的亲生骨肉，自己有看望探视的权利，并称男人就应该会抽烟喝酒。在屡次劝说无效的情况下，费某忍无可忍，只好将关某告上法院，要求剥夺关某的探视权。

【法官讲法】

我国民法典第 1086 条明确规定：离婚后，不直接抚养子女的父或者母，有探望子女的权利，另一方有协助的义务。行使探望权利的方式、时间由当事人协议；协议不成的，由人民法院判决。父或者母探望子女，不利于子女身心健康的，由人民法院依法中止探望；中止的事由消失后，应当恢复探望。所谓不利于子女身心健康的事由，在实践中一般是这样认定的：父母一方患有精神疾病、传染性疾病，有酗酒、吸毒等行为或者有暴力行为、骚扰子女的行为、绑架子女的企图等。根据预防未成年人犯罪法，未成年人的父母或者其他监护人发现未成年人有不良行为的，应当及时制止并加强管教。预防未成年人犯罪法所称不良行为，是指未成年人实施的不利于其健康成长的下列行为：（1）吸烟、饮酒；（2）多次旷课、逃学；（3）无故夜不归宿、离家出走；（4）沉迷网络；（5）与社会上具有不良习性的人交往，组织或者参加实施不良行为的团伙；（6）进入法律法规规定未成年人不宜进入的场所；（7）参与赌博、变相赌博，或者参加封建迷信、邪教等活动；（8）阅览、观看或者收听宣扬淫秽、色情、暴力、恐怖、极端等内容的读物、音像制品或者网络信息等；（9）其他不利于未成年人身心健康成长的不良行为。当一方以探望子女为由，教唆、胁迫、引诱未成年子女实施以上不良行为或者为未成年人实施以上不良行为提供条件，则足以构成不利于子女身心健康的要件，经过人民法院判决可以中止其探望权。在本案中，关某的行为显然对关某某的健康成长不利，关某某还是未成年人，就经常出入各种不宜于未成年人的娱乐场所，耳濡目染学会了抽烟喝酒，长此以往，关某某的世界观和生活观就会发生扭曲，成为有害于社会的人。因此，综合本案的情况，法院应当判决中止关某的探望权。

父母离婚后，不直接抚养孩子的一方，有探望子女的权利。但不应干扰子女的正常生活，不利于子女的身体健康。中止探望权并不是取消孩子同父或母的父母子女的关系，父母子女关系不因探望权的中止而自然终止，被中止探望权的父或母还必须承担对子女的抚养义务。同时，探望权只是中止并不是永久的剥夺，待父或母一方不再违反法律的规定，对子女健康成长不利的事由消失后，应该恢复其探望子女的权利。

【法条指引】

中华人民共和国民法典

第一千零八十六条　离婚后，不直接抚养子女的父或者母，有探望子女的权利，另一方有协助的义务。

行使探望权利的方式、时间由当事人协议；协议不成的，由人民法院判决。

父或者母探望子女，不利于子女身心健康的，由人民法院依法中止探望；中止的事由消失后，应当恢复探望。

中华人民共和国预防未成年人犯罪法

第二十八条　本法所称不良行为，是指未成年人实施的不利于其健康成长的下列行为：

（一）吸烟、饮酒；

（二）多次旷课、逃学；

（三）无故夜不归宿、离家出走；

（四）沉迷网络；

（五）与社会上具有不良习性的人交往，组织或者参加实施不良行为的团伙；

（六）进入法律法规规定未成年人不宜进入的场所；

（七）参与赌博、变相赌博，或者参加封建迷信、邪教等活动；

（八）阅览、观看或者收听宣扬淫秽、色情、暴力、恐怖、极端等内容的读物、音像制品或者网络信息等；

（九）其他不利于未成年人身心健康成长的不良行为。

第二十九条　未成年人的父母或者其他监护人发现未成年人有不良行

为的，应当及时制止并加强管教。

最高人民法院关于适用《中华人民共和国民法典》
婚姻家庭编的解释（一）

第六十六条 当事人在履行生效判决、裁定或者调解书的过程中，一方请求中止探望的，人民法院在征询双方当事人意见后，认为需要中止探望的，依法作出裁定；中止探望的情形消失后，人民法院应当根据当事人的请求书面通知其恢复探望。

第六十七条 未成年子女、直接抚养子女的父或者母以及其他对未成年子女负担抚养、教育、保护义务的法定监护人，有权向人民法院提出中止探望的请求。

12. 离婚后一方带着孩子生活，可否因孩子生病要求增加抚养费？

【维权要点】

即便男女双方在离婚协议中约定了子女抚养费的分担数额，但如果因子女患病、上学，实际需要已超过原定数额的，抚养孩子的一方可以向人民法院提起诉讼，要求对方增加抚养费。人民法院应根据原告起诉的理由，调查了解双方经济情况有无变化，子女的抚养费是否确有增加的必要，从而作出变更或维持原协议的判决。

【典型案例】

2019 年 10 月，凌某同高某因感情破裂，向区人民政府婚姻登记部门申请并领取了离婚证。双方约定 6 岁的女儿凌某某归高某抚养，并由凌某每月支付 800 元的生活费。高某离婚后没有再婚，同女儿仅靠每月 2000 元的收入维持生活，随着物价上涨，凌某某的生活费、教育费日益增加，高某生活非常拮据，已经很难保障凌某某所需的费用，而且雪上加霜的是凌某某还患上了慢性支气管炎，需要到医院进行治疗。无奈之下，高某便向凌某请求帮助，但是凌某认为，当初已经约定好了每月 800 元，自己已经尽到了义务，其余的应该由高某想办法。为此，高某以凌某某法定代理人的身份起诉至法院，要求凌某增加抚养费。

【法官讲法】

我国民法典第1084条第1款、第2款规定：父母与子女间的关系，不因父母离婚而消除。离婚后，子女无论由父或者母直接抚养，仍是父母双方的子女。离婚后，父母对于子女仍有抚养、教育、保护的权利和义务。因此，父母双方离婚后，无论子女跟随哪一方生活，仍然是父母双方的子女。支付子女抚养费是父母对未成年子女履行抚养义务的一种方式，父母对未成年子女的抚养是法定的、无条件的，父母必须履行。我国民法典第1085条规定："离婚后，子女由一方直接抚养的，另一方应当负担部分或者全部抚养费。负担费用的多少和期限的长短，由双方协议；协议不成的，由人民法院判决。前款规定的协议或者判决，不妨碍子女在必要时向父母任何一方提出超过协议或者判决原定数额的合理要求。"通常只有当父母完全丧失劳动能力而又没有其他生活来源时，才能免除父母的抚养义务，其他任何理由均不构成不负担子女抚养费的法定事由。

离婚协议规定一方不负担子女抚养费的，经过一段时间后，抚养孩子的一方有权向人民法院提起诉讼，请求另一方支付抚养费。《最高人民法院关于离婚时协议一方不负担子女抚养费，经过若干时间他方提起要求对方负担抚养费的诉讼，法院如何处理的复函》指出："抚养孩子的一方向人民法院提起要求对方负担抚养费的诉讼，人民法院应予受理，并根据原告申诉的理由，经过调查了解双方经济情况有无变化，子女的生活费和教育费是否确有增加的必要，从而作出变更或维持原协议的判决。"根据《民法典婚姻家庭编司法解释（一）》第58条规定，具有下列情形之一，子女要求有负担能力的父或者母增加抚养费的，人民法院应予支持：（1）原定抚养费数额不足以维持当地实际生活水平；（2）因子女患病、上学，实际需要已超过原定数额；（3）有其他正当理由应当增加。

在本案中，高某及凌某某的生活状况较高某同凌某离婚时发生了很大的变化，高某一个月仅有2000元的收入，凌某某的生活费、教育费和医疗费没有保障。高某和凌某虽然已经离婚，但是凌某同凌某某的父女关系并没有消除，凌某仍然有抚养凌某某的法定义务。凌某借口说抚养费已经约定好了，自己没有义务增加，这是没有法律依据的，因此法院应当判决凌某适当增加凌某某抚养费。

父母对子女的抚养义务是法定的，是无条件的，不因夫妻身份关系的变化而变化。孩子的生活费、教育费和医疗费等必须由父母双方承担，无论承担的比例和方式如何，孩子的生活和教育必须得到保障。在本案中，作为凌某某父亲的凌某应该增加对凌某某的抚养费，并且应当承担一部分医药费，考虑到诉讼的时间比较长，高某在起诉的同时还可以申请法院裁定先予执行。我国民事诉讼法第109条第1项明确规定，对追索抚养费、医疗费用的，可以申请法院裁定先予执行。

【法条指引】

中华人民共和国民法典

第一千零八十五条 离婚后，子女由一方直接抚养的，另一方应当负担部分或者全部抚养费。负担费用的多少和期限的长短，由双方协议；协议不成的，由人民法院判决。

前款规定的协议或者判决，不妨碍子女在必要时向父母任何一方提出超过协议或者判决原定数额的合理要求。

最高人民法院关于适用《中华人民共和国民法典》婚姻家庭编的解释（一）

第五十八条 具有下列情形之一，子女要求有负担能力的父或者母增加抚养费的，人民法院应予支持：

（一）原定抚养费数额不足以维持当地实际生活水平；

（二）因子女患病、上学，实际需要已超过原定数额；

（三）有其他正当理由应当增加。

中华人民共和国民事诉讼法

第一百零九条 人民法院对下列案件，根据当事人的申请，可以裁定先予执行：

（一）追索赡养费、扶养费、抚养费、抚恤金、医疗费用的；

（二）追索劳动报酬的；

（三）因情况紧急需要先予执行的。

13. 离婚后男方条件优越而女方生活困难，应否给予帮助？

【维权要点】

离婚时，如一方生活困难，另一方应从其住房等个人财产中给予适当帮助。这种经济帮助是有条件的帮助，即一方依靠个人财产和离婚时分得的财产无法维持当地的基本生活水平。有时男女双方生活条件相差悬殊，为体现对妇女的特殊保护，也可要求条件优越的男方给予女方适当的经济帮助。具体办法由双方协议；协议不成时，由人民法院判决。

【典型案例】

夏某（男，某私营企业老板）与孟某（女，某工厂会计）于 2018 年结婚。结婚时，双方约定婚前和婚后取得的财产全部归各自所有。婚后，孟某育有一女夏某某。由于夏某在外面拈花惹草，夫妻感情出现裂痕。2022 年，夏某与孟某协议离婚。离婚时，双方约定夏某某由夏某抚养。夏某某的抚养费用由夏某全部承担。孟某还提出，自己所在的工厂效益不好，每月仅能拿到 1800 元的最低工资，而夏某年收入近 100 万元，拥有别墅和轿车等财产，生活条件优越，要求夏某给予经济帮助。夏某认为，自己已经承担子女的全部抚养费用，孟某的收入足以维持生活，无权要求经济帮助。孟某就经济帮助问题向人民法院提起诉讼。

【法官讲法】

民法典第 1090 条规定："离婚时，如果一方生活困难，有负担能力的另一方应当给予适当帮助。具体办法由双方协议；协议不成的，由人民法院判决。"离婚虽然终止了夫妻间的扶养义务，但离婚时如一方生活困难，另一方仍有给予经济帮助的责任。这样，既可以解决困难一方的实际需要，也有助于消除其在离婚问题上的经济顾虑，从而保障离婚自由得以实现。这一规定对夫妻双方都平等地适用，但其立法针对性主要是为了帮助女方解决离婚时的生活困难。离婚时的经济帮助，与夫妻共同生活期间的扶养义务，性质是完全不同的。夫妻间的扶养义务是夫妻在婚姻关系存续期间的法定义务，离婚时该义务随着配偶身份关系的解除而终止，而经济帮助仅是由原来的婚姻关系派生出来的一种责任，它不是夫妻扶养义务的延续。

离婚时，夫妻之间的经济帮助应当符合以下条件：（1）一方生活困难。一方生活困难是指在离婚时已经存在的困难，而不是离婚后其他什么时候发生困难都可以要求经济帮助。（2）提供帮助的一方必须有经济能力，即仅限于力所能及的范围。受帮助的一方另行结婚后，对方即终止帮助行为；原定经济帮助执行完毕后，又要求继续给予经济帮助的，一般不予支持。（3）不能将一方对另一方的经济帮助与夫妻共同财产的分割相混淆。经济帮助是一方对另一方所做的有条件的帮助；而共同财产的分割，则是夫妻双方对共同财产依法享有的权利。如果一方所得的财产足以维持其生活，他方可不予经济帮助，但绝不能用经济帮助的方法代替共同财产的分割，以防止损害接受经济帮助的一方对夫妻共同财产应当享有的合法权益。

在本案中，孟某与夏某离婚后，其收入能够维持当地的基本生活水平。婚生子由夏某抚养，并由夏某承担全部抚养费用。按照结婚时的约定，孟某与夏某在婚前和婚后所得财产归各自所有。两人的生活水平相差较为悬殊，这种情况下生活条件较为优越的夏某是否应当给予孟某适当的经济帮助？按照民法典的规定，孟某似乎不能要求夏某给予经济帮助。但对法律规定不能孤立地理解，而应当结合立法的精神和本意，把具体的法律规范放到整个法律体系中，全面地、完整地理解。我国宪法、民法典和妇女权益保障法均将保护妇女的合法权益确立为法律的基本原则，以体现对在社会生活中处于弱势地位的妇女的特殊保护。在本案中，如果以孟某的收入能够维持当地的基本生活水平为由，剥夺其要求经济条件优越的夏某给予其经济帮助的权利，显然不能体现对妇女权益的特殊保护，对在婚姻关系中处于弱势地位的孟某是不公平的。在本案中，根据当事人双方的实际情况和当地的收入水平和消费水平，夏某应当给予孟某适当的经济帮助。同时，在本案中，夫妻感情破裂主要是由于夏某违反了夫妻间相互忠实的义务造成的，在离婚诉讼中处理财产分割问题时，应当根据民法典和有关司法解释的规定，对无过错方同时也是女方的孟某给予适当照顾是合乎民法典的立法精神的。如果有证据证明夏某有非法同居的行为，孟某可依据民法典的规定要求损害赔偿。

【法条指引】

中华人民共和国民法典

第一千零九十条　离婚时，如果一方生活困难，有负担能力的另一方应当给予适当帮助。具体办法由双方协议；协议不成的，由人民法院判决。

14. 丈夫强行与妻子发生性行为，能否以强奸罪论处？

【维权要点】

强奸罪是指以暴力、胁迫或者其他手段，违背妇女的意志，强行与其发生性交的行为。认定是否构成强奸罪关键看性交行为是否违背妇女意志，而且法律上并没有专门把妻子排除在强奸对象之外。如果丈夫违背妻子的意志，强行与其发生性行为，同样构成强奸，应当依法追究其刑事责任，即"婚内强奸"要以强奸罪论处。

【典型案例】

谭某（男）与尤某（女）于 2019 年结婚。婚后，由于谭某性格暴躁，经常因为生活琐事辱骂和殴打妻子。令尤某更无法忍受的是，谭某十分粗暴，经常不顾尤某的身体情况和意愿，强行与其发生性行为，使尤某的身心健康受到了极大的伤害。2021 年 10 月某日晚，谭某在外与朋友饮酒后回到家中，要求与妻子发生性行为。尤某说自己身体不舒服。谭某一边对尤某拳打脚踢，一边不顾尤某的苦苦哀求，将尤某按倒在床上，强行与之发生了性行为，导致尤某卧床近两周才能下地活动。2021 年 12 月，尤某以强奸罪向公安机关告发了谭某。公安机关依法将谭某逮捕。谭某对上述事实供认不讳，但认为尤某是自己的妻子，有与自己发生性行为的义务，自己的行为不构成强奸。

【法官讲法】

双方自愿是夫妻进行性生活的前提条件，丈夫没有权利任意支配、蔑视妻子的人格和意志，这也是已婚妇女人格独立和人身自由的起码要求。男女之间缔结婚姻关系，只是表明他们相互承诺负有配偶在法律上的义务，并不意味着他们在情感和性关系上承担了任何义务。依照我国现行民法典的规定，夫妻有互相扶养的义务，但没有规定夫妻有同居和发生性行为的义务。婚姻并不是对同居和性生活的法律承诺。传统观念认为，婚姻是公开地对男女两性关系的约束，使当事人之间的两性关系合法化。男女结婚以后，双方之间即产生包括"性权利"在内的特定的权利。婚姻关系的当事人自登记伊始，就意味着双方相互对同居和性生活的法律承诺，所以，不应把婚内性行为考虑在强奸范围之内。而以现代法学的角度来看，婚姻是一种身份关系，西方法学更认为是一种契约，它只表明婚姻当事人之间相互承诺负有配偶在法律上的义务，而这种义务从法律上讲并不应包含"性义务"。男女结为夫妻后，丈夫有要求与妻子进行性生活的权利，但这种权利能否实现，取决于妻子是否同意。妻子并不是没有意志的物品，她在婚后也完全具有独立的人格，丈夫是没有权利强迫她的。正如每个公民都有发表自己作品的权利，但同时不能侵犯他人的名誉权一样。任何权利的行使都要受到一定的制约，绝不能为所欲为。

我国刑法第236条第1款规定，强奸罪是指以暴力、胁迫或者其他手段，违背妇女意志，强行与之发生性交的行为。违背妇女意志，以暴力、胁迫或者其他手段，强行与其发生性交是强奸罪的本质特性。刑法上并没有强奸只能针对婚外女性的限制性规定。认为婚内强奸不构成强奸罪是没有法律根据的。实施性暴力构成婚内强奸的，当然也可以依照刑法中的强奸罪来追究其法律责任，虽然理论和实务界对此有争议，但司法实践中已有类似判例。

在本案中，谭某在违背尤某意志的情况下，以暴力手段强行与其发生性行为，显然构成强奸，应当依法追究其刑事责任。而且，谭某经常因为生活琐事辱骂和殴打尤某，性生活方式粗暴，经常不顾尤某的身体情况和意愿，与其强行发生性行为，使尤某的身心健康受到了极大的伤害，已经构成虐待家庭成员。尤某也可以以虐待罪要求追究其刑事责任。

【法条指引】

中华人民共和国刑法

第二百三十六条　以暴力、胁迫或者其他手段强奸妇女的，处三年以上十年以下有期徒刑。

奸淫不满十四周岁的幼女的，以强奸论，从重处罚。

强奸妇女、奸淫幼女，有下列情形之一的，处十年以上有期徒刑、无期徒刑或者死刑：

（一）强奸妇女、奸淫幼女情节恶劣的；

（二）强奸妇女、奸淫幼女多人的；

（三）在公共场所当众强奸妇女、奸淫幼女的；

（四）二人以上轮奸的；

（五）奸淫不满十周岁的幼女或者造成幼女伤害的；

（六）致使被害人重伤、死亡或者造成其他严重后果的。

第二百六十条　虐待家庭成员，情节恶劣的，处二年以下有期徒刑、拘役或者管制。

犯前款罪，致使被害人重伤、死亡的，处二年以上七年以下有期徒刑。

第一款罪，告诉的才处理，但被害人没有能力告诉，或者因受到强制、威吓无法告诉的除外。

最高人民法院关于适用《中华人民共和国民法典》
婚姻家庭编的解释（一）

第一条　持续性、经常性的家庭暴力，可以认定为民法典第一千零四十二条、第一千零七十九条、第一千零九十一条所称的"虐待"。

中华人民共和国反家庭暴力法

第二条　本法所称家庭暴力，是指家庭成员之间以殴打、捆绑、残害、限制人身自由以及经常性谩骂、恐吓等方式实施的身体、精神等侵害行为。

第二十三条第一款　当事人因遭受家庭暴力或者面临家庭暴力的现实危险，向人民法院申请人身安全保护令的，人民法院应当受理。

15. 丈夫婚内与他人同居并导致离婚，妻子能否主张精神损害赔偿？

【维权要点】

离婚精神损害赔偿是指婚姻关系的一方存在重婚、与他人同居、实施家庭暴力、虐待遗弃家庭成员，以及存在其他重大过错行为时，无过错方有权向过错方请求精神损害赔偿。因此，在婚姻关系存续期间，如丈夫与他人存在不正当性关系行为并导致离婚，妻子可以主张精神损害赔偿。

【典型案例】

2012年，李某（女）与张某（男）经朋友介绍认识，相识后很快坠入爱河并开始同居生活。同居后的第二年，两人生育一女。在张某怀孕后两人本想领证结婚，但李某的家人不赞同两人的婚姻，由于没有经过父母的同意，所以两人也没有领取结婚证，更没有举办婚礼。就这样过了三年，由于两人对彼此感情的坚守，孩子也慢慢长大，终于获得了家人的认同，所以两人办理了结婚登记。

然而，在两人登记结婚后，随着家庭、孩子的生活负担逐渐加重，为维持生计，增加家庭收入，张某选择了外出打工。自此，张某和李某夫妻两人常年聚少离多，生活中的柴米油盐，让两人当初的激情逐渐退去，感情亦归于平淡。2019年，李某偶然间发现张某在外似乎已与第三人同居并以夫妻相称，于是便质问张某是否有这件事，但张某却说没有这回事，并表示与对方只是普通朋友关系。虽然李某心中仍有疑问，但考虑到孩子还小，为了给孩子一个完整的家庭，李某选择了相信张某。但从这件事情之后，张某对家庭却显得愈加冷漠，更是长期不回家，对孩子都不闻不问。

张某态度的转变让李某越发警觉，于是李某开始注意留意和收集张某出轨的证据，在一次张某回家时，李某趁张某熟睡之际，翻看张某的手机，发现微信聊天记录里张某和另外一名女子一直以"老婆""亲爱的"称呼相称，同时手机里有大量的与该女子一起生活的照片乃至亲密照片。2022年初，李某以张某出轨并长期与第三者同居为由向法院提起诉讼，请求判令其与张某离婚并要求张某承担精神损害赔偿。

【法官讲法】

夫妻之间有相互忠实的义务，夫妻之间如违反该义务，将严重伤害夫妻之间的感情。我国民法典第1043条规定："家庭应当树立优良家风，弘扬家庭美德，重视家庭文明建设。夫妻应当互相忠实，互相尊重，互相关爱；家庭成员应当敬老爱幼，互相帮助，维护平等、和睦、文明的婚姻家庭关系。"同时，在夫妻离婚时，无过错方有权向过错方请求损害赔偿。

我国民法典第 1091 条规定:"有下列情形之一,导致离婚的,无过错方有权请求损害赔偿:(一)重婚;(二)与他人同居;(三)实施家庭暴力;(四)虐待、遗弃家庭成员;(五)有其他重大过错。"本案中,张某在婚姻关系存续期间,与其他女子同居,违反了法律规定,对李某造成了心理上和精神上的伤害。因此,李某主张离婚并要求给付精神损害赔偿的主张,应当予以支持。

在现实生活中,还存在婚姻关系存续期间,男方虽然没有与他人同居,但是与他人存在不正当性关系,这种情况下导致离婚,女方能否在离婚诉讼中主张精神损害赔偿。相较原婚姻法的内容,民法典增设了"其他重大过错"这一兜底性条款,便于离婚损害赔偿制度能够灵活地适用于审判实践中的各种情形。那么,如何认定是否存在"其他重大过错",应当结合相关行为是否违反夫妻间互负的义务,以及是否构成重大过错来进行缩限解释。首先,无论是传统道德、公序良俗还是法律规定,均要求夫妻应当对彼此履行忠实义务、尊重义务以及互相关爱义务,因此构成"其他重大过错"的行为必然是违反上述夫妻义务的行为;其次,该行为应当比照民法典关于离婚损害赔偿可明确适用的四种行为,即重婚,与他人同居,实施家庭暴力,虐待、遗弃家庭成员来衡量其严重程度。审判实践中,离婚一方常常会以另一方存在出轨等过错行为为由提出离婚,此时如果无过错一方提起损害赔偿,那么过错方出轨的具体情形将成为考量该行为严重程度的重要因素,如出轨时间是否发生在女性孕期、哺乳期等特殊时期,出轨次数的多少,出轨对象范围等。如果认定存在重大过错,那么将根据过错方的过错行为方式、过错程度、社会影响、无过错方的受损情况、夫妻双方的财产状况、实际履行能力等,综合确定精神损害的赔偿金额。

【法条指引】

中华人民共和国民法典

第一千零四十三条　家庭应当树立优良家风,弘扬家庭美德,重视家庭文明建设。

夫妻应当互相忠实,互相尊重,互相关爱;家庭成员应当敬老爱幼,互相帮助,维护平等、和睦、文明的婚姻家庭关系。

第一千零九十一条 有下列情形之一，导致离婚的，无过错方有权请求损害赔偿：

（一）重婚；

（二）与他人同居；

（三）实施家庭暴力；

（四）虐待、遗弃家庭成员；

（五）有其他重大过错。

16. 妻子遭到丈夫言语暴力，能否向法院申请人身安全保护令？

【维权要点】

家庭暴力是指行为人以殴打、捆绑、残害、强行限制人身自由或者其他手段，给其家庭成员的身体、精神等方面造成一定伤害后果的行为。言语暴力也属于家庭暴力中的一种，当在婚姻家庭中遭到言语暴力，同样可以依照法律规定，向法院申请人身安全保护令，保护自身的合法权益。

【典型案例】

黄某（女）与高某（男）通过相亲相识，认识后的第二年，双方登记结婚。婚后双方先后生育一子一女。婚后黄某发现，高某的脾气比较不稳定，特别容易暴躁，即便是很小的事情也容易发脾气。高某的学历很高，工作单位和收入都不错，人际关系也很好，就是在家里，好像变了一个人。结婚之初这种状况还不是很明显，但在双方第二个孩子出生后，高某因为工作需要，被派到外地工作，时间是两年。高某到外地后，两人分居两地，黄某本想离得远会避免很多争吵，但是没想到的是，高某通过微信聊天的方式，多次对黄某实施言语暴力，其中包括谩骂、恐吓、言语威胁。鉴于高某对黄某的言语暴力愈演愈烈，黄某决定向法院申请人身安全保护令。

【法官讲法】

人身安全保护令是一种民事强制措施，是人民法院为了保护家庭暴力受害人及其子女和特定亲属的人身安全，确保婚姻案件诉讼程序的正常进行而作出的民事裁定。在申请人身安全保护令时，应当注意如下问题：

一是家庭暴力不仅包括殴打等身体暴力，也包括言语恐吓等精神暴力。反家庭暴力法第27条规定："作出人身安全保护令，应当具备下列条件：（一）有明确的被申请人；（二）有具体的请求；（三）有遭受家庭暴力或者面临家庭暴力现实危险的情形。"因此，遭受家庭暴力或者面临家庭暴力现实危险，是作出人身安全保护令的核心审查因素。对于家庭暴力行为的范畴，反家庭暴力法第2条规定："本法所称家庭暴力，是指家庭成员之间以殴打、捆绑、残害、限制人身自由以及经常性谩骂、恐吓等方式实施的身体、精神等侵害行为。"《最高人民法院关于办理人身安全保护令案件适用法律若干问题的规定》第3条规定："家庭成员之间以冻饿或者经常性侮辱、诽谤、威胁、跟踪、骚扰等方式实施的身体或者精神侵害行为，应当认定为反家庭暴力法第二条规定的'家庭暴力'。"

二是证明存在家庭暴力应由受害人举证，必要时可以申请法院调取。《最高人民法院关于办理人身安全保护令案件适用法律若干问题的规定》第6条规定："人身安全保护令案件中，人民法院根据相关证据，认为申请人遭受家庭暴力或者面临家庭暴力现实危险的事实存在较大可能性的，可以依法作出人身安全保护令。前款所称'相关证据'包括：（一）当事人的陈述；（二）公安机关出具的家庭暴力告诫书、行政处罚决定书；（三）公安机关的出警记录、讯问笔录、询问笔录、接警记录、报警回执等；（四）被申请人曾出具的悔过书或者保证书等；（五）记录家庭暴力发生或者解决过程等的视听资料；（六）被申请人与申请人或者其近亲属之间的电话录音、短信、即时通讯信息、电子邮件等；（七）医疗机构的诊疗记录；（八）申请人或者被申请人所在单位、民政部门、居民委员会、村民委员会、妇女联合会、残疾人联合会、未成年人保护组织、依法设立的老年人组织、救助管理机构、反家暴社会公益机构等单位收到投诉、反映或者求助的记录；（九）未成年子女提供的与其年龄、智力相适应的证言或者亲友、邻居等其他证人证言；（十）伤情鉴定意见；（十一）其他能够证明申请人遭受家庭暴力或者面临家庭暴力现实危险的证据。"同时该规定第5条规定："当事人及其代理人对因客观原因不能自行收集的证据，申请人民法院调查收集，符合《最高人民法院关于适用〈中华人民共和国民事诉讼法〉的解释》第九十四条第一款规定情形的，人民法院应当调查收集。人民法院经审查，认为办理案件需要的证据符合《最高人民法院关于适用〈中华人民共和国民事诉讼法〉的解释》第九十六条规定的，应当调查收集。"

三是申请人身安全保护令是独立案件，不必依附于离婚诉讼或其他侵权类诉讼。自2016年3月起，反家庭暴力法成为人身安全保护令的法律依据，保护令的性质为独立案件，不再是诉讼保全，也不再依附于其他诉讼案件。2016年《最高人民法院关于确定人身安全保护令案件及其类型代字的通知》规定，在民事案件中增设一个二级类型案件即"人身安全保护令案件"，下设"民保令""民保更"两个三级类型案件。2016年7月，《最高人民法院关于人身安全保护令案件相关程序问题的批复》明确了保护令案件不收取诉讼费用、不需要提供担保，可以比照特别程序进行审理，家事案件诉讼的当事人申请保护令的，由该案审判组织裁定，如果申请人并无家事案件诉讼，由法官独任审理。在最高人民法院《民事案件案由规定》中，人身安全保护令所属一级案由为"非讼程序案件案由"，独立于"人格权纠纷""婚姻家庭、继承纠纷"，其二级、三级案由分别为"申请人身安全保护令案件""申请人身安全保护令"。

四是在符合一定条件的情况下，人身安全保护令可以由他人或组织代为申请。反家庭暴力法第23条第2款规定：当事人是无民事行为能力人、限制民事行为能力人，或者因受到强制、威吓等原因无法申请人身安全保护令的，其近亲属、公安机关、妇女联合会、居民委员会、村民委员会、救助管理机构可以代为申请。《最高人民法院关于办理人身安全保护令案件适用法律若干问题的规定》第2条规定：当事人因年老、残疾、重病等原因无法申请人身安全保护令，其近亲属、公安机关、民政部门、妇女联合会、居民委员会、村民委员会、残疾人联合会、依法设立的老年人组织、救助管理机构等，根据当事人意愿，依照反家庭暴力法第23条规定代为申请的，人民法院应当依法受理。后者增加了可以代为申请的特殊情形，扩大了可代为申请的人员机构范围，进一步保护了受害人的合法权益。

【法条指引】

中华人民共和国反家庭暴力法

第二条 本法所称家庭暴力，是指家庭成员之间以殴打、捆绑、残害、限制人身自由以及经常性谩骂、恐吓等方式实施的身体、精神等侵害行为。

第二十六条 人身安全保护令由人民法院以裁定形式作出。

第二十七条 作出人身安全保护令，应当具备下列条件：

（一）有明确的被申请人；

（二）有具体的请求；

（三）有遭受家庭暴力或者面临家庭暴力现实危险的情形。

最高人民法院关于办理人身安全保护令案件
适用法律若干问题的规定

第三条 家庭成员之间以冻饿或者经常性侮辱、诽谤、威胁、跟踪、骚扰等方式实施的身体或者精神侵害行为，应当认定为反家庭暴力法第二条规定的"家庭暴力"。

第二章　妇女财产权益保护

1. 婚后对夫妻财产进行约定，是否具有法律效力？

【维权要点】

我国民法典第 1065 条规定的夫妻财产制度包括法定财产制和约定财产制，允许夫妻双方对婚前财产和婚后所得财产的所有关系进行约定。这种约定是一种民事行为，应当符合民事法律行为的构成要件，即夫妻双方必须具有完全民事行为能力，平等自愿作出约定，不违反法律的规定，内容明确，并符合公平原则。如果夫妻双方的财产约定存在显失公平的情况，受损害方有权请求人民法院或者仲裁机构予以撤销。

【典型案例】

2021 年 1 月，付某（女，24 岁）与杭某（男，26 岁）结婚。结婚时，付某与杭某约定：两人每月各拿出工资的一部分作为夫妻共同财产，支付日常开支。付某每月工资 8000 元，每月出资 4000 元；杭某每月工资 10000 元，每月出资 6000 元。两人的其他收入归各自所有，双方签订了书面协议。2022 年 10 月，付某与杭某协议离婚，在分割财产时，付某要求将杭某个人存款 8 万元（由工资收入的节余形成）作为夫妻共同财产分割，杭某拒绝。付某向当地人民法院提起诉讼。

【法官讲法】

随着社会主义市场经济的发展和对外开放的扩大，我国社会出现了多种经济形式，公民个人所有的财产日益增多，夫妻间产生了采取多种形式处理双方财产关系的要求。为适应这一需要，1980 年婚姻法规定了夫妻约定财产制，但规定得较为原则、抽象，在实践中不易于操作。2001 年 4 月，婚姻法修订后，增设了专条对夫妻约定财产制作了具体、详细的规定。

2021年1月1日，民法典施行，对夫妻约定财产作了更具体的规定。

所谓"夫妻约定财产制"，指的是"婚姻当事人通过协议形式，对他们的婚前、婚后财产的归属、占有、使用、管理、收益、处分等权利加以约定的一种法律制度"。根据民法典第1065条和有关司法解释的规定，夫妻约定财产制包括以下内容：（1）约定的标的是夫妻在婚姻关系存续期间所得的财产和婚前财产，可以是夫妻共同所得的财产，也可以是夫妻一方在婚前或者婚后所得的财产；（2）夫妻对婚姻关系存续期间所得的财产或者婚前财产可以约定归各自所有、共同所有或者部分各自所有、部分共同所有；（3）夫妻财产约定应当采取书面形式；（4）夫妻双方对财产关系没有约定或者约定不明确的，适用法定财产制；（5）夫妻双方对财产的约定对夫妻双方有约束力，但不具有对抗第三人的效力。夫妻对婚姻关系存续期间所得的财产约定归各自所有的，夫或者妻一方对外所负的债务，相对人知道该约定的，以夫或者妻一方的财产清偿。夫妻一方对"相对人知道该约定"负有举证责任。

夫妻双方对财产的约定是一种民事行为，应当符合民事法律行为的构成要件。根据民法典民事法律行为的一般原则，夫妻双方的财产约定应当符合下列条件：（1）夫妻双方进行财产约定时，均必须具有完全民事行为能力。如果夫妻一方不具备完全民事行为能力，不能对财产进行约定。夫妻约定财产的协议必须由夫妻双方亲自签订，不能代理。（2）夫妻双方必须在平等自愿的基础上，通过协商，对婚前财产或者婚后所得财产进行约定。如果一方以欺诈、胁迫手段或者乘人之危使对方做出违背真实意思的表示，可以请求予以撤销。（3）夫妻双方的财产约定必须合法。夫妻双方财产约定的内容包括财产所有权的归属，财产的管理、使用、收益、处分，家庭生活费用的负担、债务的清偿责任，婚姻关系终止时财产的清算及分割等。约定的内容不得超出夫妻双方所享有的财产权利的范围，不得规避法律规定的赡养老人、抚养子女的义务，不得损害国家、集体或者第三人的合法权益。（4）夫妻双方的财产约定必须明确。如果夫妻对某些财产约定不明确或者没有作出约定，该部分财产不作为约定财产，应当按照民法典第1062条、第1063条的规定，属于夫妻共同财产的，归夫妻共同所有；属于夫妻一方个人的财产，归个人所有。（5）夫妻双方的财产约定应当遵循民事法律关系的公平原则，保护夫妻双方，尤其是妻方的财产权益。如果夫妻双方的财产约定存在显失公平的情况，受损害方有权请求人民法院或者仲裁机构予以撤销。人民法院应当实事求是地对夫妻双方的共同财产和个人财产予以正确认定和合理分割。

在本案中，付某与杭某的财产约定是在双方完全自愿的情况下作出的，不违反法律的规定，且不构成显失公平，所以，付某与杭某的财产约定合法、有效，杭某的个人存款8万元属于其个人财产，离婚时不能作为夫妻共同财产分割。付某的诉讼请求不应当予以支持。但如果付某在婚后的家庭生活中，承担了较多的家务劳动，因抚育子女、照顾老人、协助另一方工作等付出较多义务，可以请求杭某对此给予适当补偿。

【法条指引】

中华人民共和国民法典

第一百五十一条 一方利用对方处于危困状态、缺乏判断能力等情形，致使民事法律行为成立时显失公平的，受损害方有权请求人民法院或者仲裁机构予以撤销。

第一千零六十五条 男女双方可以约定婚姻关系存续期间所得的财产以及婚前财产归各自所有、共同所有或者部分各自所有、部分共同所有。约定应当采用书面形式。没有约定或者约定不明确的，适用本法第一千零六十二条、第一千零六十三条的规定。

夫妻对婚姻关系存续期间所得的财产以及婚前财产的约定，对双方具有法律约束力。

夫妻对婚姻关系存续期间所得的财产约定归各自所有，夫或者妻一方对外所负的债务，相对人知道该约定的，以夫或者妻一方的个人财产清偿。

2. 夫妻一方的专用生活用品，能否作为共同财产分割？

【维权要点】

如果夫妻共同财产用于购置夫妻一方专用的生活用品，该物品不作为夫妻共同财产，而是夫妻一方，即专用该物品的一方的个人财产。但如果专用的生活用品价值较大或在家庭财产中所占比重较大时，就不能简单地作为个人财产处理，在离婚分割其他共同财产时应当对另一方的份额或比例予以适当考虑，这样对双方都公平。

【典型案例】

陶某（男）与李某（女）于 2018 年结婚。婚后，两人的收入由李某掌管。李某喜欢讲究穿着打扮，虚荣心较强，经常用两人的积蓄购买高档衣物和化妆品等。两人因此经常发生矛盾。2022 年 9 月，李某以与陶某感情不和为由提起离婚诉讼。陶某同意离婚，但要求依法分割夫妻共同财产。对于李某以两人婚后的积蓄购买的高档衣物和化妆品等，陶某主张该物品是以夫妻共同财产购置的，应当作为夫妻共同财产加以分割。实物可归李某所有，对应当分给其本人的部分由李某折价补偿。李某则认为，自己购买的衣物和化妆品等属于自己专用的生活用品，按照民法典的规定，是自己的个人财产，不能作为夫妻共同财产加以分割。

【法官讲法】

根据民法典第 1062 条规定，夫妻在婚姻关系存续期间所得的工资、奖金、劳务报酬，生产、经营、投资的收益等财产，归夫妻共同所有，为夫妻共同财产，夫妻对共同所有的财产有平等的处理权。夫妻任何一方都可以根据日常生活的需要和自己的想法、喜好等使用夫妻共同财产。非因日常生活需要对夫妻共同财产作重要处理决定，夫妻双方应当平等协商，取得一致意见。在本案中，由夫妻双方婚后的收入形成的积蓄属于夫妻共同财产。李某以该财产购买衣物、化妆品等生活用品以满足自己的日常生活需要，是行使自己对夫妻共同财产合法的处理权。但李某在行使自己的权利时，没有顾及对方的不同意见，引起夫妻矛盾，属于行使权利的方式不当。

以夫妻共同财产购置的物品不一定都归夫妻共同所有。按照民法典第 1063 条第 4 项的规定，如果夫妻共同财产用于购置夫妻一方专用的生活用品，该物品不作为夫妻共同财产，而是夫妻一方，即专用该物品的一方的个人财产。法律的上述规定是基于夫妻一方专用的生活用品在人身上的专属性和使用上的特殊性，若作为夫妻共同财产加以分割，不但对专用方会造成生活上的不便，对另一方也没有实际意义，强行分割可能造成该物品在价值上的损害。但如果将夫妻一方以共同财产购置的所有专用的生活用品，简单地归专用方所有，对另一方显然是不公平的，特别是在该专用的生活用品价值较大或在家庭财产中所占比重较大的时候。

在本案中，如果李某以夫妻共同财产购置的衣物、化妆品等生活用品，价值不高、在家庭财产中所占比重不大的，可以认定为李某的个人财产，离婚时不和其他夫妻共同财产一起分割；如果该物品价值较高、在家庭财产中所占的比重较大，就不能简单地作为李某的个人财产处理，在离婚分割其他共同财产时应当对另一方的份额或比例予以适当考虑。在具体分割时，可以采取实物归一方所有，由该方给对方适当补偿的办法。该办法既不损害物品的价值，也符合双方的需要。

【法条指引】
中华人民共和国民法典

第一千零六十二条　夫妻在婚姻关系存续期间所得的下列财产，为夫妻的共同财产，归夫妻共同所有：

（一）工资、奖金、劳务报酬；

（二）生产、经营、投资的收益；

（三）知识产权的收益；

（四）继承或者受赠的财产，但是本法第一千零六十三条第三项规定的除外；

（五）其他应当归共同所有的财产。

夫妻对共同财产，有平等的处理权。

第一千零六十三条　下列财产为夫妻一方的个人财产：

（一）一方的婚前财产；

（二）一方因受到人身损害获得的赔偿或者补偿；

（三）遗嘱或者赠与合同中确定只归一方的财产；

（四）一方专用的生活用品；

（五）其他应当归一方的财产。

3. 一方擅自处分夫妻共同房产，是否具有法律效力？

【维权要点】

一方未经另一方同意出售夫妻共同所有的房屋，第三人善意购买、支付合理对价并已办理不动产登记手续，另一方主张追回该房屋的，人民法院不予支持。夫妻一方擅自处分共同所有的房屋造成另一方损失，离婚时另一方请求赔偿损失的，人民法院应予支持。

【典型案例】

丁某（男）与黄某（女）于2017年11月登记结婚，婚后共同购买了一套40平方米的房屋，登记在丁某个人名下。自2021年2月开始，黄某因工作需要经常在外出差，夫妻缺少交流，黄某逐渐怀疑丁某在外面有情人。为此夫妻经常发生争吵，感情逐渐破裂，两人开始协商协议离婚的事宜，但因房产归属问题存在争议，始终没有达成一致。2021年8月，丁某通过中介公司找到购房人范某，以自己的名义与范某签订了一份《房屋买卖合同》，将该房屋以市场价卖给了范某，当日范某通过银行转账方式向丁某支付了购房款。双方将《房屋买卖合同》交予房地产交易部门备案，并办理了房屋过户手续。2021年10月，范某取得上述房屋的所有权证。黄某起诉到法院，要求确认丁某与范某签订的《房屋买卖合同》和买卖行为无效。范某表示自己买房前并不认识丁某，因房本的产权人登记为丁某，在办理过户的时候，房产部门的工作人员也没有询问是否经过配偶同意，所以相信丁某对于出售的房产具有处分权利，以合理价格购得上述房屋，属于善意取得。

【法官讲法】

本案的关键点在于该房屋买卖行为是否成立物权善意取得。"善意取得又称即时取得，指无权处分他人财产的转让人将其有权占有的他人财产（包括动产和不动产），交付或登记于受让人名下，如买受人取得该财产时出于善意并支付了合理对价，则其即取得该财产的所有权，原所有权人不得要求受让人返还原物。"善意取得制度是一项重要的所有权制度，其主要功能是保护交易安全，促进交易，同时也旨在保护善意第三人的利益。但由于善意取得制度毕竟会对原所有权人的权益产生重要影响，因此各国在确立该项制度的同时，都规定了严格的限制条件。我国民法典第311条第1款规定："无处分权人将不动产或者动产转让给受让人的，所有权人有权追回；除法律另有规定外，符合下列情形的，受让人取得该不动产或者动产的所有权：（一）受让人受让该不动产或者动产时是善意；（二）以合理的价格转让；（三）转让的不动产或者动产依照法律规定应当登记的已经登记，不需要登记的已经交付给受让人。"这一条对物权善意取得的三个构成要件进行了明确。民法典第1062条第2款规定："夫妻对共同财产，有平等的处理权。"《民法典婚姻家庭编司法解释（一）》第28条规定："一方未经另一方同意出售夫妻共同所有的房屋，第三人善意购买、支付合理对价并已办理不动产登记，另一方主张追回该房屋的，人民法院不予支持。夫妻一方擅自处分共同所有的房屋造成另一方损失，离婚时另一方请求赔偿损失的，人民法院应予支持。"根据上述法律和司法解释的规定，如果买受人是出于善意，并支付了合理的对价且办理了房产过户手续，则基于善意取得制度取得了该财产的所有权，另一方起诉到法院请求确认房屋买卖合同无效，是得不到法律支持的。这里还有一个"善意"的证明责任分配问题，即由谁来举证证明受让人是否出于"善意"，这也是影响受让人行为定性的重要因素。在不动产善意取得中，受让人是基于对不动产登记簿（房产证）的信赖而为交易行为，因此首先推定其是善意的。在举证责任分配方面，应当由否认受让人出于善意的夫妻一方负举证责任，如果其不能举出足够证据，证明受让人为恶意，则推定受让人为善意。

涉及夫妻共同房产时，在符合受让人受让该房屋是善意的、以合理的价格转让、已经过户登记的情况下，受让人可善意取得房屋所有权，买受人知道或应当知道房屋为共有或买受人与出卖人存在恶意串通损害其他共有人利益的除外，因此黄某要支持自己的主张就应当举证证明范某买房时存在恶意。本案诉争的夫妻共有房屋原系登记在丁某个人名下，丁某虽未经黄某同意出售夫妻共有房屋，但出卖房屋的实际成交价格属于合理价格，并已办理过户登记手续，黄某也没有证据表明范某购买该房屋为恶意，所以应认定范某善意取得诉争房屋所有权，驳回黄某的诉讼请求。

黄某虽然无法追回该房产，但协议离婚或提起离婚诉讼时，可以要求分割房屋出售所得的款项，如果丁某处分房产给黄某造成了损失，离婚时黄某还可以提出损害赔偿请求。

【法条指引】

中华人民共和国民法典

第三百一十一条第一款　无处分权人将不动产或者动产转让给受让人的，所有权人有权追回；除法律另有规定外，符合下列情形的，受让人取得该不动产或者动产的所有权：

（一）受让人受让该不动产或者动产时是善意；

（二）以合理的价格转让；

（三）转让的不动产或者动产依照法律规定应当登记的已经登记，不需要登记的已经交付给受让人。

第一千零六十二条第二款　夫妻对共同财产，有平等的处理权。

最高人民法院关于适用《中华人民共和国民法典》
婚姻家庭编的解释（一）

第二十八条　一方未经另一方同意出售夫妻共同所有的房屋，第三人善意购买、支付合理对价并已办理不动产登记，另一方主张追回该房屋的，人民法院不予支持。

夫妻一方擅自处分共同所有的房屋造成另一方损失，离婚时另一方请求赔偿损失的，人民法院应予支持。

4. 夫妻共同投资设立公司，登记的出资比例是否属于财产约定？

【维权要点】

夫妻双方对财产的约定必须同时具备实质要件和形式要件。其形式要件之一就是约定必须采用书面形式，其实质要件是对于夫妻双方婚前、婚后财产的归属、占有、使用、管理、收益和处分等权利，都必须作出明确的约定。夫妻共同投资设立有限责任公司，在工商登记时约定的出资比例，不符合夫妻财产归属约定的法定要件，不能作为夫妻对财产的书面约定。

【典型案例】

姚某（男）与尚某（女）于 2006 年结婚。婚后，尚某做服装生意，姚某跑运输，家庭收入可观。2018 年，姚某和尚某以各自做生意赚的钱投资成立了一家有限责任公司。在公司章程中，记载了双方的出资情况：姚某 30 万元，尚某 15 万元。但两人没有婚后取得的财产归各自所有的约定，在工商登记时，双方也没有提交财产分割的书面证明或出资属各自所有的书面约定。此后，两人经常因家庭琐事和公司经营争吵不休，甚至大打出手。2021 年 3 月，姚某以与尚某感情确已破裂为由向人民法院提起了离婚诉讼。诉讼中，双方对公司的股份分配问题争执不下，姚某认为应按工商登记时的出资比例，自己享有 2/3，尚某享有 1/3；尚某则认为应各占一半。

【法官讲法】

在本案中，双方争议的焦点在于他们对公司的投资比例是否等同于夫妻的财产约定。民法典第 1065 条规定的夫妻约定财产制，是指婚姻当事人通过协议的方式，对他们婚前、婚后财产的归属、占有、使用、管理、收益和处分等权利加以约定的一种法律制度。夫妻对婚姻关系存续期间所得的财产及婚前财产的约定，对双方具有法律约束力。按照法律规定，夫妻双方对财产的约定必须同时具备实质要件和形式要件。其形式要件之一就是约定必须采用书面形式，其实质要件是对于夫妻双方婚前、婚后财产的归属、占有、使用、管理、收益和处分等权利，都必须作出明确的约定。

无论工商登记能否作为他们在公司中财产所有权份额的依据，都不能成为夫妻对财产的书面约定。因为工商登记不符合夫妻财产归属约定的法定要件。按照民法典第 1065 条第 1 款的规定，夫妻财产约定应当采用书面形式，姚某和尚某没有关于夫妻财产约定的书面协议。公司章程中记载的出资数额是用于工商登记，它并不一定适用于日后的财产分割。所以，公司工商登记的出资比例不等于夫妻对财产的书面约定。即使是约定，也属于不明确的约定。因为夫妻名下注册的股份只是对出资比例的约定，对公司利润的分配、股权的归属、公司债务的负担等都是不明确的，即对财产的归属、占有、使用、管理、收益和处分等权利都没有明确的约定。所以，夫妻双方出资比例不能视为夫妻双方对以公司股份形式存在的夫妻财产的约定。

在本案中，姚某和尚某是以婚后各自做生意赚的钱，即婚姻关系存续期间的生产、经营收益出资成立的公司。两人投入的资本都是夫妻共同财产的一部分，因此两人争议的财产即公司的股份应当属于夫妻共同财产。在没有特殊情形时，对夫妻共同财产应予以平等分割。姚某和尚某争议的双方共同出资成立的有限责任公司的股份一般应当两人各占一半。

【法条指引】

中华人民共和国民法典

第一千零六十五条　男女双方可以约定婚姻关系存续期间所得的财产以及婚前财产归各自所有、共同所有或者部分各自所有、部分共同所有。约定应当采用书面形式。没有约定或者约定不明确的，适用本法第一千零六十二条、第一千零六十三条的规定。

夫妻对婚姻关系存续期间所得的财产以及婚前财产的约定，对双方具有法律约束力。

夫妻对婚姻关系存续期间所得的财产约定归各自所有，夫或者妻一方对外所负的债务，相对人知道该约定的，以夫或者妻一方的个人财产清偿。

5. 一方持有属于夫妻共同财产的公司股权，离婚时应当如何处理？

【维权要点】

在离婚财产的处理当中，涉及一方在有限责任公司内有出资额，而另一方不是该公司股东的情形，如何分割该出资额，《民法典婚姻家庭编司法解释（一）》给予了明确规定，在进行折价补偿时，由专业机构对公司的财产状况和财务情况进行综合评估，按照股权的实际价值决定对股东的配偶经济补偿的数额。

【典型案例】

萧某（男）与邓某（女）于2015年结婚。2019年，萧某以两人婚后的积蓄与王某、李某合资成立了某商务有限公司。公司成立后，业务开展较为顺利，盈利可观。2021年10月，邓某以与萧某感情不和为由提出离婚，并要求对包括某商务有限公司51%股权在内的夫妻共同财产进行分割。萧某同意离婚，但认为某商务有限公司是以自己的名义与他人合资创立的，邓某一直未参与该公司的经营，且由于两人感情恶化，离婚后，如果邓某参与该公司经营，容易产生内部分歧，对公司发展不利。王某、李某也都不同意邓某加入。萧某提出给予邓某一定的经济补偿。双方经协商未果，2021 年 11 月，邓某向人民法院提出诉讼，要求离婚并分割财产。萧某作出上述答辩。

【法官讲法】

按照我国公司法的规定，公司的股东作为出资者按投入公司的资本额享有所有者的资产权益、重大决策和选择管理者等权利，这也就是人们所说的股权。但股东的出资并不导致股东对具体存在的公司财产享有所有权，公司享有独立的法人财产权。作为股权，它是由私法法律规范调整的一种民事权利，具有其他民事权利如物权、债权、知识产权等所具有的基本法律属性。就其内容而言，主要表现为财产权，既然与其他民事权利一样，就应当能够分割，且夫妻一方所持的股权是能够量化的夫妻共同财产，因此依法应予以分割。只是应当注意分割的方式，不能侵害公司的法人财产权和其他股东的合法权益。上述两种意见在对夫妻共同财产中的股权的认识和处理上均有一定的偏颇：前一种意见仅从保护公司法人财产权出发，认为公司股权不能作为夫妻共同财产加以分割，不利于保护夫妻双方对共同财产所享有的合法权益；后一种意见仅从保护夫妻共同财产权出发，主张对由夫妻共同财产出资形成的公司股权简单地加以分割，使夫妻一方可能因为离婚而取得公司的股权和股东的合法地位，势必侵害公司的法人财产权和其他股东的合法权益。在对夫妻共同财产中的股权的认定和处理上，既要考虑公司法的有关规定，又要考虑民法典的基本原则。分割夫妻共同财产中的股权，应当在充分考虑法人财产权、经营权和其他股东的合法权益的情况下，根据法律规定，从企业的长远发展出发，采取灵活多样的方式，实事求是、科学合理地处理共同财产的分割问题。

《民法典婚姻家庭编司法解释（一）》第 73 条第 1 款对离婚案件中涉及分割夫妻共同财产中以一方名义在有限责任公司的出资额，另一方不是该公司股东的情况，分别作出了规定："（一）夫妻双方协商一致将出资额部分或者全部转让给该股东的配偶，其他股东过半数同意，并且其他股东均明确表示放弃优先购买权的，该股东的配偶可以成为该公司股东；（二）夫妻双方就出资额转让份额和转让价格等事项协商一致后，其他股东半数以上不同意转让，但愿意以同等条件购买该出资额的，人民法院可以对转让出资所得财产进行分割。其他股东半数以上不同意转让，也不同意以同等条件购买该出资额的，视为其同意转让，该股东的配偶可以成为该公司的股东。"《民法典婚姻家庭编司法解释（一）》第73条的规定既考虑了公司法的有关规定，又兼顾了民法典的基本原则；在保护夫妻共同财产权的同时，又使公司的法人财产权和其他股东的合法权益得到了维护。在对股权的处理上，采取了灵活多样的方式，平衡了各方面的利益，有利于涉及公司股权的离婚财产纠纷得到公平、合理的解决。

在本案中，萧某以与邓某结婚后的积蓄与王某、李某合资成立了某商务有限公司。由此形成的萧某名下的公司51%的股权显然是夫妻共同财产，在离婚时应当作为夫妻共同财产加以分割。由于邓某一直未参与该公司的经营，萧某与邓某夫妻感情恶化导致离婚后，如果邓某参与该公司经营，容易造成公司内部矛盾，对公司发展不利。萧某据此不同意转让公司股份给邓某。同时，王某、李某也都不同意邓某加入。按照公司法规定，股东向股东以外的人转让其出资时，必须经全体股东过半数同意。如果判决邓某取得该公司的股权，显然违反了公司法的上述规定。从保护公司的法人财产权和其他股东的合法权益，有利于公司组织结构的统一和未来发展考虑，按照《民法典婚姻家庭编司法解释（一）》第73条的规定，邓某不符合成为该公司股东的法定条件，应当由萧某给予邓某与应分配给其的股权相当的经济补偿。在进行折价补偿时，对公司的股权应当按照何种价格计算，在实践中也是一个很难解决的问题。按照股东当初投入的资本额即出资的数额计算显然是不公平的，因为在公司的经营中，资本会增值，其实际价值可能远远大于股东当初投入的资本额。由于股权在不同的经营时期，在不同的经营环境下，有着不同的价值，所以解决这一难题，只能在公平原则的基础上，由专业机构对公司的财产状况和财务情况进行综合评估，按照股权的实际价值决定对股东配偶的经济补偿数额。至于在计算公司股权的价值时是否应当考虑公司盈利情况的问题，由于公司的经营状况是变化的，如果在对股东配偶应分得的股权进行折价补偿时将公司的盈利因素纳入其中，那么对股东显然是不公平的，在司法实践中也不容易操作。故此，折价补偿时还是应当按照评估计算出的股权的实际价值而定。

【法条指引】

中华人民共和国公司法

第七十一条 有限责任公司的股东之间可以相互转让其全部或者部分股权。

股东向股东以外的人转让股权，应当经其他股东过半数同意。股东应就其股权转让事项书面通知其他股东征求同意，其他股东自接到书面通知之日起满三十日未答复的，视为同意转让。其他股东半数以上不同意转让的，不同意的股东应当购买该转让的股权；不购买的，视为同意转让。

经股东同意转让的股权，在同等条件下，其他股东有优先购买权。两个以上股东主张行使优先购买权的，协商确定各自的购买比例；协商不成的，按照转让时各自的出资比例行使优先购买权。

公司章程对股权转让另有规定的，从其规定。

最高人民法院关于适用《中华人民共和国民法典》婚姻家庭编的解释（一）

第七十三条 人民法院审理离婚案件，涉及分割夫妻共同财产中以一方名义在有限责任公司的出资额，另一方不是该公司股东的，按以下情形分别处理：

（一）夫妻双方协商一致将出资额部分或者全部转让给该股东的配偶，其他股东过半数同意，并且其他股东均明确表示放弃优先购买权的，该股东的配偶可以成为该公司股东；

（二）夫妻双方就出资额转让份额和转让价格等事项协商一致后，其他股东半数以上不同意转让，但愿意以同等条件购买该出资额的，人民法院可以对转让出资所得财产进行分割。其他股东半数以上不同意转让，也不愿意以同等条件购买该出资额的，视为其同意转让，该股东的配偶可以成为该公司股东。

用于证明前款规定的股东同意的证据，可以是股东会议材料，也可以是当事人通过其他合法途径取得的股东的书面声明材料。

6. 一方婚前持有的股票在婚后增值，能否作为夫妻共同财产分割？

【维权要点】

夫妻一方个人财产在婚后产生的收益，除孳息和自然增值外，应认定为夫妻共同财产。一方婚前持有的股票在婚后增值的部分，既不属于孳息，也不属于自然增值，而是"生产、经营、投资的收益"。因此，只要是在婚姻关系存续期间取得的，离婚时就应当作为夫妻共同财产进行分割。

【典型案例】

郑某（男）与钱某（女）于 2010 年结婚。结婚前，郑某名下有股票价值 20 万元。婚后，郑某继续炒股。钱某未参与炒股，但将自己的一部分工资收入投入进去作为股本，累计有 3 万元左右。2020 年，两人的父母也各自投入了 5 万元。在投资时，双方商定，每年付给双方的父母 10% 的年息，盈亏不问。2022 年，郑某以与钱某感情不和为由，提出离婚。钱某同意离婚，但要求将郑某名下的股票（已增值至 80 万元）作为夫妻共同财产加以分割。郑某认为，该笔财产主要是自己婚前股票的增值，因此其主体部分应当是自己的个人财产。双方的父母可以按照当初的约定分得年息。至于钱某以自己的工资收入投资的部分，可以按照比例获得一部分红利。双方无法达成一致，钱某起诉至人民法院。

【法官讲法】

在本案中，当事人双方争议的财产情况比较复杂。首先，这笔财产的股本比较复杂，既有男方婚前的个人财产，也有婚后的共同财产，还有其他家庭成员的财产。其次，该财产经过了比较复杂的增值过程。该增值部分，哪些属于婚前财产的增值，哪些属于婚后财产的增值，哪些属于家庭其他成员的增值难以区分。再次，一方婚前所有的股票在婚后的增值部分应当作为个人财产，还是夫妻共同财产存有争议。

根据民法典第 1063 条的规定："下列财产为夫妻一方的个人财产：（一）一方的婚前财产……"郑某婚前所有的价值 20 万元的股票应当认定为郑某的个人财产。双方父母投入的资金，在投资时双方即有约定：每年付给双方的父母 10% 的年息，不问盈亏。因此，应当按照约定，划出本金和年息（共计 12 万元）。钱某以其工资收入投入的 3 万元，按照民法典第 1062 条规定："夫妻在婚姻关系存续期间所得的下列财产，为夫妻的共同财产，归夫妻共同所有：（一）工资、奖金、劳务报酬……"，属于夫妻共同财产。而剩余的款项 45 万元既可能有婚前财产的增值，也可能有婚后投入财产的增值，炒股期间亏掉的部分应当算作婚前个人财产的亏损，还是婚后取得的夫妻共同财产的亏损，很难认定。笔者认为，郑某婚前股票增值的部分和钱某投入的资金以及相应的增值部分均应当作为夫妻共同财产。理由如下：

首先，股票增值属于投资经营性收益。夫妻一方的个人财产在婚后的收益主要有孳息、投资经营收益和自然增值三种。孳息是特定物所生的收益，可分为自然孳息和法定孳息。典型的自然孳息如树木所结的果实、母鸡所生的蛋等，典型的法定孳息如银行存款的利息等。自然增值是指："该增值的发生是因通货膨胀或市场行情的变化而致，与夫妻一方或双方是否为该财产投入物资、劳动、努力、投资、管理等无关。比如，夫妻一方个人婚前所有的房屋、古董、字画、珠宝、黄金等，在婚姻关系存续期间因市场价格上涨而产生的增值。"按照我国民法典及有关司法解释的规定，孳息和自然增值归原物主所有，即如果原物属于夫妻一方的个人财产，则该物所生的孳息和自然增值也归该方所有。而买卖股票产生的增值，与孳息和自然增值不同，本质上是一种生产、经营、投资性收益，只要是在婚姻关系存续期间取得的，就应当作为夫妻共同财产。民法典第 1062 条规定："夫妻在婚姻关系存续期间所得的下列财产，为夫妻的共同财产，归夫妻共同所有：……（二）生产、经营、投资的收益；……"《民法典婚姻家庭编司法解释（一）》第 26 条规定："夫妻一方个人财产在婚后产生的收益，除孳息和自然增值外，应认定为夫妻共同财产。"其次，这笔财产中可能包含了郑某婚前所有的股票在婚后的增值部分，但钱某对该增值部分也付出了劳动。不能认为钱某没有参与炒股，就认为钱某对股票的增值没有付出劳动。一方面，钱某以自己的工资收入投入炒股，为股票的增值提供了资金支持；另一方面，在夫妻共同生活中，钱某承担了较多的家庭义务，为郑某炒股提供了有利条件。所以，该股票的增值中也有钱某的贡献。最后，郑某婚前所有的股票 20 万元，可能在婚后增值，也可能在婚后亏损。从该笔财产中划出 20 万元，已经体现了公平。

【法条指引】

中华人民共和国民法典

第一千零六十二条 夫妻在婚姻关系存续期间所得的下列财产，为夫妻的共同财产，归夫妻共同所有：

（一）工资、奖金、劳务报酬；

（二）生产、经营、投资的收益；

（三）知识产权的收益；

（四）继承或者受赠的财产，但是本法第一千零六十三条第三项规定的除外；

（五）其他应当归共同所有的财产。

夫妻对共同财产，有平等的处理权。

最高人民法院关于适用《中华人民共和国民法典》
婚姻家庭编的解释（一）

第二十六条 夫妻一方个人财产在婚后产生的收益，除孳息和自然增值外，应认定为夫妻共同财产。

第七十二条 夫妻双方分割共同财产中的股票、债券、投资基金份额等有价证券以及未上市股份有限公司股份时，协商不成或者按市价分配有困难的，人民法院可以根据数量按比例分配。

7. 婚前继承的财产在婚后取得，能否作为夫妻共同财产分割？

【维权要点】

夫妻一方在结婚前就已经获得的财产应当归个人所有，这是毫无疑问的。如果夫妻一方在结婚前已经获得的财产或明确将要获得的财产并没有实际占有，而是在结婚后才实际占有的，虽然也应当视为夫妻一方的个人财产，但是夫妻另一方在实现该财产的实际占有过程中，付出劳动的，应当给予适当补偿。

【典型案例】

段某（男）与孔某（女）于 2019 年结婚。婚前，孔某和弟弟共同继承了父母留下的一笔储蓄 8 万元。由于该笔储蓄是定期存款，当时未予以分割。2020 年，该笔存款到期，经分割后，孔某获得 4 万元。2022 年，段某与孔某因性格不合，协议离婚。段某主张孔某在婚后继承所得的 4 万元，应当作为夫妻共同财产予以分割。孔某认为，该笔财产是其婚前继承的个人财产，不同意作为夫妻共同财产加以分割。

【法官讲法】

按照民法典第 1062 条第 1 款的规定，夫妻在婚姻关系存续期间所得的下列财产，为夫妻共同财产，归夫妻共同所有：工资、奖金、劳务报酬；生产、经营、投资的收益；知识产权的收益；继承或者受赠的财产，但是本法第 1063 条第 3 项规定的除外；其他应当归共同所有的财产。民法典第 1063 条规定，一方的婚前财产；一方因受到人身损害获得的赔偿或者补偿；遗嘱或者赠与合同中确定只归一方的财产；一方专用的生活用品；其他应当归一方的财产为夫妻一方的个人财产。同时，民法典规定，夫妻可以对婚前财产和婚姻关系存续期间所得财产的归属进行约定。

在本案中，段某与孔某没有对夫妻双方或一方的婚前财产和婚姻关系存续期间取得的财产进行约定。两人的个人财产和夫妻共同财产应当按照法定财产制进行处理。当事人争议的实质是对民法典第 1062 条第 1 款中"在婚姻关系存续期间所得的"财产的不同理解。财产的取得是指所有权的取得，还是财产的实际取得？按照民法的所有权取得原理，财产的取得以所有权的取得为标准。因为财产的所有权取得之后，财产的实际取得只是时间问题。如果将夫妻一方在婚前已经取得所有权，只是在婚后才实际占有的财产认定为夫妻在婚姻关系存续期间取得的财产，归夫妻共同所有，对所有权人一方显失公平，也违背了民法的基本原理。当然，如果夫妻关系中的另一方对该财产的实际取得，付出了较大的劳动，发挥了重要作用，在分割该财产时应当予以适当的照顾。根据以上分析，孔某在婚前继承，婚后才实际取得的财产，应当认定为孔某在婚前的个人财产。婚后，在该财产的实际取得的过程中，段某没有付出劳动，对该财产的实际取得没有贡献力量，所以也没有获得适当补偿的权利。

【法条指引】

中华人民共和国民法典

第二百三十条 因继承取得物权的，自继承开始时发生效力。

第一千零六十二条 夫妻在婚姻关系存续期间所得的下列财产，为夫妻的共同财产，归夫妻共同所有：

（一）工资、奖金、劳务报酬；

（二）生产、经营、投资的收益；

（三）知识产权的收益；

（四）继承或者受赠的财产，但是本法第一千零六十三条第三项规定的除外；

（五）其他应当归共同所有的财产。

夫妻对共同财产，有平等的处理权。

第一千零六十三条 下列财产为夫妻一方的个人财产：

（一）一方的婚前财产；

（二）一方因受到人身损害获得的赔偿或者补偿；

（三）遗嘱或者赠与合同中确定只归一方的财产；

（四）一方专用的生活用品；

（五）其他应当归一方的财产。

第一千一百二十一条第一款 继承从被继承人死亡时开始。

8. 夫妻离婚分割财产，能否凭据发票认定财产归属？

【维权要点】

持有购物票据的人，不一定就是该物的所有权人。单凭购物发票不足以证明是持票人出资购买。在无证据证明是谁出资购买，又不能认定为归任何一方个人所有的情况下，只能推定为夫妻共同所有。

【典型案例】

张某和钟某同在某企业工作。2018 年 9 月，两人经人介绍相识并建立了恋爱关系。2020 年 4 月，张某和钟某在双方父母的主持下订婚并于 2020

年6月举行了婚礼。结婚前，张某和钟某共同购买了电视机、冰箱等家用电器和衣服、家具等。婚后，由于两人经常为生活琐事发生争吵，感情恶化。2021年2月，张某向人民法院起诉离婚。张某提出，两人共同购买的家用电器、衣服、家具等财产是其个人出资购买，并向法庭出具了购物发票。钟某也主张上述财产系其个人财产，并出具其娘家所陪送的嫁妆清单。双方对共同购置上述财产及该财产是以钟某娘家所陪送嫁妆名义运送到张某家中这一事实，不持异议。

【法官讲法】

在本案中，张某持有争议财产的购物发票，而钟某则向法庭提交了娘家所陪送的嫁妆清单。那么，能否据此认定上述财产归张某或钟某个人所有呢？答案是否定的。

首先，张某主张该财产为其个人财产的证据不足。张某是购物发票的持有人，但持有购物票据的人，不一定就是该物的所有权人。本案中的争议财产系张某和钟某共同前往购买，张某持有购物发票是正常的，但仅此不足以证明是张某个人出资购买。单凭购物发票就认定该财产为张某个人所有，显然证据不够充分。

其次，钟某主张上述财产归其个人所有的证据亦不充分。钟某既不持有购物发票，又无证据证明其在购物中的出资情况，其所出具的嫁妆清单中虽然包括上述财产，但不足以推翻二人共同前往购买这一事实，更无证据证明系张某自愿赠与。本案不符合赠与的条件，故亦不能认定该财产为钟某个人财产。

最后，按照我国现行法律法规之规定，共同财产是指二人以上共同所有或按份共有的财产。该案中的此笔财产系二人共同前往购买，无证据证明二人如何出资，又不能认定为归任何一方个人所有，所以，只能推定为二人共同所有。

【法条指引】

中华人民共和国民法典

第一千零六十三条　下列财产为夫妻一方的个人财产：

（一）一方的婚前财产；

（二）一方因受到人身损害获得的赔偿或者补偿；

（三）遗嘱或者赠与合同中确定只归一方的财产；

（四）一方专用的生活用品；

（五）其他应当归一方的财产。

9. 夫妻一方承诺赠与房产但未履行，离婚时该如何处理？

【维权要点】

婚前或婚姻关系存续期间，当事人约定将一方所有的房产赠与另一方，赠与方在赠与房产变更登记之前撤销赠与，另一方请求判令继续履行的，人民法院可以按照民法典第 658 条的规定处理，即赠与人在赠与房产变更登记之前可以撤销赠与，但具有救灾、扶贫、助残等公益、道德义务性质的赠与合同或者经过公证的赠与合同除外。

【典型案例】

晋某（男）与刘某（女）自由恋爱，于 2018 年 9 月领取结婚证。婚前，晋某父母出资为晋某购买了一套婚房，登记在晋某名下。晋某与刘某结婚登记的前一天，双方签订一份婚前财产协议，主要内容为：出于对婚姻的忠诚，男方自愿将自己婚前个人房产一半的产权赠与女方；在婚姻期间，只要是男方首先提出离婚，男方应将该住房的另一半产权也赔付给女方。2021 年 12 月，晋某提起离婚诉讼，刘某同意离婚，但提出要按照婚前协议取得房屋的产权。晋某称该婚前协议当时是刘某逼着自己签订的，并非其本人真实意愿，协议无效。法院经查，双方结婚登记前确实签订了婚前财产协议，但没有到公证处办理公证，也没有办理房屋产权变更登记手续。

【法官讲法】

关于诉争房产的性质。该案婚前财产协议中约定的房产性质属于晋某婚前个人财产，归晋某个人所有，且晋某购买该房产的房款是由晋某的父母出资的，可视为晋某的父母对晋某的赠与，不是对晋某和刘某双方的赠与，房产证上登记的是晋某的名字，故不属于双方的共同财产。

关于协议的效力。该协议有两个条款：第一个条款其实是一个赠与合同，晋某表示是被逼签订的婚前协议，但其没有提供证据证明该协议存在无效情形，其主张不成立，该赠与合同有效；第二个条款实际上是对男方提出离婚时，房屋分割问题的约定。根据我国民法典第 1041 条第 2 款关于实行婚姻自由、一夫一妻、男女平等的婚姻制度规定，婚姻自由包括结婚自由和离婚自由，此条为强制性规定，不得违反。此约定的内容明显违反离婚自由的原则，是对一方行使离婚权利的一种限制，应认定为无效。

关于赠与合同的履行。该赠与合同虽然有效，但晋某在实际履行前享有撤销权。民法典第 1065 条第 1 款规定："男女双方可以约定婚姻关系存续期间所得的财产以及婚前财产归各自所有、共同所有或者部分各自所有、部分共同所有。约定应当采用书面形式。没有约定或约定不明确的，适用本法第一千零六十二条、第一千零六十三条的规定。"同时，民法典第 658 条规定："赠与人在赠与财产的权利转移之前可以撤销赠与。经过公证的赠与合同或者依法不得撤销的具有救灾、扶贫、助残等公益、道德义务性质的赠与合同，不适用前款规定。"由于赠与合同是一种单务、无偿行为，因此法律赋予了赠与人撤销权。赠与人行使撤销权的时间必须是在赠与人财产的权利转移之前。对于不动产，我国采取的是不动产法定登记制度，无论因何种原因取得，房产物权均须经登记才产生效力。也就是说，只有在办理完权属变更登记手续后，房产才能转移或部分转移给受赠人。赠与人撤销赠与后，便不再承担无偿赠与受赠人财产的义务。此外，为限制赠与人随意撤销赠与合同，法律规定，经过公证的赠与合同或者具有救灾、扶贫、助残等公益、道德义务性质的赠与合同，一旦成立，便不得撤销。本案中，晋某承诺将自己房产的一半无偿赠与刘某，但房屋一直未办理变更登记手续，即房屋的所有权未发生变化。双方有关赠与房产的约定又不属于具有救灾、扶贫、助残等公益、道德义务性质的赠与合同，也没有经过公证。因此，晋某单方享有撤销权，这是法律赋予他的权利。该房产仍归晋某个人所有。因此，如果想要夫妻之间的房产赠与合同产生效力，不仅要签订书面赠与协议，最主要的还是要及时办理变更登记手续，或者去公证处进行赠与公证。

【法条指引】

中华人民共和国民法典

第六百五十八条　赠与人在赠与财产的权利转移之前可以撤销赠与。

经过公证的赠与合同或者依法不得撤销的具有救灾、扶贫、助残等公益、道德义务性质的赠与合同，不适用前款规定。

10. 夫妻关系存续期间，一方父母为双方购房出资，出资款的性质应该如何认定？

【维权要点】

夫妻关系存续期间，一方父母为双方购房出资，父母一方无法举证证明系借款的情况下，应认定该出资款为赠与。

【典型案例】

赵某和姚某于2010年结婚，2012年2月，赵某父母转账100万元至赵某账户，后赵某用该100万元作为首付款购买了101室房屋，并登记在赵某和姚某夫妻二人名下。多年后，赵某与姚某因感情不和离婚，赵某父母遂诉至法院，主张上述100万元系借款，要求赵某和姚某共同偿还。

【法官讲法】

实践中，对父母为子女购房出资的性质是借贷还是赠与，各方容易产生争议，但在没有充分证据认定为借贷的情况下，应认定为赠与。一是从主张借款的举证责任而言，父母主张向子女一方的转账为借贷，除了转账凭证外，还应当提供较为充分的证据证明存在借款合意。对于子女一方抗辩款项系赠与时，考虑到父母与子女之间人身关系的特殊性以及利益的关联性，在仅有己方子女认可有借贷的情况下，不宜直接认定双方借贷关系成立。二是从既有法律规定而言，根据《民法典婚姻家庭编司法解释（一）》第29条第2款规定，如果对购房款性质没有约定或者约定不明确的，按照民法典第1062条第1款第4项规定的原则处理。三是家庭内部及亲人之间的特殊身份关系，具有较强的亲密性和伦理性，不同于普通民事主体之间的关系。因此，在父母一方主张为借款的情况下，应当由父母来承担证明责任，这也与一般人的日常生活经验感知一致。因此，在没有充分证据证明存在借款合意的情况下，认定赠与更符合当前社会大众的认知。四是从利益平衡角度而言，不能因为夫妻感情不好以后，为挽回父母的购房出资，就以结果倒推来认定系借款而非赠与。在子女离婚过程中，父母的出资也是己方子女对购房贡献较大的考量因素，法院在分割房产过程中，对出资较多的一方在份额上作适当倾斜，以此平衡当事人间的利益关系。

【法条指引】

中华人民共和国民法典

第一千零六十二条　夫妻在婚姻关系存续期间所得的下列财产，为夫妻的共同财产，归夫妻共同所有：

（一）工资、奖金、劳务报酬；

（二）生产、经营、投资的收益；

（三）知识产权的收益；

（四）继承或者受赠的财产，但是本法第一千零六十三条第三项规定的除外；

（五）其他应当归共同所有的财产。

夫妻对共同财产，有平等的处理权。

第一千零六十三条　下列财产为夫妻一方的个人财产：

（一）一方的婚前财产；

（二）一方因受到人身损害获得的赔偿或者补偿；

（三）遗嘱或者赠与合同中确定只归一方的财产；

（四）一方专用的生活用品；

（五）其他应当归一方的财产。

最高人民法院关于适用《中华人民共和国民法典》婚姻家庭编的解释（一）

第二十九条　当事人结婚前，父母为双方购置房屋出资的，该出资应当认定为对自己子女个人的赠与，但父母明确表示赠与双方的除外。

当事人结婚后，父母为双方购置房屋出资的，依照约定处理；没有约定或者约定不明确的，按照民法典第一千零六十二条第一款第四项规定的原则处理。

11. 父母出资为婚后子女购房并为其办理房产证，离婚时该房产应当如何分割？

【维权要点】

当事人结婚后，父母为双方购置房屋出资的，依照约定处理，对于没有约定或者约定不明的，如果没有明确表示是赠与一方的，则按照夫妻共同财产处理。但在一方父母出全资并且在购买不动产后将不动产登记在自己一方子女名下的，应认定是父母将出资确定赠与给自己子女一方的意思表示。

【典型案例】

启某某（女）和江某某（男）于 2020 年 8 月登记结婚。2021 年 3 月，启某某的父母启某夫妇用自己多年的积蓄以优惠价格购买了一套 80 平方米的拆迁安置房屋。2021 年 9 月，启某与启某某签订《房屋买卖合同》，将房屋过户至启某某名下，双方约定的交易价格为 120 万元。但启某某与江某某都未支付购房款。2022 年 4 月，江某某向法院起诉离婚，并要求将该房产作为夫妻共同财产进行分割。启某夫妇表示二人是将涉案房屋赠与启某某，只是为了方便报销暖气费才与启某某签订了《房屋买卖合同》。

【法官讲法】

本案中，启某与启某某虽然签订了《房屋买卖合同》，但事实上启某某与江某某夫妻从未付过购房款，而且启某本人明确表示是要将房屋赠与启某某，并已过户到启某某名下。因此，该涉案房屋是启某某之父赠与启某某的财产，属于启某某的个人财产，不属于夫妻共同财产。

确定当事人婚前、婚后接受父母赠与房屋的归属，是一个很重要很敏感话题。一方父母出资购买房屋的，要记住——婚前：一方父母为双方购置房屋出资的，以对其自己子女赠与为原则，以赠与双方为例外（明确表示赠与双方）；婚后：一方父母为双方购置房屋出资的，以对夫妻双方赠与为原则，以赠与一方为例外（产权登记在出资人子女名下）。

首先，启某与启某某之间的房屋买卖关系不成立。根据民法典第143条规定："具备下列条件的民事法律行为有效：（一）行为人具有相应的民事行为能力；（二）意思表示真实；（三）不违反法律、行政法规的强制性规定，不违背公序良俗。"合同是民事法律行为的一种，亦应符合上述条件。根据民法典第595条规定，买卖合同是出卖人转移标的物的所有权于买受人，买受人支付价款的合同。合同价款的支付是判断买卖双方是否具有真实买卖意图的重要因素，本案启某某与启某虽签订《房屋买卖合同》，但该合同中未见有支付房款的约定，启某某和江某某也从未支付过购房款。启某表示签订《房屋买卖合同》只是为了将涉诉房屋过户报销供暖费。可见，启某某与启某之间并不存在真实的房屋买卖意图，双方之间的房屋买卖关系不成立。

其次，涉诉房屋应属启某某的个人财产。根据《民法典婚姻家庭编司法解释（一）》第29条第2款规定，当事人结婚后，父母为双方购置房屋出资的，依照约定处理；没有约定或者约定不明确的，按照民法典第1062条第1款第4项规定的原则处理。认定父母为子女出资购房为赠与的情况下，根据民法典第1062条第1款的规定，婚姻关系存续期间受赠的财产原则上为夫妻共同财产，除非赠与合同中确定只归一方的财产。对于如何认定"赠与合同中确定只归一方"，实践中最具争议，根据司法解释规定，首先引导当事人事先约定，以期尽量减少纠纷的发生。但是，基于父母子女间密切的人身关系，实践中父母与子女之间一般并没有正式的赠与合同存在。因不动产物权登记具有公示公信效力，婚后一方父母出全资为子女购买的不动产登记在出资人子女名下，可根据登记行为推断出作为出资人的父母将不动产赠与子女一方的意思表示。本案中，启某某认为涉诉房屋系由父母赠与自己，启某某的父母在出资后将涉诉房屋仅登记在启某某单方名下，并表示涉诉房屋系赠与启某某单方，从这些事实可以认定涉诉房屋系由启某某之父母赠与启某某单方，应属启某某之个人财产。

综上所述，江某某要求将涉案房屋作为夫妻共同财产进行分割的请求难以成立，得不到法院支持。

【法条指引】

中华人民共和国民法典

第一百四十三条　具备下列条件的民事法律行为有效：

（一）行为人具有相应的民事行为能力；

（二）意思表示真实；

（三）不违反法律、行政法规的强制性规定，不违背公序良俗。

最高人民法院关于适用《中华人民共和国民法典》
婚姻家庭编的解释（一）

第二十九条　当事人结婚前，父母为双方购置房屋出资的，该出资应当认定为对自己子女个人的赠与，但父母明确表示赠与双方的除外。

当事人结婚后，父母为双方购置房屋出资的，依照约定处理；没有约定或者约定不明确的，按照民法典第一千零六十二条第一款第四项规定的原则处理。

12. 丈夫擅自出资给情人买车，妻子能否主张返还购车款？

【维权要点】

夫妻对共同财产有平等处理权。现实生活中，存在较多夫妻一方未经对方同意单方处理夫妻共同财产的现象，此种行为极易引发家庭矛盾，应当引起重视。民法典规定，夫妻对夫妻共同财产享有平等的处分权，并非指夫妻各自对共同财产享有一半的处分权。超出夫妻日常生活需要开支而影响夫妻共同财产的，须经二人协商一致方可处分共同财产。

【典型案例】

钱某（男）与徐某（女）系夫妻关系，双方于1982年登记结婚。在双方婚姻关系存续期间，钱某于2021年2月向某汽车销售公司支付小轿车购车款20万元，购买了福特牌小轿车一辆，并将该车辆交付给其情人赵某，该车辆也登记在赵某名下。后钱某的妻子徐某得知此事，一气之下将钱某和赵某诉至法院，要求确认钱某赠与其情人赵某购车款20万元的行为无效并返还该款。钱某对徐某的主张不持异议，称当时给赵某钱买车确实是因为赵某系其情人，并对家人隐瞒了双方之间的情人关系。赵某只同意返还该车，不同意返还车款。

【法官讲法】

赠与合同是赠与人将自己的财产无偿给予受赠人，受赠人表示接受赠与的合同。如果赠与双方为情人关系，那么赠与合同可能会因为违反了夫妻双方对大额财产处分的共同决定权而无效。同时，鉴于赠与双方的特殊关系，即使非大额财产处分，亦可能因违背公序良俗原则而导致赠与合同无效。

一、赠与合同违反夫妻大额财产处分共同决定权时无效

（一）赠与合同的概念和特点

赠与合同作为合同中的一种，是指赠与人将自己的财产无偿给予受赠人，受赠人表示接受赠与的合同。其中转让财产的一方为赠与人，接受财产的一方为受赠人。赠与合同中，赠与人向受赠人转移的一般是财产的所有权。赠与合同具有以下特点：一是赠与合同是转移财产所有权的合同；二是赠与合同是无偿合同；三是赠与合同是诺成性合同，赠与自受赠人表示接受赠与时生效，不以接受赠与物为生效条件。

（二）赠与合同违反夫妻大额财产处分共同决定权时无效

合同无效是指合同因欠缺一定生效要件而致合同当然不发生效力，合同无效将导致合同自始无效。合同无效或者被撤销后，因该合同取得的财产，应当予以返还；不能返还或者没有必要返还的，应当折价补偿。有过错的一方应当赔偿对方因此所受到的损失；双方都有过错的，应当各自承担相应的责任。我国民法典第153条规定："违反法律、行政法规的强制性规定的民事法律行为无效。但是，该强制性规定不导致该民事法律行为无效的除外。违背公序良俗的民事法律行为无效。"赠与合同作为合同中的一种，受到上述条款的约束。夫妻对共同财产有平等处理权，夫妻双方对共同财产的处理应当平等协商，取得一致意见。因此，将大额财产赠与情人，该赠与合同应属无效，受赠人应当将获得的财产返还给对方。

（三）夫妻共同财产原则上不分份额的共有，赠与行为无效时应为全部无效

当赠与合同违反夫妻大额财产处分共同决定权而无效时，有观点认为

此种无效应为部分无效，夫妻对共同财产各享有一半的平等处分权。因此，赠与合同无效时，只是针对未经对方同意的一半财产的赠与无效。但笔者认为，夫妻共同财产原则上不分份额的共有，此种情况应为赠与全部无效。夫妻共同财产是指在夫妻关系存续期间一方或双方的各项合法收入，以及由该收入转化而成的各项财产和财产性权利。我国民法典第1062条规定："夫妻在婚姻关系存续期间所得的下列财产，为夫妻的共同财产，归夫妻共同所有：（一）工资、奖金、劳务报酬；（二）生产、经营、投资的收益；（三）知识产权的收益；（四）继承或者受赠的财产，但是本法第一千零六十三条第三项规定的除外；（五）其他应当归共同所有的财产。夫妻对共同财产，有平等的处理权。"因此，在婚姻关系存续期间，在夫妻双方未选择其他财产制的情形下，取得的财产原则上为夫妻共同财产，夫妻对共同财产形成共同共有。我国民法典第299条规定："共同共有人对共有的不动产或者动产共同享有所有权。"根据共同共有的一般原理，在婚姻关系存续期间，夫妻共同财产应作为一个不可分割的整体，夫或妻对全部共同财产不分份额地共同享有所有权，夫妻双方无法对共有财产划分自己的个人份额。夫妻对夫妻共同财产享有平等处理权，并不意味着夫妻各自对共有财产享有一半处分权。只有在共同共有关系终止时，才可对共同财产进行分割，确定各自的份额。因此，将大额财产赠与情人，是全部无效，而非部分无效。

（四）赠与标的的认定

赠与合同中，赠与人向受赠人转移的一般是财产的所有权。在上述案例中，对于赠与方以刷卡方式支付购车款，有观点认为此种情况下，赠与双方对赠与标的的合意是车辆，而非钱款。笔者认为，如果赠与人将原登记在自己名下的车辆变更登记在受赠人名下，那么赠与的标的应认定为车辆。如果赠与人以直接支付钱款的方式为受赠人买车，那么赠与的标的应为钱款，而非车辆。

二、赠与合同亦可因违反公序良俗原则而无效

公序良俗原则是公共秩序和善良风俗的合称，是民法的基本原则之一。公共秩序主要涉及社会公共利益层面，善良风俗主要针对社会发展所需要的一般道德。我国民法典第8条对公序良俗原则在立法上予以确认："民事主体从事民事活动，不得违反法律，不得违背公序良俗。"公序良俗

原则的作用主要是填补法律漏洞，克服法律局限性，从而完善民事立法的不足。当赠与合同的双方为情人关系时，对于大额财产的赠与，通过前文论述，会因违反夫妻大额财产处分共同决定权而导致合同无效，但是在实践中，亦存在情人之间形成的小额赠与行为，赠与的标的并非大额财产，那么这种情况下，赠与行为是否有效？显然，将小额财产赠与情人，有悖社会道德要求，在没有具体法律调整的情况下，可以适用公序良俗原则，认定赠与行为无效。

【法条指引】

中华人民共和国民法典

第八条 民事主体从事民事活动，不得违反法律，不得违背公序良俗。

第一百五十三条 违反法律、行政法规的强制性规定的民事法律行为无效。但是，该强制性规定不导致该民事法律行为无效的除外。

违背公序良俗的民事法律行为无效。

第一千零六十条 夫妻一方因家庭日常生活需要而实施的民事法律行为，对夫妻双方发生效力，但是夫妻一方与相对人另有约定的除外。

夫妻之间对一方可以实施的民事法律行为范围的限制，不得对抗善意相对人。

第一千零六十二条 夫妻在婚姻关系存续期间所得的下列财产，为夫妻的共同财产，归夫妻共同所有：

（一）工资、奖金、劳务报酬；

（二）生产、经营、投资的收益；

（三）知识产权的收益；

（四）继承或者受赠的财产，但是本法第一千零六十三条第三项规定的除外；

（五）其他应当归共同所有的财产。

夫妻对共同财产，有平等的处理权。

第三章　妇女劳动权益维护

1. 女职工怀孕、生育、哺乳期间，用人单位能否因此降低其工资？

【维权要点】

女职工的"三期"指孕期、产假、哺乳期，是女职工因妊娠、生育、抚育婴儿所处的特殊生理时期。上述期间，基于特殊的身体状况，女职工往往无法正常地提供劳动，而导致劳动权益得不到保障的情况时常发生。法律规定，用人单位与劳动者只有通过协商一致采用书面形式，才能变更劳动合同中约定的工作岗位和工资标准。但部分用人单位在女职工怀孕后便单方变更其工作岗位，并减少女职工的工资报酬，甚至以此逼迫女职工主动辞职，上述做法显然欠妥。如果是因为女职工确实不能胜任原工作岗位，而进行相应的岗位调整和工资报酬变更，需要有完备的管理制度作为支撑，否则用人单位可能承担相应的法律风险。

【典型案例】

2018年10月，陈某入职甲公司担任行政主管，双方签订了为期3年的劳动合同，约定陈某的工资标准为每月8500元。2019年4月底，陈某发现自己怀孕，在如实告知公司后不久，公司便对陈某进行了岗位调换，并相应地将其工资标准降为每月4000元。经与甲公司多次协商无果后，陈某于2019年8月提起劳动仲裁，要求甲公司支付2019年5月至2019年8月期间工资差额，仲裁裁决支持了陈某的申请请求。甲公司不服仲裁裁决，诉请法院判令无须支付上述款项。甲公司认为，陈某怀孕后身体状况不适合现有岗位需求，且公司也与陈某事先进行了沟通并取得其口头同意，但表示无法向法院提供相应证据。陈某对甲公司的该项陈述不予认可，表示其工作范畴主要涉及起草并发布通知、撰写文件等书面工作，怀孕后完全可以胜任，并且，甲公司从未就调岗降薪问题征询过其本人的意见，其亦多次向公司反映并不同意上述决定。法院经审理认为，甲公司未能完成相应的举证责任，在明知陈某怀孕的情况下，仍降低其工资水平并无事实与法律依据，最终判决甲公司向陈某支付 2019 年 5 月至 2019 年 8 月期间工资差额。

【法官讲法】

本案争议焦点有二：一为陈某怀孕后能否适应原工作岗位的事实认定，甲公司应就其主张承担相应的举证责任；二为甲公司对处于怀孕期间的陈某进行调岗降薪的行为是否具备法律依据的认定。

关于焦点一，《女职工劳动保护特别规定》第 6 条第 1 款规定，女职工在孕期不能适应原劳动的，用人单位应当根据医疗机构的证明，予以减轻劳动量或者安排其他能够适应的劳动。甲公司主张陈某怀孕后不能适合原工作岗位，但未能提供有效证据证明陈某的原岗位职责及陈某怀孕后完成工作的情况，故举证不能的相应不利后果应由甲公司承担。因此，法院认定甲公司关于陈某不能适应原工作岗位的主张不能成立。

关于焦点二，劳动合同法第 35 条第 1 款规定，用人单位与劳动者协商一致，可以变更劳动合同约定的内容。变更劳动合同，应当采用书面形式。本案中，甲公司未能举证证明就调岗和降薪问题与陈某达成协商一致，且未采用书面形式，故其单方的调岗降薪行为并无依据。并且，《女职工劳动保护特别规定》第 5 条规定，用人单位不得因女职工怀孕、生育、哺乳降低其工资。故综上，甲公司对陈某进行调岗降薪的行为并无法律依据，应当向陈某支付因岗位调换而产生的工资差额。

考虑到女职工在怀孕、生育、哺乳期间的各种特殊情况，法律规定对上述期间女职工的工资待遇进行了严格规制。用人单位应当知悉并严格遵守上述法律规定，依法履行对"三期"女职工的工资支付制度，并妥善加强对"三期"女职工的保护力度。

【法条指引】

中华人民共和国劳动合同法

第三十五条第一款　用人单位与劳动者协商一致，可以变更劳动合同约定的内容。变更劳动合同，应当采用书面形式。

女职工劳动保护特别规定

第五条 用人单位不得因女职工怀孕、生育、哺乳降低其工资、予以辞退、与其解除劳动或者聘用合同。

第六条第一款 女职工在孕期不能适应原劳动的，用人单位应当根据医疗机构的证明，予以减轻劳动量或者安排其他能够适应的劳动。

2. 女职工怀孕、生育、哺乳期间，用人单位能否因此与其解除劳动合同？

【维权要点】

女职工在怀孕、生育、哺乳期间，在无明显过错的情形下，用人单位不得因其处于上述"三期"期间而与其解除劳动关系。如用人单位违法与处于"三期"女职工解除劳动合同的，女职工可择以下两种途径之一维护自身权益：一为不同意解除劳动合同，要求双方继续履行劳动合同；二为不主张双方劳动关系继续存续，但要求用人单位支付违法解除劳动合同赔偿金。

【典型案例】

2016 年 7 月，张某入职甲公司担任行政文员，月工资标准 3500 元。2017 年 4 月，张某经医院诊断：怀孕 20 周，先兆流产症状，建议全休 3 周。张某向公司领导提出请假，没想到领导经考虑后，告知其孕妇的形象和特殊身体状况并不能满足其岗位需求，并提出让张某主动辞职，否则公司将以不服从公司安排、严重违纪为由将张某开除。张某当即表示不同意。公司当天便向张某下发了《解除劳动关系通知书》，内容为因张某严重违反公司规章制度，故公司与张某解除劳动关系，且将不支付任何形式的经济补偿。张某感到非常气愤，以要求甲公司支付违法解除劳动合同赔偿金为由提起仲裁申请，仲裁裁决支持了张某的申请请求。甲公司不服，诉请法院要求无须支付上述款项。案件审理过程中，甲公司主张张某怀孕后已不适合原岗位需求，且不服从公司的安排，但未能就解除依据提供相应证据予以证明，构成违法解除劳动合同。最终法院判决甲公司应当向张某支付违法解除劳动合同赔偿金。

【法官讲法】

本案争议焦点在于甲公司与张某解除劳动合同是否有事实及法律依据。

从事实层面上讲，甲公司主张张某怀孕后不适合原岗位安排，但考虑到行政文员工作的一般职责和张某此前的工作常态，甲公司的该项主张显然很难成立，亦缺乏证据支持。即便该情况属实，亦不能构成甲公司与张某解除劳动合同的合法理由。甲公司另主张张某不服从公司安排，但未能就特定情形下合理提出异议行为和严重违纪行为进行区分，故甲公司提出与张某解除劳动合同的理由缺乏事实依据。

从法律层面上讲，根据妇女权益保障法第48条第1款规定，用人单位不得因结婚、怀孕、产假、哺乳等情形辞退女职工，单方解除劳动（聘用）合同或者服务协议。《女职工劳动保护特别规定》第5条亦规定，用人单位不得因女职工怀孕、生育、哺乳降低其工资、予以辞退、与其解除劳动或者聘用合同。上述规定均对女职工的劳动合同权益进行了特殊保护。本案中，甲公司知悉张某怀孕后，在其并无严重违纪行为的情况下，未考虑到其特殊的身体状况及相关的法律规定，即以张某怀孕不能适应岗位需求为由提出解除劳动合同，缺乏法律依据。故综上，甲公司与张某解除劳动合同的行为缺乏事实与法律支撑，应当按照张某的工资标准及工作年限支付违法解除劳动合同经济赔偿金。

用人单位对劳动关系单方解除权的滥用，既不利于保障"三期"女职工的特殊权益，亦不利于用人单位生产经营的正常运行，应当予以杜绝。女职工处于"三期"期间时，用人单位理应赋予其更多的工作便利和人文关怀，而非一味地将其视为"包袱"，唯有双方相互尊重、理解与支持，方能构建和谐有序的劳动关系。

【法条指引】

中华人民共和国妇女权益保障法

第四十八条 用人单位不得因结婚、怀孕、产假、哺乳等情形，降低女职工的工资和福利待遇，限制女职工晋职、晋级、评聘专业技术职称和职务，辞退女职工，单方解除劳动（聘用）合同或者服务协议。

女职工在怀孕以及依法享受产假期间，劳动（聘用）合同或者服务协议期满的，劳动（聘用）合同或者服务协议期限自动延续至产假结束。但是，用人单位依法解除、终止劳动（聘用）合同、服务协议，或者女职工依法要求解除、终止劳动（聘用）合同、服务协议的除外。

用人单位在执行国家退休制度时，不得以性别为由歧视妇女。

女职工劳动保护特别规定

第五条 用人单位不得因女职工怀孕、生育、哺乳降低其工资、予以辞退、与其解除劳动或者聘用合同。

3. 女职工怀孕、生育、哺乳期间，用人单位是否一律不得解除劳动合同？

【维权要点】

女职工怀孕、生育、哺乳期间，法律赋予其诸多的特殊保护规定，但上述规定并非毫无边界限制。对于在试用期间被证明不符合录用条件的，或严重违反劳动纪律或者用人单位规章制度的，或严重失职，营私舞弊，对用人单位利益造成重大损害的，或被依法追究刑事责任的女职工，即便其处于"三期"期间，用人单位亦可依法与其解除劳动合同。司法实践中，确实存在部分女职工在怀孕期间严重违反劳动纪律或用人单位的规章制度等情形，而用人单位对法律规定的理解不甚全面，导致其误认为一律不得与"三期"女职工解除劳动合同。

【典型案例】

2019 年 12 月，张某入职甲公司，担任销售部员工一职，双方签订为期两年的书面劳动合同，载明张某工作职责为联系业务、与客户签署书面合同等。2020 年 2 月，张某怀孕，甲公司相应地为其减轻了每月考核任务标准，工资待遇水平仍保持不变。但此后，甲公司逐渐发现，张某在公司坐班的时间越来越少，上下班多次出现迟到早退情况，未到岗部门领导与其联系时，其或告知在外跑业务，或不接电话。前期部分客户亦向甲公司投诉称联系不到张某，合同无法如期签署，如再不签署将考虑换别家签署合同。就此，甲公司领导与张某进行了谈话，张某表示怀孕身体不适，需要时不时地在家休养，故无法保证正常的出勤时间和与客户保持联络。经公司询问其是否能够提供病假条时，张某支吾以对，但始终拒不承认错误。后甲公司向张某书面送达了《解除劳动合同通知书》，以张某严重违反劳动纪律和公司规章制度为由与其解除劳动关系。张某提起仲裁申请，要求撤销甲公司向其送达的《解除劳动合同通知书》，双方继续履行劳动关系。仲裁裁决驳回了张某的申请请求。案件庭审过程中，甲公司提供了张某亲笔签署的员工手册，明确载明了销售部员工的每日出勤时间、工作职责和工作纪律。张某认可该证据的真实性，但表示其处于怀孕期间，无须严格遵守上述规定。法院最终判决驳回了张某的诉讼请求。

【法官讲法】

本案争议焦点在于，甲公司能否与处于怀孕期间的张某解除劳动关系。

在事实认定层面上，作为制度依据的《员工手册》已向张某书面送达，张某作为受用人单位管理的劳动者一方，即便处于孕期，亦应当严格遵守上述《员工手册》中明确载明的规章制度。而张某怀孕后未按工作时间正常出勤、未严格履行与部分客户签署业务合同的工作职责、未能向甲公司提供假条的行为已得到双方确认。上述行为构成了对《员工手册》中载明的规章制度的严重违反。

在法律适用层面上，根据劳动法第25条规定，劳动者有下列情形之一的，用人单位可以解除劳动合同：（1）在试用期间被证明不符合录用条件的；（2）严重违反劳动纪律或者用人单位规章制度的；（3）严重失职，营私舞弊，对用人单位利益造成重大损害的；（4）被依法追究刑事责任的。劳动合同法第39条亦赋予了女职工"三期"期间若存在法条列举情形时，用人单位可依法解除劳动合同的权利。本案中，张某的各种行为已构成对甲公司规章制度的严重违反，甲公司在对张某批评教育无效后，作出与张某解除劳动合同的决定，是合法有效的，因此法院对张某的诉讼请求均不予支持。

怀孕、生育、哺乳期间的女职工基于特殊的身体状况，部分情况下无法保障满勤并超额完成工作任务的情况可能确有存在，但作为劳动者一方亦应当严格遵守公司的考勤制度、请休假制度和工作职责安排，尽量避免给用人单位带来内部管理和外部业务经营上的不便。否则，达到法定解除劳动关系条件时，用人单位作出的与女职工解除劳动关系的决定是可以得到法律保障的。

【法条指引】

中华人民共和国劳动法

第二十五条　劳动者有下列情形之一的，用人单位可以解除劳动合同：

（一）在试用期间被证明不符合录用条件的；

（二）严重违反劳动纪律或者用人单位规章制度的；

（三）严重失职，营私舞弊，对用人单位利益造成重大损害的；

（四）被依法追究刑事责任的。

中华人民共和国劳动合同法

第三十九条　劳动者有下列情形之一的，用人单位可以解除劳动合同：

（一）在试用期间被证明不符合录用条件的；

（二）严重违反用人单位的规章制度的；

（三）严重失职，营私舞弊，给用人单位造成重大损害的；

（四）劳动者同时与其他用人单位建立劳动关系，对完成本单位的工作任务造成严重影响，或者经用人单位提出，拒不改正的；

（五）因本法第二十六条第一款第一项规定的情形致使劳动合同无效的；

（六）被依法追究刑事责任的。

4. 女职工怀孕、生育、哺乳期间适逢劳动合同期满，用人单位应否续延合同期限？

【维权要点】

通常情况下，劳动者与用人单位签订的固定期限劳动合同到期终止，法律规定除用人单位维持或者提高劳动合同约定条件续订劳动合同，劳动者不同意续订的情形外，用人单位应当向劳动者支付终止劳动合同经济补偿金。但对于"三期"女职工这一特殊群体，考虑到她们的特殊身体状况及择业能力，法律给予该群体更加充分的保障，即女职工在孕期、产期、哺乳期的，劳动合同期满，则劳动合同应当续延至相应的情形消失时终止，即除非"三期"女职工提出坚持要求终止劳动合同，否则用人单位通常不得与"三期"女职工终止劳动合同。司法实践中，部分用人单位缺乏对女职工劳动权益的基本了解，在"三期"女职工劳动合同到期时作出终止劳动合同决定，而在女职工要求继续履行劳动合同时，通常将面临被撤销的后果。

【典型案例】

2019 年 8 月 1 日，金某入职甲公司，担任业务联络部员工一职。双方签订有为期 3 年的书面劳动合同，期限自 2019 年 8 月 1 日至 2022 年 7 月 31 日。2022 年 5 月，金某检出怀孕，并因请休假事宜向甲公司出具了怀孕检验报告及医院诊断证明。2022 年 6 月 30 日，甲公司向金某书面送达了《终止劳动合同通知书》，载明因双方劳动合同即将到期，公司将于 2022 年 7 月 31 日与金某终止劳动关系，并告知金某在劳动合同到期前依程序办理离职手续。2022 年 7 月，金某以要求甲公司撤销《终止劳动合同通知书》，双方继续履行劳动合同为由提起仲裁。仲裁裁决支持了金某的请求。甲公司不服该裁决结果，诉请法院要求确认《终止劳动合同通知书》合法有效，双方无须继续履行劳动合同。法院经审理认为，双方劳动合同到期之日金某仍处于孕期，依据法律规定，劳动合同期限应当续延至金某孕期、产期、哺乳期情形消失为止，故判决撤销甲公司于 2022 年 6 月 30 日作出的《终止劳动合同通知书》，甲公司与金某继续履行劳动合同。

【法官讲法】

本案争议焦点在于双方劳动合同到期后，甲公司能否与金某终止劳动合同。

根据劳动合同法第 44 条第 1 项规定，劳动合同期满的，劳动合同终止。即通常情况下，用人单位与劳动者签订的劳动合同到期终止。但同时，国家为保障女职工的特定劳动权益，在劳动合同法第 45 条规定，劳动合同期满，女职工在孕期、产期、哺乳期的，劳动合同应当续延至相应的情形消失时终止。本案中，甲公司与金某签订的劳动合同于 2022 年 7 月 31 日到期，但金某于 2022 年 5 月怀孕，劳动合同到期时其仍处于孕期，除非金某个人提出要求终止劳动合同，否则甲公司不得与金某终止劳动合同。现甲公司已向金某送达《终止劳动合同通知书》，金某主张予以撤销，法律依据充分，故法院判决撤销甲公司于 2022 年 6 月 30 日作出的《终止劳动合同通知书》，甲公司与金某继续履行劳动合同。

劳动合同终止后，劳动者与用人单位之间的权利义务不再存在。"三期"女职工面临劳动合同到期终止的情形时，其后续权利往往处于"无着落"的状态，故国家法律对此作出特定保护条款，用人单位应当充分予以重视和保障。

【法条指引】

中华人民共和国劳动合同法

第四十二条 劳动者有下列情形之一的，用人单位不得依照本法第四十条、第四十一条的规定解除劳动合同：

（一）从事接触职业病危害作业的劳动者未进行离岗前职业健康检查，或者疑似职业病病人在诊断或者医学观察期间的；

（二）在本单位患职业病或者因工负伤并被确认丧失或者部分丧失劳动能力的；

（三）患病或者非因工负伤，在规定的医疗期内的；

（四）女职工在孕期、产期、哺乳期的；

（五）在本单位连续工作满十五年，且距法定退休年龄不足五年的；

（六）法律、行政法规规定的其他情形。

第四十四条 有下列情形之一的，劳动合同终止：

（一）劳动合同期满的；

（二）劳动者开始依法享受基本养老保险待遇的；

（三）劳动者死亡，或者被人民法院宣告死亡或者宣告失踪的；

（四）用人单位被依法宣告破产的；

（五）用人单位被吊销营业执照、责令关闭、撤销或者用人单位决定提前解散的；

（六）法律、行政法规规定的其他情形。

第四十五条 劳动合同期满，有本法第四十二条规定情形之一的，劳动合同应当续延至相应的情形消失时终止。但是，本法第四十二条第二项规定丧失或者部分丧失劳动能力劳动者的劳动合同的终止，按照国家有关工伤保险的规定执行。

5. 怀孕女职工在劳动时间内进行产前检查，所需时间应否计入劳动时间？

【维权要点】

我国法律规定，怀孕女职工在劳动时间内进行产前检查，所需时间计入劳动时间。即女职工产检期间虽未向用人单位提供劳动，但用人单位应当按照正常工资标准向女职工发放产检期间的工资，即女职工产前检查应按出勤对待，不能按病假、事假、旷工处理。

【典型案例】

陈某是甲公司下辖门市店面的收银员，怀孕后因为定期要到医院进行产前检查，陈某每隔一段时间就要向公司请一次假。后陈某发现，每月打到其工资卡中的工资数额比以往降低了近 1000 元，陈某向公司财务部门咨询后发现，其产检期间均按照病假处理，工资亦相应地按照病假工资发放。因其病假天数超过公司规定，故每月工资组成中的奖金予以扣发。陈某向公司领导反映此事，却被告知公司长期以来奉行该薪酬制度，若不服从公司制度管理，公司有权将其辞退。陈某经过考虑，以要求甲公司支付工资差额为由，提起仲裁程序。仲裁裁决甲公司应当按照陈某的工资标准补足工资差额，甲公司不服该裁决结果，诉请法院要求无须支付工资差额。庭审中，甲公司主张，陈某在产检期间并未提供劳动，公司按照病假工资标准向其支付，已属于优待怀孕女职工，且扣发奖金亦有公司制度支持，故无须向陈某支付工资差额。法院经审理认为，怀孕女职工在劳动时间内进行产前检查，所需时间计入劳动时间。甲公司将陈某的产检期间视为病假期间，仅发放病假工资并比照病假待遇相应地扣发工资，没有法律依据，因此应当向陈某补足相应的工资差额。

【法官讲法】

产前检查，是怀孕女职工随着孕周的变化，需要接受的各项例行检查。考虑到怀孕女职工定期产检可能影响到正常的劳动时间，进而可能导致工资待遇、劳动关系的稳定等合法权益事项受到侵害，法律赋予女职工产检期间以特别保护。《女职工劳动保护规定》第6条第3款规定，怀孕女职工在劳动时间内进行产前检查，所需时间计入劳动时间。即女职工产检期间虽未向用人单位提供劳动，但用人单位应当按照正常工资标准向女职工发放产检期间的工资，即女职工产前检查应按出勤对待，不能按病假、事假、旷工处理；对在生产第一线的女职工，要相应地减少生产定额，以保证产前检查时间。

本案中，甲公司将陈某的产检时间视为病假，按病假标准发放工资，并参照病假待遇扣发陈某奖金的行为，是违反法律法规中对"三期"女职工劳动权益特殊保护的，故应当按照陈某的正常工资标准予以补足。

需要提醒的是，随着企业管理规定的逐步完善成熟，女职工在进行产前检查时还应按照企业的考勤管理规定，履行必要的请假手续，并注意留存相关诊疗记录，避免因为程序和证据问题，影响自己孕期合法劳动权益的维护。

【法条指引】

女职工劳动保护特别规定

第六条　女职工在孕期不能适应原劳动的，用人单位应当根据医疗机构的证明，予以减轻劳动量或者安排其他能够适应的劳动。

对怀孕7个月以上的女职工，用人单位不得延长劳动时间或者安排夜班劳动，并应当在劳动时间内安排一定的休息时间。

怀孕女职工在劳动时间内进行产前检查，所需时间计入劳动时间。

6. 女职工享受产假期间，应否遵循相关劳动法律规定？

【维权要点】

我国《女职工劳动保护特别规定》第7条赋予了女职工不同期间的产假，以保障女职工产前产后休假的权益，女职工与用人单位均应遵守上述规定。对于法律赋予诸多保护的女职工来讲，享受产假期间亦不得超出法律规定的范畴，如产假期满后仍拒绝到岗上班，严重违反用人单位的规章制度，不履行作为劳动者一方提供劳动的基本义务时，相应的法律后果亦应由女职工自行承担。

【典型案例】

2018年，林某入职甲公司工作，双方签订有劳动合同，甲公司向林某下发了公司的规章制度。2022年1月，林某怀孕，2个月后经医院诊断为宫外孕，不得已进行了人工流产手术。林某认为人工流产手术对自己的身体伤害很大，且法律有产假的规定，故向甲公司申请3个月的产假。而公司则认为林某属于自行终止妊娠，不应享受产假待遇，故按照医嘱和法律规定，只同意林某休假15天。林某认为其有权享有3个月的产假，故15天期满后一直未去公司上班。后甲公司先后通过电话和邮寄方式向其送达到岗上班的通知，林某也一直置之不理。直至甲公司向其送达因连续旷工1个月故公司提出解除劳动合同的通知时，林某提起了劳动仲裁，要求甲公司撤回解除劳动合同通知，双方继续履行劳动合同。仲裁裁决驳回了林某的申请。林某不服，诉至法院。庭审中，林某主张其流产后身体虚弱，应当比照产假标准享受3个月产假。法院经审理认为，林某怀孕未满4个月流产，享受15天产假。林某现主张其有权享受3个月产假并无依据，故据此判决驳回了林某的诉讼请求。

【法官讲法】

考虑到女职工怀孕期间特殊的生理特点，法律设置了相应的产假期间以体现对女职工的保护。针对女职工怀孕期间难产、生育多胞胎、流产等不同的情况，《女职工劳动保护特别规定》第7条赋予了女职工不同期间的产假，以保障女职工产前产后休假的权益，女职工与用人单位均应遵守上述规定。司法实践中，存在部分用人单位基于生产经营的需求，在法律意识较为淡薄的情况下，往往无法保障女职工的产假期间这一基础性待遇。对于法律赋予诸多保护的女职工来讲，享受产假期间亦不得超出法律规定的范畴，如产假期满后仍拒绝到岗上班，严重违反用人单位的规章制度，不履行作为劳动者一方提供劳动的基本义务时，相应的法律后果亦应由女职工自行承担。

本案中的争议焦点在于，林某流产后应否享有我国劳动法第62条规定的"不少于90天"的产假。此外《女职工劳动保护特别规定》第7条对于女职工的休假期间进行了更加细化的规定："女职工生育享受98天产假，其中产前可以休假15天；难产的，增加产假15天；生育多胞胎的，每多生育1个婴儿，增加产假15天。女职工怀孕未满4个月流产的，享受15天产假；怀孕满4个月流产的，享受42天产假。"上述规定对女职工流产期间的假期进行了明确规定。本案中，林某怀孕未满4个月流产，有权享有15天的产假。林某认为其有权享受3个月的产假是对法律规定的误读。

林某在产假期满后未到岗上班，在收到公司的到岗上班通知后，仍未予理睬。事后林某未能向公司提交病假条，并连续1个月未出勤，其上述行为已构成连续旷工，严重违反了公司的规章制度，故甲公司作出的解除劳动合同通知具备正当依据，林某的诉讼请求没有法律依据。

【法条指引】

中华人民共和国劳动法

第六十二条　女职工生育享受不少于九十天的产假。

女职工劳动保护特别规定

第七条　女职工生育享受98天产假，其中产前可以休假15天；难产的，增加产假15天；生育多胞胎的，每多生育1个婴儿，增加产假15天。

女职工怀孕未满4个月流产的，享受15天产假；怀孕满4个月流产的，享受42天产假。

7. 用人单位未为女职工缴纳生育保险，应否承担相应的生育医疗费用？

【维权要点】

生育保险是国家在怀孕、分娩女职工无法正常提供劳动时，由国家和社会提供医疗服务、生育津贴和产假的一项社会保险制度。用人单位应当依法为劳动者缴纳生育保险，以保障女职工在怀孕、生育和哺乳期间获得相应待遇。但实践中我们发现，部分用人单位基于眼前利益，为节省用工成本，拒绝为女职工缴纳生育保险，导致女职工无法报销因生育产生的相关医疗费用，亦无法领取生育津贴。此种情形下，符合国家及北京市的计划生育和生育保险政策应予报销的医疗费用部分以及产假工资待遇，均应当由用人单位承担。

【典型案例】

孙某系非京籍城镇户口，2015年，入职甲公司从事销售工作，在职期间甲公司未为孙某缴纳生育保险。2022年1月，孙某怀孕，同年9月入北京某医院剖宫产一男婴。孙某在产前检查、住院生产、产后治疗期间花费了相应医疗费，其中符合国家及北京市的计划生育和生育保险政策应予报销的费用金额为4020元。但因甲公司未为其缴纳生育保险，故该笔费用迟迟无法报销。经与甲公司协商无果，孙某提起仲裁程序，要求甲公司为其报销生育期间产生的全部医疗费用，仲裁机构裁决甲公司应当向孙某支付生育医疗费用4020元。甲公司不服仲裁裁决，诉请法院判令无须支付上述款项。案件庭审过程中，甲公司表示，孙某没有北京市户口，因此公司无法为其在京办理生育保险，其要求公司为其报销生育费用缺乏法律依据。孙某提出异议，表示甲公司应当为其报销全部的医疗费用。法院经审理认为，孙某虽然没有北京市户口，但根据国家及北京市的计划生育和生育保险政策，因甲公司未为孙某缴纳生育保险，甲公司仍应按照规定向孙某支付相关的生育费用，孙某要求甲公司向其全额支付医疗费用于法无据，法院对其该项主张不予采纳，并最终判令甲公司应当向孙某支付生育医疗费用4020元。

【法官讲法】

本案争议焦点在于，甲公司是否应向孙某支付生育医疗费用以及支付费用的具体金额。

根据劳动法第72条、第73条规定，用人单位和劳动者必须依法参加社会保险，缴纳社会保险费。女职工生育时依法享受社会保险待遇。本案中，为劳动者孙某缴纳生育保险，是甲公司的法定义务。现甲公司未为孙某缴纳生育保险，导致孙某无法报销生育医疗费用，则相应的法律后果应由甲公司承担。根据《女职工劳动保护特别规定》第8条第2款规定，女职工生育或者流产的医疗费用，按照生育保险规定的项目和标准，对已经参加生育保险的，由生育保险基金支付；对未参加生育保险的，由用人单位支付。故孙某因生育产生的相关医疗费用，甲公司应当予以支付。甲公司提出关于孙某非北京市户籍故无法缴纳生育保险的抗辩，并无法律及政策支持，故法院对其该项主张不予采纳。

至于甲公司应当向孙某支付的生育费用的具体金额，则应当由社会保险行政部门进行核准，对于符合国家及北京市的计划生育和生育保险政策的部分，应当由用人单位向女职工支付。本案中，孙某提出要求甲公司为其报销全额的医疗费用，亦没有法律依据，且其未就仲裁裁决结果提起诉讼，在未有权利义务严重失衡的情形下，应当视为其认可仲裁裁决结果。故甲公司应当依照符合国家及北京市的计划生育和生育保险政策的部分，向孙某支付医疗费用。

女职工在生育期间必然会产生相应的医疗费用，国家为保障女职工依法享受相应的生育医疗待遇，建立并实施了比较完善的生育保险体系。用人单位应当从长远利益出发，清醒认识并切实履行为女职工缴纳生育保险的法定义务，以此实现对女职工以及用人单位自身权益的双重保护。

【法条指引】

中华人民共和国劳动法

第七十二条　社会保险基金按照保险类型确定资金来源，逐步实行社会统筹。用人单位和劳动者必须依法参加社会保险，缴纳社会保险费。

第七十三条第一款　劳动者在下列情形下，依法享受社会保险待遇：

（一）退休；

（二）患病、负伤；

（三）因工伤残或者患职业病；

（四）失业；

（五）生育。

女职工劳动保护特别规定

第八条　女职工产假期间的生育津贴，对已经参加生育保险的，按照用人单位上年度职工月平均工资的标准由生育保险基金支付；对未参加生育保险的,按照女职工产假前工资的标准由用人单位支付。

女职工生育或者流产的医疗费用,按照生育保险规定的项目和标准,对已经参加生育保险的,由生育保险基金支付;对未参加生育保险的,由用人单位支付。

第四章　儿童受教育权益保护

1. 父母不让未成年人接受义务教育，应当承担什么责任？

【维权要点】

父母对未成年子女在学习方面应当提供必要的物质条件，负担相应的学习费用，使未成年子女接受义务教育，这是父母或者其他监护人的法定义务。未成年人接受义务教育的权利，不因父母是否离异、领养、非婚生等各种原因而改变，只要父母是未成年子女的监护人，就必须承担起让未成年子女接受义务教育的法定义务。

【典型案例】

黄某（男，某村村民）与李某（女，某村村民）于1996年结婚。婚后，两人先后生育了一女一男。由于家庭条件不好，为了养育两个子女，黄某和李某终日劳作，农忙时种田，农闲时就到城里做小买卖，根本无暇照顾两个子女。转眼间，两个孩子都到了入学年龄。夫妇二人把他们送进了村小学。但由于没有父母管教，上学后，两个孩子都不喜欢学习，经常逃学，完不成家庭作业，上课也不听讲，学习成绩很差。学校的老师多次找到黄某和李某，希望他们加强对两个子女的教育，配合学校的工作。黄某夫妇虽然也希望子女好好学习，但确实没有精力管教他们。就这样，黄家姐弟退了学。学校得知这个情况，立即找到了黄某夫妇，告知他们，接受义务教育是未成年人的权利，也是父母的法定义务，黄某夫妇的做法是错误的，应当立即让孩子复学。但黄某夫妇认为，这个学上也是白上，还不如退学算了，让孩子待在家里，自己在外面还放心些。由于学校多次做黄某夫妇的工作，均没有奏效，便将情况反映到了乡政府。乡政府对黄某夫妇进行了批评教育，并责令黄某夫妇在一周内让孩子复学。

【法官讲法】

根据我国义务教育法第 4 条、第 5 条、第 11 条、第 58 条之规定，以及未成年人保护法第 16 条之规定，家长送适龄子女接受义务教育是法定义务。尊重未成年人的受教育权，保障未成年人接受义务教育，是学生受教育权益保护的前提和基础。

当家长拒绝支付未成年子女教育费时，未成年子女有权请求父母或者其他监护人给付，这种请求可以是一种协商，也可以通过一定方式的调解或人民法院的判决。父母或其他监护人必须无条件尊重未成年子女的受教育权，即使父母离婚了，这种义务仍然存在。离婚后，一方抚养未成年子女，另一方应负担该未成年子女接受义务教育费用的一部或全部。负担教育费的多少和期限的长短，由父母双方协议，协议不成时，由人民法院判决。未成年子女教育费的协议和判决，往往随着父母双方经济状况的变化和未成年子女的学习需要而增长，未成年子女有权在必要时向父母任何一方提出超出协议或判决原定数额学习费用的要求，如果未成年子女的要求合理，而父母经济能力又允许，就应当满足未成年子女的要求。养父母、继父母、非婚生子女的生父母应当负担未成年养子女、继子女、非婚生子女接受义务教育费用的一部或全部。未成年养子女、继子女、非婚生子女有要求养父母、继父母、非婚生父母尊重其接受义务教育的权利，必要时可以通过人民法院确立和强制执行其接受义务教育的费用。如果父母双亡，有负担能力的祖父母、外祖父母和有负担能力的兄姐应给未成年人提供一定的受义务教育的费用。当未成年人受教育权受到不法侵害时，父母或者其他监护人有义务予以排除，保护未成年人的受教育权不受侵害。尊重未成年人受教育的权利，要求父母或者其他监护人不得使在校接受义务教育的未成年人辍学，严禁家长迫使未成年人去当童工、童农、童商。

在本案中，黄某夫妇因为家庭条件不好而外出务工，无暇照顾子女，导致子女因缺乏父母的严格管教而荒疏学业，学习成绩不好，情有可原。但他们以子女厌学为由让子女退学，显然侵犯了未成年子女的受教育权，违反了自己的法定义务。在学校多次做工作均未奏效的情况下，当地人民政府根据义务教育法的有关规定，对其批评教育并责令其让子女复学，是正确的，维护了未成年人的合法权益。黄某夫妇应当履行自己的法定义务，尽快让两个孩子复学，这既是对未成年子女负责，也是对国家和社会负责。

【法条指引】

中华人民共和国义务教育法

第四条 凡具有中华人民共和国国籍的适龄儿童、少年，不分性别、民族、种族、家庭财产状况、宗教信仰等，依法享有平等接受义务教育的权利，并履行接受义务教育的义务。

第五条 各级人民政府及其有关部门应当履行本法规定的各项职责，保障适龄儿童、少年接受义务教育的权利。

适龄儿童、少年的父母或者其他法定监护人应当依法保证其按时入学接受并完成义务教育。

依法实施义务教育的学校应当按照规定标准完成教育教学任务，保证教育教学质量。

社会组织和个人应当为适龄儿童、少年接受义务教育创造良好的环境。

第十一条 凡年满六周岁的儿童，其父母或者其他法定监护人应当送其入学接受并完成义务教育；条件不具备的地区的儿童，可以推迟到七周岁。

适龄儿童、少年因身体状况需要延缓入学或者休学的，其父母或者其他法定监护人应当提出申请，由当地乡镇人民政府或者县级人民政府教育行政部门批准。

中华人民共和国未成年人保护法

第十六条 未成年人的父母或者其他监护人应当履行下列监护职责：

（一）为未成年人提供生活、健康、安全等方面的保障；

（二）关注未成年人的生理、心理状况和情感需求；

（三）教育和引导未成年人遵纪守法、勤俭节约，养成良好的思想品德和行为习惯；

（四）对未成年人进行安全教育，提高未成年人的自我保护意识和能力；

（五）尊重未成年人受教育的权利，保障适龄未成年人依法接受并完

成义务教育;

（六）保障未成年人休息、娱乐和体育锻炼的时间，引导未成年人进行有益身心健康的活动;

（七）妥善管理和保护未成年人的财产;

（八）依法代理未成年人实施民事法律行为;

（九）预防和制止未成年人的不良行为和违法犯罪行为，并进行合理管教;

（十）其他应当履行的监护职责。

2. 父母能够以经济困难为由，拒绝女儿入学吗?

【维权要点】

公平地接受教育，是宪法赋予每一名公民的基本权利，不因性别而改变。我国法律也明确规定男女平等，包括女童在内的未成年人都有接受教育的权利。

【典型案例】

家住某村的李某现年已经9岁了，父母一直没有送她去上学。李某有个弟弟，现年刚好7岁，父母准时将他送进了学校。李某提出要和弟弟一起读书，父母却说，女孩子读书没什么用，家里困难供不起。其实李某知道家里穷只是一个借口，最根本的原因是父母根深蒂固的重男轻女的思想，即使家里条件好了，父母也不会赞成李某去学校读书的。当地学校及教育部门发现后，多次做李某父母的工作。但李某父母认为让不让孩子上学是自己的事，与他人无关。

【法官讲法】

本案涉及如何保障女性儿童、少年接受义务教育的法律问题。国家法律规定，男女均有平等的受教育权，国家、社会、学校和家庭，都有依法保障她们接受义务教育的责任。一是政府对保障女性儿童、少年接受义务教育的责任。我国妇女权益保障法规定，国家保障妇女享有与男子平等的文化教育权利。政府应当采取有效措施，解决适龄女性儿童、少年就学存在的实际困难，并创造条件，保证贫困、残疾和流动人口中的适龄女性儿童、少年完成义务教育。现实中，政府主要采取两方面的措施促进女性儿童、少年接受义务教育权的实现。一是根据义务教育法等相关法律和规范性文件的规定，根据区域内居住的适龄儿童、少年的数量和分布状况等因素，制定、调整学校设置规划。新建居民区需要设置学校的，与居民区的建设同步进行。根据需要设置寄宿制学校，保障居住分散的适龄儿童、少年入学接受义务教育。根据需要在经济发达地区设置接收少数民族适龄儿童、少年的学校（班）。根据需要设置相应的实施特殊教育的学校（班），对视力残疾、听力语言残疾和智力残疾的适龄儿童、少年实施义务教育。根据需要为具有严重不良行为的适龄少年设置专门的学校实施义务教育。努力缩小学校之间的办学条件，不区分重点学校和非重点学校，要求学校不得分设重点班和非重点班。同时，实施义务教育，不收学费、杂费，各级人民政府对家庭经济困难的适龄儿童、少年免费提供教科书并补助寄宿生活费。国家建立义务教育经费保障机制，将义务教育全面纳入财政保障范围，国务院和地方各级政府将义务教育经费纳入财政预算，地方各级政府在财政预算中将义务教育经费单列，保证用于实施义务教育财政拨款的增长比例高于财政经常性收入的增长比例，保证按照在校学生人数平均的义务教育费用逐步增长，保证教职工工资和学生人均公用经费逐步增长。另外是对学校、家庭和其他组织、个人在保障女童接受义务教育上的违法行为，依法追究法律责任，实施制裁，从而保障适龄女性儿童、少年受教育权的实现。二是学校对保障女性儿童、少年接受义务教育的责任。学校应当执行国家有关规定，保障女性在入学、升学、毕业分配、授予学位、派出留学等方面享有与男子平等的权利，学校在录取时不得以性别为由拒绝录取女童或提高对女童的录取标准。实行义务教育的学校不可以收学杂费，不得违反国家有关规定收取费用，不得以向学生推销或者变相推销商品、服务等方式谋取利益。对家庭经济困难的女学生，学校可以通过义务教育基金制度等方式，帮助解决适龄女性儿童、少年就学中的实际困难。特殊教育学校（班）应当具备适应残疾儿童、少年学习、康复、生活特点的场所和设施。要求普通学校接收具有接受普通教育能力的残疾适龄儿童、少年随班就读，并为其学习、康复提供帮助。对违反学校管理制度的学生，应当予以批评教育，不得开除。三是社会对保障女性儿童、少年接受义务教育的责任。依照我国义务教育法和妇女权益保障法的规定，社会应采取有效的措施，创造条件，保证适龄女性儿童、少年完成义务教育。实践中，国家鼓励社会组织和个人向义务教育捐赠，鼓励按照国家有关基金会管理的规定设立义务教育基金，增加适龄女性儿童、少年入学的机会。禁止用人单位招用应当接受义务教育的女性适龄儿童、少年做工。违反上述规定的，将根据不同情况承担相应的法律责任。四是父母或其他监护人对女性儿童、少年接受义务教育的责任。妇女权益保障法第36条第1款规定："父母或者其他监护人应当履行保障适龄女性未成年人接受并完成义务教育的义务。"如果适龄女性儿童、少年因疾病或者特殊情况需要延迟或免予入学的，必须经当地人民政府批准。父母或其他监护人不得自行其是，否则将要承担相应的法律责任。

本案中的适龄女童李某不能按规定入学接受义务教育，关系到政府、社会、学校如何履行保障适龄女性儿童、少年入学的责任。本案中，如果政府、社会、学校都能本着保护未成年女童、少年健康成长的态度为其积极创造条件，提供帮助，那么李某入学就会得到充份保障。

【法条指引】

中华人民共和国义务教育法

第五条 各级人民政府及其有关部门应当履行本法规定的各项职责，保障适龄儿童、少年接受义务教育的权利。

适龄儿童、少年的父母或者其他法定监护人应当依法保证其按时入学接受并完成义务教育。

依法实施义务教育的学校应当按照规定标准完成教育教学任务，保证教育教学质量。

社会组织和个人应当为适龄儿童、少年接受义务教育创造良好的环境。

中华人民共和国妇女权益保障法

第三十五条 国家保障妇女享有与男子平等的文化教育权利。

第三十六条 父母或者其他监护人应当履行保障适龄女性未成年人接受并完成义务教育的义务。

对无正当理由不送适龄女性未成年人入学的父母或者其他监护人，由当地乡镇人民政府或者县级人民政府教育行政部门给予批评教育，依法责令其限期改正。居民委员会、村民委员会应当协助政府做好相关工作。

政府、学校应当采取有效措施，解决适龄女性未成年人就学存在的实际困难，并创造条件，保证适龄女性未成年人完成义务教育。

第三十七条　学校和有关部门应当执行国家有关规定，保障妇女在入学、升学、授予学位、派出留学、就业指导和服务等方面享有与男子平等的权利。

学校在录取学生时，除国家规定的特殊专业外，不得以性别为由拒绝录取女性或者提高对女性的录取标准。

各级人民政府应当采取措施，保障女性平等享有接受中高等教育的权利和机会。

3. 父母强行让孩子辍学，应当如何处理？

【维权要点】

接受教育是未成年人依法享有的一项权利，是未成年人认识世界、认识社会、全面发展的重要途径。在我国，受教育权是包括未成年人在内的所有公民的基本权利之一。但是，在义务教育阶段的未成年人，享有绝对的受教育权，父母无权强行让孩子辍学。

【典型案例】

离婚后的唐某（女）带着女儿张甲与同村的蔡某结婚。蔡某与前妻所生的孩子蔡甲也跟随他们共同生活。由于家庭的变故，张甲有些厌学，未读完小学5年级，便辍学在家。由于家中经济困难，同时，蔡某夫妇觉得孩子读书无用，于是夫妇两人又强迫蔡甲辍学，并让孩子写下保证书，说是自己不愿意上学读书的，永远也不会怪爸爸妈妈。蔡家两姐弟相继辍学，引起了学校、村支部及镇政府的高度重视。他们先后多次上门做工作、讲道理，要求唐某与蔡某送两个孩子复学。但唐某与蔡某认为自己的孩子自己可以教育，不用别人指手画脚，不让孩子上学，又不犯法。为了保护未成年人的受教育权，学校将唐某与蔡某推上了被告席，要求他们将其子女送往学校接受9年义务教育。

【法官讲法】

宪法第46条规定："中华人民共和国公民有受教育的权利和义务。国家培养青年、少年、儿童在品德、智力、体质等方面全面发展。"未成年人保护法第16条第5项规定，父母或者其他监护人应当"尊重未成年人受教育的权利，保障适龄未成年人依法接受并完成义务教育"。同时，我国教育法、义务教育法更是对未成年人享有的受教育权作了详细规定。在我国，不是所有的学校教育都是义务教育，不是任何层次的学校教育都带有义务性和强迫性。根据义务教育法第2条第1款规定，国家实行九年义务教育制度。由此可知，义务教育就是国家依法强制适龄儿童、少年必须接受的，国家、社会、学校和家庭都必须给予保证的国民基础教育。对于义务教育而言，接受教育同时体现为未成年人及其家长的义务。接受义务教育不仅是适龄儿童、少年的权利和义务，同时他们的父母或其他监护人、学校、各级政府以及有关主管部门，都有义务使其入学或为其入学创造条件。如果他们不履行上述法定义务就是违法行为，将会受到法律的追究和制裁。因此，在本案中，唐某与蔡某让两个孩子辍学，违反了国家的法律规定，其行为侵犯了未成年人的受教育权，是一种违法行为。

为了落实未成年人接受义务教育的权利和义务，义务教育法第5条第2款规定："适龄儿童、少年的父母或者其他法定监护人应当依法保证其按时入学接受并完成义务教育。"可见，未成年人的父母不但无权对子女接受教育的权利加以限制和剥夺，相反，保证未成年子女入学接受义务教育是依法必须履行的职责。此外，还应在物质条件和学习时间上给予必要的保障。即使有特殊情况，需要延缓入学或者免予入学的，也必须得到有关部门的批准。本案中，唐某与蔡某不存在任何特殊情况，未经任何批准，擅自决定让仍在接受义务教育的未成年子女失学，他们的行为不仅违反了国家的法律规定，违反了监护人的监护职责，同时也是对未成年子女的一种侵权行为。这里需要强调的一点是，以家庭困难为由使子女辍学是一种违法行为，任何家庭或家长都不能以贫穷为借口而不履行送适龄子女上学接受义务教育的义务。家庭经济确实有困难的，按照国家法律的规定，父母可以申请减免教科书费用或生活补助等。同时，学校、政府、社会都应当帮助因贫困而失学的未成年人，为他们接受教育创造良好的条件。

【法条指引】

中华人民共和国未成年人保护法

第十六条　未成年人的父母或者其他监护人应当履行下列监护职责：

（一）为未成年人提供生活、健康、安全等方面的保障；

（二）关注未成年人的生理、心理状况和情感需求；

（三）教育和引导未成年人遵纪守法、勤俭节约，养成良好的思想品德和行为习惯；

（四）对未成年人进行安全教育，提高未成年人的自我保护意识和能力；

（五）尊重未成年人受教育的权利，保障适龄未成年人依法接受并完成义务教育；

（六）保障未成年人休息、娱乐和体育锻炼的时间，引导未成年人进行有益身心健康的活动；

（七）妥善管理和保护未成年人的财产；

（八）依法代理未成年人实施民事法律行为；

（九）预防和制止未成年人的不良行为和违法犯罪行为，并进行合理管教；

（十）其他应当履行的监护职责。

中华人民共和国义务教育法

第二条　国家实行九年义务教育制度。

义务教育是国家统一实施的所有适龄儿童、少年必须接受的教育，是国家必须予以保障的公益性事业。

实施义务教育，不收学费、杂费。

国家建立义务教育经费保障机制，保证义务教育制度实施。

4. 父母离婚后，是否应当继续承担教育子女的义务？

【维权要点】

父母与子女间的关系，不因父母离婚而消除。离婚后，子女无论由父

或母直接抚养，仍是父母双方的子女。离婚后，父母对于子女仍有抚养和
教育的权利和义务。

【典型案例】

李某与郝某是大学同学。大学毕业后，两个人举行了婚礼，不久就有
了一个漂亮、可爱的小女孩：李某某。随着时间一点点地流逝，两个人才
发现生活远远不像恋爱那么简单和浪漫。柴米油盐、锅碗瓢盆代替了谈恋
爱时的花前月下、甜言蜜语。理想与现实的巨大落差使李某与郝某多少都
有些心理失衡。李某与郝某经常因为照顾孩子的事情发生争吵，相互指责
对方不顾家，不关心孩子，可怜的小女孩成了父母相互伤害对方的武器。
索然无味的婚姻生活让李某与郝某都感到疲惫了，两个人同意离婚，但谁
也不愿意抚养年幼的李某某。李某向人民法院提起了离婚诉讼，考虑到李
某某尚在哺乳期，人民法院判决郝某抚养李某某，李某每月支付 600 元的
抚养费。

虽然不情愿，但郝某还是接受了人民法院的判决，但她在内心里始终
将李某某视为自己今后生活的一个沉重包袱。一开始，李某还按月支付抚
养费，但时间一长，便越来越不放在心上，最后干脆不支付了。郝某也无
心照顾女儿，一下班就去唱歌、跳舞，想借这种方式来摆脱烦恼。可怜的
小女孩，还在牙牙学语的阶段就失去了父爱和母爱。后来，郝某在一个圣
诞舞会上认识了新的男友，关系进展迅速。不久，两个人就有了结婚的想
法。男友能接受郝某的一切，就是无法接受她与前夫的孩子。本来就把孩
子视为包袱的郝某更加坚信自己当初的担忧是正确的，孩子给自己带来了
痛苦，会毁了自己的终身幸福。在这种念头的驱使下，郝某决定甩掉这个
包袱。一个漆黑的夜晚，郝某把裹好的李某某带到了城郊的公路边上，放
下孩子便头也不回地离去了。

小女孩经过了一夜的啼哭，在第二天早上被路人捡到，由于无人认领，
她被送到了孤儿院。就这样，本来应该在父母的疼爱下幸福成长的她成了孤
儿，失去了自己应当拥有的一切。特殊的经历和成长环境使李某某养成了一
种十分叛逆的性格。14 岁时，她被送到一所寄宿制的中学读书，但李某某从
来就不学习，而且经常偷偷跑到外边过着放荡不羁的生活。最后，她被送进
了工读学校。李某某的母亲终于从别人那里听说了李某某的遭遇，此时已经

有了第二个孩子的她对母爱有了更深的理解，开始为自己当初的行径心生悔恨。她找到了李某某就读的学校，希望和李某某母女相认，但当她向李某某讲明了一切时，迎来的却是李某某敌视甚至是仇恨的目光。郝某的心凉了。

【法官讲法】

我国宪法第49条第3款规定："父母有抚养教育未成年子女的义务……"民法典第1058条规定："夫妻双方平等享有对未成年子女抚养、教育和保护的权利，共同承担对未成年子女抚养、教育和保护的义务。"第1084条第1款、第2款规定："父母与子女间的关系，不因父母离婚而消除。离婚后，子女无论由父或者母直接抚养，仍是父母双方的子女。离婚后，父母对于子女仍有抚养、教育、保护的权利和义务。"根据未成年人保护法第16条、第17条规定，父母或者其他监护人应当为未成年人提供生活、健康、安全等方面的保障，关注未成年人的生理、心理状况和情感需求，教育和引导未成年人遵纪守法，养成良好的思想品德和行为习惯，引导未成年人进行有益身心健康的活动，预防和制止未成年人的不良行为和违法犯罪行为，并进行合理管教。不得虐待、遗弃、非法送养未成年人或者对未成年人实施家庭暴力，放任、教唆或者利用未成年人实施违法犯罪行为，放任、唆使未成年人参与邪教、迷信活动或者接受恐怖主义、分裂主义、极端主义等侵害，放任、唆使未成年人吸烟、饮酒、赌博、流浪乞讨或者欺凌他人，放任未成年人沉迷网络，接触危害或者可能影响其身心健康的出版物或网络信息，放任未成年人进入营业性娱乐场所、酒吧、互联网上网服务营业场所等不适宜未成年人活动的场所。家庭教育促进法第20条规定："未成年人的父母分居或者离异的，应当相互配合履行家庭教育责任，任何一方不得拒绝或者怠于履行；除法律另有规定外，不得阻碍另一方实施家庭教育。"上述法律规定确立了青少年的父母对青少年的抚养教育义务。当我们谈到青少年的受教育权时，往往关注的是青少年接受学校教育的权利，而青少年受家庭教育的权利却被人们不经意间忽视了。但家庭教育作为父母履行抚育未成年子女义务的重要内容，有着不容忽视的重要意义。家庭教育是给青少年上的第一课，如果这一课没有上好，或者缺课，对青少年健康成长所造成的负面影响是无法挽回的。李某某正是由于被父母遗弃，自幼没有感受到家庭的温暖和父母的关爱、教育，才最终走上了邪路，滑向了堕落的深渊。

因父母离异而使得青少年不能享有受教育的权利，为防止出现这种情况，我国的相关法律法规明确了父母的义务，以确保青少年受教育权利的实现。在这里，一方面要全面地理解父母对青少年子女的教育义务。"教育，是指父母在思想品德上对未成年子女的培养。教育子女是父母的一项重要职责，包括两方面的内容：一是父母应尊重子女接受教育的权利，必须使适龄的子女按照规定接受并完成义务教育，不得放任或迫使在校接受义务教育的子女失学、辍学；二是父母应以健康的思想、品行和正确的方法教育子女，引导子女进行有益于身心健康的活动，预防和制止子女吸烟、酗酒、流浪以及赌博、吸毒等恶习，使其健康成长。"另一方面，离异的父母对子女承担教育的义务包括进行家庭教育和保证青少年接受学校教育的权利，因此双方都要合理承担子女的教育费用。民法典第1085条第1款规定："离婚后，子女由一方直接抚养的，另一方应当负担部分或者全部抚养费。负担费用的多少和期限的长短，由双方协议；协议不成的，由人民法院判决。"未成年人的父母分居或者离异的，应当相互配合履行家庭教育责任，任何一方不得拒绝或者怠于履行；除法律另有规定外，不得阻碍另一方实施家庭教育。如果青少年在父母离异时是由父或母一方抚养教育，但后来由于这方无力继续抚养教育青少年子女的，或不尽抚养教育义务及虐待青少年子女的，或其与子女共同生活对子女身心的健康有不利影响的，可以变更由另一方抚养教育，以确保青少年能得到完整、健康的教育。对离异的夫妻或者一方拒不履行抚养教育青少年子女义务且情节严重的，根据我国刑法第261条"对于年老、年幼、患病或者其他没有独立生活能力的人，负有扶养义务而拒绝扶养，情节恶劣的，处五年以下有期徒刑、拘役或者管制"的规定，依法追究其刑事责任。在本案中，郝某对李某某的遗弃事实上已经构成了犯罪，对此应当依照刑法的规定追究其刑事责任。

【法条指引】

中华人民共和国民法典

第一千零五十八条 夫妻双方平等享有对未成年子女抚养、教育和保护的权利，共同承担对未成年子女抚养、教育和保护的义务。

第一千零八十四条　父母与子女间的关系，不因父母离婚而消除。离婚后，子女无论由父或者母直接抚养，仍是父母双方的子女。

离婚后，父母对于子女仍有抚养、教育、保护的权利和义务。

离婚后，不满两周岁的子女，以由母亲直接抚养为原则。已满两周岁的子女，父母双方对抚养问题协议不成的，由人民法院根据双方的具体情况，按照最有利于未成年子女的原则判决。子女已满八周岁的，应当尊重其真实意愿。

第一千零八十五条　离婚后，子女由一方直接抚养的，另一方应当负担部分或者全部抚养费。负担费用的多少和期限的长短，由双方协议；协议不成的，由人民法院判决。

前款规定的协议或者判决，不妨碍子女在必要时向父母任何一方提出超过协议或者判决原定数额的合理要求。

中华人民共和国未成年人保护法

第十六条　未成年人的父母或者其他监护人应当履行下列监护职责：

（一）为未成年人提供生活、健康、安全等方面的保障；

（二）关注未成年人的生理、心理状况和情感需求；

（三）教育和引导未成年人遵纪守法、勤俭节约，养成良好的思想品德和行为习惯；

（四）对未成年人进行安全教育，提高未成年人的自我保护意识和能力；

（五）尊重未成年人受教育的权利，保障适龄未成年人依法接受并完成义务教育；

（六）保障未成年人休息、娱乐和体育锻炼的时间，引导未成年人进行有益身心健康的活动；

（七）妥善管理和保护未成年人的财产；

（八）依法代理未成年人实施民事法律行为；

（九）预防和制止未成年人的不良行为和违法犯罪行为，并进行合理管教；

（十）其他应当履行的监护职责。

第十七条 未成年人的父母或者其他监护人不得实施下列行为：

（一）虐待、遗弃、非法送养未成年人或者对未成年人实施家庭暴力；

（二）放任、教唆或者利用未成年人实施违法犯罪行为；

（三）放任、唆使未成年人参与邪教、迷信活动或者接受恐怖主义、分裂主义、极端主义等侵害；

（四）放任、唆使未成年人吸烟（含电子烟，下同）、饮酒、赌博、流浪乞讨或者欺凌他人；

（五）放任或者迫使应当接受义务教育的未成年人失学、辍学；

（六）放任未成年人沉迷网络，接触危害或者可能影响其身心健康的图书、报刊、电影、广播电视节目、音像制品、电子出版物和网络信息等；

（七）放任未成年人进入营业性娱乐场所、酒吧、互联网上网服务营业场所等不适宜未成年人活动的场所；

（八）允许或者迫使未成年人从事国家规定以外的劳动；

（九）允许、迫使未成年人结婚或者为未成年人订立婚约；

（十）违法处分、侵吞未成年人的财产或者利用未成年人牟取不正当利益；

（十一）其他侵犯未成年人身心健康、财产权益或者不依法履行未成年人保护义务的行为。

中华人民共和国家庭教育促进法

第二十条 未成年人的父母分居或者离异的，应当相互配合履行家庭教育责任，任何一方不得拒绝或者怠于履行；除法律另有规定外，不得阻碍另一方实施家庭教育。

5. 父母如何对未成年子女进行预防犯罪教育？

【维权要点】

家庭教育在青少年成长中具有基础性的、特殊的、长久的地位和作用。良好的家庭教育，是每个孩子健康成长的至关重要的条件，每一个父母都要认真履行法定职责，积极实施预防犯罪教育，努力让家庭成为子女健康成长的港湾。

【典型案例】

唐某与刘某有一个男孩唐某某，上初中。学校根据国家普法宣传的需要，制订了在校学生普法计划，并通知了学生家长，希望学生家长配合学校做好学生的法治教育工作。唐某某把学校给家长的通知带回家里。唐某见了学校的通知，不以为然地说："我一辈子老老实实、遵纪守法，到头来还不是一个穷工人？"唐某信口开河说出来的话，却深深地印在了孩子的心里。唐某某把父亲的话和社会上的一些不良现象联系起来，觉得父亲说得很有道理，要做一个有能耐、有出息的人，就不能老老实实、遵纪守法，只有胆子大、敢想敢干，才能出人头地。在这种观念的左右下，唐某某在学校里便开始胆大妄为，经常把学校里的公物偷着拿回家里，像灯泡、粉笔等。唐某见了，非但不批评教育孩子，还鼓励唐某，说他长能耐了，敢干，将来一定有出息。在父亲的鼓励下，唐某某得寸进尺，开始偷同学的东西，从书本、钢笔到同学的零花钱。最后，发展到偷老师收取的学生们交的资料费，金额达上千元。老师发现后，立即报了案。经过公安机关的侦查，最终确定是唐某某实施的盗窃行为。在警察的盘问下，唐某某交代了盗窃经过。这件事震惊了学校。唐某某的父母知道这个消息后，后悔不迭，他们没有想到自己平时纵容孩子的小偷小摸行为，最终竟然铸成大错。

【法官讲法】

家庭是第一个课堂，家长是第一任老师。家庭教育是教育系统工程的奠基石，是青少年健康成长的发源地。家庭教育是指父母或者其他监护人为促进未成年人全面健康成长，对其实施的道德品质、身体素质、生活技能、文化修养、行为习惯等方面的培育、引导和影响。家庭教育作为一种特殊的教育形式，有着学校教育和社会教育所难以替代的作用。预防未成年人犯罪法第 16 条规定："未成年人的父母或者其他监护人对未成年人的预防犯罪教育负有直接责任，应当依法履行监护职责，树立优良家风，培养未成年人良好品行；发现未成年人心理或者行为异常的，应当及时了解情况并进行教育、引导和劝诫，不得拒绝或者怠于履行监护职责。"第 22 条第 2 款规定："学校应当将预防犯罪教育计划告知未成年学生的父母或者其他监护人。未成年学生的父母或者其他监护人应当配合学校对未成年学生进行有针对性的预防犯罪教育。"家庭教育的内容是多方面的，从现实情况看，预防未成年人犯罪教育是每一个家长应当认真思考，并予以高度重视的一个课题。应该看到，在家庭教育中，对孩子进行有效的预防犯罪教育，让孩子学会遵守人生路上的"红绿灯"，对于孩子的健康成长，不仅是重要的，而且是必需的。我们每一位家长都应当转变教育观念，充分认识预防犯罪教育在孩子成才中的重要作用。但在目前家庭教育中，预防犯罪教育往往是一个被"遗忘的角落"。据一项调查表明，有80%的少年犯家长从来没有考虑过自己的孩子会走上违法犯罪的道路，只有成为少年犯家长时才发觉什么都迟了。因此，每一个家长都应当切实转变思想，牢固确立依法育人的观念，本着对后代、对社会高度负责的态度，积极开展预防犯罪教育，促使子女成为学法、懂法、守法、护法的新一代合格人才。许多家长在对未成年人的预防犯罪教育方面存在认识上的误区，他们无原则地姑息迁就子女的不良行为，在子女违法犯罪之后甚至包庇袒护。更有甚者，有的家长还教唆纵容子女违法犯罪。现实生活中有这样的事例，某未成年人偷盗成性，用偷盗来的钱财大肆挥霍，而其父母非但不加管束，反而颇为得意。在这种错误思想的支配下，这些家长放弃了为人父母的基本职责，使得未成年人在危险的道路上越走越远，最终跌入万丈深渊。有的家长则忙于做生意、挣大钱，无时间、无精力管教孩子。有的家长常年奔波在外，把孩子草率地托付给他人照管。缺乏有效照管的未成年人，没事就在外面游荡，极易被坏人教唆利用，走入歧途。有的家长，虽然想管束孩子，但方法不当，管教孩子的唯一方法就是打骂，结果引起孩子严重的对立情绪，有的干脆离家出走，许多未成年人都是在离家出走后走上了犯罪道路。诸如此类的事例还有很多，因家庭教育缺失而导致违法犯罪的现象不在少数。因此，预防未成年人犯罪法规定，未成年人的父母或者其他监护人对未成年人的预防犯罪教育负有直接责任。这一规定无疑具有十分重要的现实意义。在本案中，唐某某的父母正是忽视了对孩子进行预防犯罪教育的重要性，在观念上误导了孩子，将孩子引上了违法犯罪的道路，在孩子出现小偷小摸的不良行为之后，他们非但不严加管束，唐某某的父亲反而鼓励孩子的错误行为，最终酿成了大错，悔之晚矣。

因此，预防犯罪教育要从娃娃抓起，首先就要抓好对学生家长的教育。在这个方面有几项工作可以做。一是办好家长学校，提高家庭教育质量。国家通过制发家庭教育指导读本、建立家庭教育信息化共享服务平台、开设公益性网上家长学校和网络课程、建立家庭教育指导服务专业队伍等途径，对家长进行必要的预防犯罪教育，使他们明确预防犯罪教育的重要作用、主要内容和基本方法。二是家长以身作则，给子女树立良好榜样。孩子生活在法治意识浓厚的氛围中，就是在潜移默化地接受预防犯罪教育。如果家长自身法治观念淡薄，常常打一些法律、法规的"擦边球"，甚至还有一些轻微的违规违法行为，那么孩子的法治意识也不可能增强，时间一长，法律法规的约束力在其观念中就会淡化。三是做到"三个一致"，培育积极健康的家庭文化，树立和传承优良家风，为未成年人健康成长营造良好的家庭环境。一要父母教育一致，父母两人对孩子的教育方式不一致，父亲反对拒绝的事，母亲却支持袒护，这样会使教育影响互相抵消，还会使孩子无所适从，怀疑父母的权威性和正确性，使孩子利用家长的矛盾掩盖自己的缺点和错误，或者使孩子我行我素。二要前后教育一致。有些父母对孩子的同一事件前后表现得不一致，时而这样说，时而那样说；高兴时这样说，不高兴时那样说，前后矛盾。这不仅不能起到教育的作用，还会让孩子憎恨父母，责怪父母说话不一。三要言传身教一致。曾经有人说过，孩子是看着父母"背后的形象"长大的。因此，作为家长，一言一行都要严格要求自己，以便孩子在任何时候、任何地点来观察自己"背后的形象"都不会产生言行不一的印象。

预防犯罪教育没有规范的场所课堂，没有一成不变的书本教材，生活就是课堂，生活就是教材。因此，进行预防犯罪教育，必须讲究方法，注重教育实效。在具体方法上，应侧重于以下三个结合。一是预防犯罪教育与培养良好习惯相结合。预防犯罪教育要从小抓起，从小事抓起，这对孩子的健康成长是非常重要的。作为家长一定要细心观察孩子的日常表现，发现问题，及时严肃、认真地抓紧教育，做到防微杜渐。二是预防犯罪教育与道德教育相结合。违法犯罪与品德不良有密切关系，可以说品德不良是违法犯罪的"前奏"和"信号"。据有关部门统计，在犯罪学生中，有80%的人在校时属于"问题学生"。所以，家长要十分重视对孩子进行文明礼貌、尊老爱幼、诚实守信、与人为善、助人为乐等优秀品德的教育，从而约束和制止不文明、不道德、不守法的行为，培养孩子向上、向善、向美的优良品格。三是预防犯罪教育与学校教育相结合。家庭教育是学校教育的延伸，应与学校教育形成互补，只有家庭与学校相互配合，对孩子的教育才会产生一加一大于二的效果。家长应与学校保持经常联系，了解孩子在校情况，从而配合学校抓好预防犯罪教育。

【法条指引】

中华人民共和国家庭教育促进法

第二条　本法所称家庭教育，是指父母或者其他监护人为促进未成年人全面健康成长，对其实施的道德品质、身体素质、生活技能、文化修养、行为习惯等方面的培育、引导和影响。

中华人民共和国预防未成年人犯罪法

第十六条　未成年人的父母或者其他监护人对未成年人的预防犯罪教育负有直接责任，应当依法履行监护职责，树立优良家风，培养未成年人良好品行；发现未成年人心理或者行为异常的，应当及时了解情况并进行教育、引导和劝诫，不得拒绝或者怠于履行监护职责。

第二十二条　教育行政部门、学校应当通过举办讲座、座谈、培训等活动，介绍科学合理的教育方法，指导教职员工、未成年学生的父母或者其他监护人有效预防未成年人犯罪。

学校应当将预防犯罪教育计划告知未成年学生的父母或者其他监护人。未成年学生的父母或者其他监护人应当配合学校对未成年学生进行有针对性的预防犯罪教育。

6. 学校以残疾为由拒收符合录取条件的学生，是否合法？

【维权要点】

我国有 8000 多万名残疾人，其中未成年人占相当大的一部分。尽管他们有不同情况的残疾，但接受教育是他们共同的要求，为了保护、实现残疾人的受教育权利，我国法律、法规都明确规定了残疾人享有受教育权。

【典型案例】

15 岁的史某是一个品学兼优的初三学生。由于小时候的一场车祸，造成其腿部残疾，经治疗康复后，生活完全可以自理。初三毕业时，史某报考了某中专院校，中考成绩出来时，她的成绩高出录取分数线 50 分，因此她耐心地等待学校的录取通知书。但随着时间的推移，各校录取工作都已接近尾声，同史某一起报考该校的同学，分数比她低的都拿到了录取通知书。眼看就要开学了，史某依然未收到录取通知，于是史某和其父亲来到学校询问原因。学校的答复如下：虽然成绩很好，但因为史某腿部有残疾，不太适合在正规学校就读学习，应到专门的残疾人学校去学习；另外，对于将来找工作也是问题，因此学校不予录取。史某的父亲认为，史某虽腿部有残疾，但生活完全能够自理，完全可以在正规非残疾人学校就读；同时，以后找工作，工作单位看重的是实际能力，残疾不是根本的决定因素，学校以此为由不予录取是没有任何根据的。因此史某的父亲找到有关部门，要求对此事进行处理。

【法官讲法】

我国宪法中不仅明确规定了残疾人在政治、经济、文化、社会和家庭生活等方面享有同其他公民平等的权利，还在某些方面对残疾人给予特殊照顾。宪法第 45 条第 3 款规定："国家和社会帮助安排盲、聋、哑和其他有残疾的公民的劳动、生活和教育。"教育法第 10 条第 3 款规定："国家扶持和发展残疾人教育事业。"第 39 条规定："国家、社会、学校及其他教育机构应当根据残疾人身心特性和需要实施教育，并为其提供帮助和便利。"职业教育法把残疾人职业教育作为职业教育的一个部分对待。该法第 18 条第 1 款、第 2 款规定，残疾人职业教育除由残疾人教育机构实施外，各级各类职业学校和职业培训机构及其他教育机构应当按照国家有关规定接纳残疾学生，并加强无障碍环境建设，为残疾学生学习、生活提供必要的帮助和便利。国家采取措施，支持残疾人教育机构、职业学校、职业培训机构及其他教育机构开展或者联合开展残疾人职业教育。第 10 条第 4 款规定，国家采取措施，组织各类转岗、再就业、失业人员以及特殊人群等接受各种形式的职业教育，扶持残疾人职业教育的发展。同时义务教育法第 19 条规定，县级以上地方人民政府根据需要设置相应的实施特殊教育的学校（班），对视力残疾、听力语言残疾和智力残疾的适龄儿童、少年实施义务教育。特殊教育学校（班）应当具备适应残疾儿童、少年学习、康复、生活特点的场所和设施。普通学校应当接收具有接受普通教育能力的残疾适龄儿童、少年随班就读，并为其学习、康复提供帮助。另外，残疾人保障法第 22 条明确规定了残疾人教育的发展方针："残疾人教育，实行普及与提高相结合、以普及为重点的方针，保障义务教育，着重发展职业教育，积极开展学前教育，逐步发展高级中等以上教育。"该法第 25—29 条还规定，普通教育机构对具有接受普通教育能力的残疾人实施教育，并为其学习提供便利和帮助。普通小学、初级中等学校，必须招收能适应其学习生活的残疾儿童、少年入学；普通高级中等学校、中等职业学校和高等学校，必须招收符合国家规定的录取要求的残疾考生入学，不得因其残疾而拒绝招收；拒绝招收的，当事人或者其亲属、监护人可以要求有关部门处理，有关部门应当责令该学校招收。普通幼儿教育机构应当接收能适应其生活的残疾幼儿。残疾幼儿教育机构、普通幼儿教育机构附设的残疾儿童班、特殊教育机构的学前班、残疾儿童福利机构、残疾儿童家庭，对残疾儿童实施学前教育。初级中等以下特殊教育机构和普通教育机构附设的特殊教育班，对不具有接受普通教育能力的残疾儿童、少年实施义务教育。高级中等以上特殊教育机构、普通教育机构附设的特殊教育班和残疾人职业教育机构，对符合条件的残疾人实施高级中等以上文化教育、职业教育。提供特殊教育的机构应当具备适合残疾人学习、康复、生活特点的场所和设施。政府有关部门、残疾人所在单位和有关社会组织应当对残疾人开展扫除文盲、职业培训、创业培训和其他成人教育，鼓励残疾人自学成才。国家有计划地举办各级各类特殊教育师范院校、专业，在普通师范院校附设特殊教育班，培养、培训特殊教育师资。普通师范院校开设特殊教育课程或者讲授有关内容，使普通教师掌握必要的特殊教育知识。特殊教育教师和手语翻译，享受特殊教育津贴。政府有关部门应当组织和扶持盲文、手语的研究和应用，特殊教育教材的编写和出版，特殊教育教学用具及其他辅助用品的研制、生产和供应。以上这些法律规定，既体现了国家对残疾人的受教育权的重视，同时又有力地保护了残疾儿童、少年接受义务教育的权利，为我国残疾儿童受教育权利的实现提供了重要的法律依据。

　　本案中，史某虽腿部有残疾，但其在生活上完全能够自理，因此能够适应该校的学习生活。且其中考成绩高出录取分数线50分，其条件符合国家规定的录取标准，而该中专学校却以她腿部有残疾为由不予录取，这一行为侵害了史某的受教育权，是严重的违法行为。依照残疾人保障法、教育法、义务教育法等法律的有关规定，史某的父亲向有关部门反映此事后，有关部门应当责令该学校招收史某。史某也有权请求司法救济。

【法条指引】

中华人民共和国教育法

　　第十条　国家根据各少数民族的特点和需要，帮助各少数民族地区发展教育事业。

　　国家扶持边远贫困地区发展教育事业。

　　国家扶持和发展残疾人教育事业。

　　第三十九条　国家、社会、学校及其他教育机构应当根据残疾人身心特性和需要实施教育，并为其提供帮助和便利。

中华人民共和国义务教育法

　　第十九条　县级以上地方人民政府根据需要设置相应的实施特殊教育的学校（班），对视力残疾、听力语言残疾和智力残疾的适龄儿童、少年实施义务教育。特殊教育学校（班）应当具备适应残疾儿童、少年学习、康复、生活特点的场所和设施。

　　普通学校应当接收具有接受普通教育能力的残疾适龄儿童、少年随班就读，并为其学习、康复提供帮助。

中华人民共和国残疾人保障法

　　第二十二条　残疾人教育，实行普及与提高相结合、以普及为重点的方针，保障义务教育，着重发展职业教育，积极开展学前教育，逐步发展高级中等以上教育。

　　第二十五条　普通教育机构对具有接受普通教育能力的残疾人实施教育，并为其学习提供便利和帮助。

普通小学、初级中等学校,必须招收能适应其学习生活的残疾儿童、少年入学;普通高级中等学校、中等职业学校和高等学校,必须招收符合国家规定的录取要求的残疾考生入学,不得因其残疾而拒绝招收;拒绝招收的,当事人或者其亲属、监护人可以要求有关部门处理,有关部门应当责令该学校招收。

普通幼儿教育机构应当接收能适应其生活的残疾幼儿。

第二十六条 残疾幼儿教育机构、普通幼儿教育机构附设的残疾儿童班、特殊教育机构的学前班、残疾儿童福利机构、残疾儿童家庭,对残疾儿童实施学前教育。

初级中等以下特殊教育机构和普通教育机构附设的特殊教育班,对不具有接受普通教育能力的残疾儿童、少年实施义务教育。

高级中等以上特殊教育机构、普通教育机构附设的特殊教育班和残疾人职业教育机构,对符合条件的残疾人实施高级中等以上文化教育、职业教育。

提供特殊教育的机构应当具备适合残疾人学习、康复、生活特点的场所和设施。

第二十七条 政府有关部门、残疾人所在单位和有关社会组织应当对残疾人开展扫除文盲、职业培训、创业培训和其他成人教育,鼓励残疾人自学成才。

第二十八条 国家有计划地举办各级各类特殊教育师范院校、专业,在普通师范院校附设特殊教育班,培养、培训特殊教育师资。普通师范院校开设特殊教育课程或者讲授有关内容,使普通教师掌握必要的特殊教育知识。

特殊教育教师和手语翻译,享受特殊教育津贴。

第二十九条 政府有关部门应当组织和扶持盲文、手语的研究和应用,特殊教育教材的编写和出版,特殊教育教学用具及其他辅助用品的研制、生产和供应。

7. 学校不让差生进课堂,侵犯了学生哪种权利?

【维权要点】

受教育权是指公民依照法律的规定,享有接受教育的资格。广义上的受教育权是指公民接受各种类型、各种形式的教育的权利。而狭义上的受教育权则是指公民享有在全日制学校接受学历教育的权利。受教育权包括学生参与教学活动、获得公正评价等权利。

【典型案例】

某中学是一所省级示范高中，孩子们都以能上这个学校为荣。2020年，该中学初中部招生时有相当一部分学生是电脑派位进来的，学习成绩参差不齐。当年初中部招了 6 个班，每个班的学生都有八九十人。张老师担任初二（1）班的班主任。2021 年 10 月，张老师让全班同学无记名投票选举出班里的 9 名"差生"。自从"差生"选出来后，这些学生就被"剥夺"上课权利一周至一个多月不等。用张老师的话说："我无权不让你上学，但有权不让你上课！""差生"们虽每天按时到校，但到了学校就被老师轰进杂物间，中午和晚上依然和其他同学一样放学回家。张老师抓英语，要求学生背单词，背不下来就罚站，解决不了问题，张老师就打骂学生，而且不分场合。

【法官讲法】

本案中，某中学的做法侵犯了学生的受教育权。受教育权是指公民依照法律的规定，享有接受教育的资格。广义上的受教育权是指公民接受各种类型、各种形式的教育的权利。而狭义上的受教育权则是指公民享有在全日制学校接受学历教育的权利。受教育权包括学生参与教学活动的权利和获得公正评价的权利。根据教育法第 43 条规定，受教育者享有下列权利：（1）参加教育教学计划安排的各种活动，使用教育教学设施、设备、图书资料；（2）按照国家有关规定获得奖学金、贷学金、助学金；（3）在学业成绩和品行上获得公正评价，完成规定的学业后获得相应的学业证书、学位证书；（4）对学校给予的处分不服向有关部门提出申诉，对学校、教师侵犯其人身权、财产权等合法权益，提出申诉或者依法提起诉讼；（5）法律、法规规定的其他权利。该项权利是保证学生完成学习任务所必需的。依照该项权利，学校有义务提供相应的条件保证学生实现参加教育教学活动的权利；学校也有义务建立客观公正的评价标准和体制，对学生的学习成绩和品行给予公正的评价；在学生经过学习达到学校规定的毕业和授予学位的条件时，学校有义务为学生颁发毕业证书和学位证书。

在实际工作中，为学生提供参加教育教学活动的条件，以及建立客观公正的课程考试制度方面，受到各个学校的普遍重视，但对学生的品行给予公正评价方面，学校的重视程度是不够的。对学生品行的评价标准、评价的内容等方面，缺乏足够的研究，在每个毕业生的品行评价中，体现班主任、同学等个人主观意见的比较多，体现学生本人的写实性的记录相对少一些，也缺乏具体的规范。比如，哪些记录应当被反映在品行的评价中，缺乏可操作的规范，学校为了不给学生在升学和就业方面造成不利的影响，许多学生的评价基本上是大体一致的。如果评价标准和体制不完善，所提供的评价，在社会上也失去了参考、认识的意义。现在，许多学校注意到评价标准对学生行为的导向作用，注意到学生评价与本学校的信誉问题，开始对学生的品行评价采取写实性的陈述并在这方面进行了一些有益的探索。

【法条指引】

中华人民共和国教育法

第四十三条　受教育者享有下列权利：

（一）参加教育教学计划安排的各种活动，使用教育教学设施、设备、图书资料；

（二）按照国家有关规定获得奖学金、贷学金、助学金；

（三）在学业成绩和品行上获得公正评价，完成规定的学业后获得相应的学业证书、学位证书；

（四）对学校给予的处分不服向有关部门提出申诉，对学校、教师侵犯其人身权、财产权等合法权益，提出申诉或者依法提起诉讼；

（五）法律、法规规定的其他权利。

8. 学生未交集资款，学校可以拒绝其入学吗？

【维权要点】

根据义务教育法的规定，依法实施义务教育的学校应当按照规定标准完成教育教学任务，保证教育教学质量。凡年满 6 周岁的儿童，其父母或者其他法定监护人应当送其入学接受并完成义务教育。我国实施义务教育，不收学费、杂费。学校及其他教育机构违反国家有关规定向受教育者收取费用的，由教育行政部门或者其他有关行政部门责令退还所收费用；对直接负责的主管人员和其他直接责任人员，依法给予处分。

【典型案例】

楚某现已 6 周岁，正是上小学接受义务教育的起始年龄。可当楚某的父母带楚某到其所在区的学校报名时，却被告知要交 3000 元集资费方能入学。理由是现在学校正在建造新的教学大楼，因学生在新楼建好后就是受益者，因此每位入学的学生都要交纳集资费，支援学校建设，学生小学毕业时，这笔钱会如数返还给家长。楚某父母所在工厂的效益不好，交纳这笔钱十分困难。于是，他们又到附近的一所小学打听，该小学不用交纳集资费。但当他们提出让楚某在此就读时，学校却说要交纳跨学区的借读费 6000 元。最后，楚某的父母找到当地教育局，要求给予解决。

【法官讲法】

我国义务教育法第 5 条第 3 款规定："依法实施义务教育的学校应当按照规定标准完成教育教学任务，保证教育教学质量。"第 11 条第 1 款规定，"凡年满六周岁的儿童，其父母或者其他法定监护人应当送其入学接受并完成义务教育"。权利的实现依赖相对人义务的实际履行。学生受教育权利实现的程度，同样依赖于承担教育义务的人履行义务的程度。公民受教育权的实现，既需要受教育者本人的积极努力，更需要义务人认真履行义务。学校是实现学生受教育权利的主要机构。学校的核心义务是为学生提供符合国家规定的教育服务。依据教育法第 30 条的规定，学校的具体义务包括：（1）遵守法律、法规；（2）贯彻国家的教育方针，执行国家教育教学标准，保证教育教学质量；（3）维护受教育者、教师及其他职工的合法权益；（4）以适当方式为受教育者及其监护人了解受教育者的学业成绩及其他有关情况提供便利；（5）遵照国家有关规定收取费用并公开收费项目；（6）依法接受监督。所有的义务都围绕着一个中心，完成国家授权、委托的教育任务，实现学生的受教育权。为了履行上述义务，学校必须与符合入学条件的学生建立教育法律关系，履行教育教学任务的各项义务；在依法管理学生的工作中，保障学生的合法权利；对完成规定学习任务并达到规定要求的学生授予相应的证书，保证学生受教育权的实现。在本案中，楚某属于适龄儿童，其在自己户口所在地的辖区内小学入学是完全符合条件的，而学校拒绝接收的理由是他的父母没有能力交纳集资费3000元。国家规定义务教育并没有附带要求适龄儿童、少年的家长必须向学校交纳集资费，所以学校这一要求不仅是不正当的，而且还是违法的。根据法律规定，学校及其他教育机构违反国家有关规定向受教育者收取费用的，由教育行政部门或者其他有关行政部门责令退还所收费用；对直接负责的主管人员和其他直接责任人员，依法给予处分。教育行政部门应对此进行处理，责令学校接收楚某入学，并对学校有关责任人员进行处理。必要时，楚某及其父母也可寻求司法救济。

【法条指引】

中华人民共和国义务教育法

第五条　各级人民政府及其有关部门应当履行本法规定的各项职责，保障适龄儿童、少年接受义务教育的权利。

适龄儿童、少年的父母或者其他法定监护人应当依法保证其按时入学接受并完成义务教育。

依法实施义务教育的学校应当按照规定标准完成教育教学任务，保证教育教学质量。

社会组织和个人应当为适龄儿童、少年接受义务教育创造良好的环境。

第十一条　凡年满六周岁的儿童，其父母或者其他法定监护人应当送其入学接受并完成义务教育；条件不具备的地区的儿童，可以推迟到七周岁。

适龄儿童、少年因身体状况需要延缓入学或者休学的，其父母或者其他法定监护人应当提出申请，由当地乡镇人民政府或者县级人民政府教育行政部门批准。

第五十六条第一款　学校违反国家规定收取费用的，由县级人民政府教育行政部门责令退还所收费用；对直接负责的主管人员和其他直接责任人员依法给予处分。

<h2 style="text-align:center">中华人民共和国教育法</h2>

第三十条　学校及其他教育机构应当履行下列义务：

（一）遵守法律、法规；

（二）贯彻国家的教育方针，执行国家教育教学标准，保证教育教学质量；

（三）维护受教育者、教师及其他职工的合法权益；

（四）以适当方式为受教育者及其监护人了解受教育者的学业成绩及其他有关情况提供便利；

（五）遵照国家有关规定收取费用并公开收费项目；

（六）依法接受监督。

第七十八条　学校及其他教育机构违反国家有关规定向受教育者收取费用的，由教育行政部门或者其他有关行政部门责令退还所收费用；对直接负责的主管人员和其他直接责任人员，依法给予处分。

9. 学校强迫学生开弱智证明留级，侵犯了学生的何种权利？

【维权要点】

依法保障未成年人受教育的权利是各级各类学校以及教育机构的基本职责，也是学校保护的基本内容。根据义务教育法等法律法规的规定，学生必须接受完九年义务教育。

【典型案例】

李某是某小学二年级学生。2019 年 7 月，由于学习成绩不好，学校将其留级。2020 年 7 月，学校以同样的理由，拟再次将其留级。校长让李某的父母来到学校，建议他们给李某开一份弱智证明，这样学校可以让李某不再留级，顺利毕业。李某的父母认为孩子不是弱智，不需要开弱智证明，这种做法是对李某的侮辱，于是李某再次留级。2021 年 7 月，李某的期末成绩还是很不好，父母没有办法只好为李某开了一份弱智证明。后来才知道开弱智证明后，李某将失去学籍，课本、考试等都没有保障并且以后将无法升入初中。由于连续两年留级，李某变得越来越孤僻、沉默寡言，上课也经常迟到。当李某迟到时，老师就让其站在教室外边不让上课。由于遭受了一系列的打击，最终导致李某精神分裂。李某的父母向法院提起诉讼，认为学校严重侵犯了李某的受教育权，要求学校赔偿李某的医疗费、护理费及精神损害抚慰金等。

【法官讲法】

本案学校的做法明显是一种教育歧视的行为，侵犯了李某平等接受教育的权利。根据我国教育法第9条和第43条的规定，受教育权应当包括五项内容：平等地接受教育的权利，参加学校教学活动的权利，获得物质帮助的权利，在学业成绩和品行上获得公正评价的权利，受教育权受到非法侵犯时请求法律救济的权利。学生享有平等的受教育权是宪法上公民的平等权在接受教育领域的具体反映。我国宪法第33条第2款规定："中华人民共和国公民在法律面前一律平等。"在我国，公民在法律面前一律平等是指：（1）我国公民不分民族、种族、性别、职业、家庭出身、宗教信仰、教育程度、财产状况、居住期限，都一律平等地享有宪法和法律规定的权利，也都平等地履行宪法和法律规定的义务；（2）任何人的合法权益都一律平等地受到法律保护，任何人实施了违法犯罪行为，都一律受到法律的追究；（3）在法律面前，不允许任何公民有超越法律的特权，任何人不被强迫承担法律规定以外的义务，任何公民不受法律以外的处罚。

当然，法律也应当承认个人在天赋、个性和身体条件的差别而导致的在接受教育的能力方面的差别。所谓平等，就是要求政府在确定不同类型教育的入学主体资格方面，除了能力和个性以外，不得有其他条件的限制。要求政府为不同的人都能接受适合于自己实际能力的教育形式提供条件。为什么还要加上"能力"的因素呢？这是因为，接受教育不仅仅要求具备一定的物质条件，还要求受教育者本人能够积极地履行学习的义务。由于受经济条件的限制，在不同的教育阶段，平等受教育的具体内容也有所区别。在我国，教育可以分为两个阶段：一是义务教育阶段；二是非义务教育阶段。

一、义务教育阶段的教育平等问题

在义务教育阶段，教育平等首先表现在接受教育的机会平等，也就是教育法第9条第2款所规定："公民不分民族、种族、性别、职业、财产状况、宗教信仰等，依法享有平等的受教育机会。"其次是接受同等教育的条件平等。最后是受教育的效果平等。

（一）受教育机会平等是针对教育不平等而提出的

不平等教育突出表现在，不同阶层的人在不同条件的学校就学，一些人因为经济上的原因，没有支付教育费用的能力而失去受教育的机会。因而，所谓教育机会平等是要求各种教育形式应当对一切人开放，除了本人的选择和实际能力以外，不应当针对某个民族或某一类人进行限制。为彻底摆脱影响教育机会平等的因素，就是要实现基础教育的普遍性、义务性和免费性，即实行义务教育制度。

1. 实现教育的普遍性。普遍性教育意味着，国家应当为每个人提供接受教育的机会。但是，在实现这一目标存在实际困难的时候，首先应当保证基础教育对所有儿童开放，保证所有学龄儿童都能够获得接受一定年限的教育的机会。因为，从幼儿到成年的时期，是决定一个人今后发展的最重要的时期，无论从一个民族的未来的方面，还是从一个人、一个社会的未来方面来看，社会不仅应当为他们身体发育成长提供必要的物质条件，还必须为他们在成年后具备独立生存的能力而提供教育的条件。从理论上讲，每个人都必须在这个时期接受学校的专门教育，如果是由于身体的原因不能同其他的未成年人一起接受同样的教育，那么，社会必须为他们建立特殊的学校，以他们能够接受的方式实现受教育的权利。

2. 实现教育的义务性。任何权利的实现，都依赖于义务人履行义务的实际行动，实现基础教育的普遍性，必须是学龄儿童履行学习的义务；各级政府履行提供符合条件的学校和教师的义务；监护人履行保障儿童接受教育的生活条件的义务。三者中有一个方面的义务不履行，都不可能实现教育的普遍性。一般情况下，学龄儿童，如果不是身体方面的原因，在必要的指导和帮助下，是可以完成一定的学习任务的，关键是政府和监护人能否为他们提供学习的必要条件。所以，教育的义务性，主要是通过法律规定接受教育是政府和公民的共同法定义务，以强制性教育保证教育普遍性得到实现。为此，法律规定各级政府有义务建立符合条件的各种学校，未成年人的监护人有义务在时间和基本生活条件方面为他们提供接受教育的必要条件。

3. 实现教育的免费性。免费教育主要是指应当由政府承担学校实施教育活动的一切费用，使学生不必支付费用而实现接受教育的权利。实现基础教育的免费性，其宗旨是使每个适龄儿童不因为经济上的原因而失去入学的机会。只有实现基础教育的免费性，才能真正实现教育平等。所以，作为监护人可以根据自己的经济条件，自愿放弃接受免费教育的机会，选择交费上学的民办学校为未成年人提供受教育机会，但是，政府却不能放弃提供合格学校和教师的义务。我国实行九年制义务教育，规定凡是年满6周岁的未成年人，接受小学和初级中学的学校教育。只有当所有未成年人都普遍完成九年的基础教育，当每一个未成年人不因家庭经济困难而失去接受九年的基础教育的机会时，当所有的监护人都能自觉地为未成年人接受九年的基础教育提供基本的生活和学习条件的时候，当所有的残疾人都能够在特殊学校接受九年制的基础教育的时候，我国才实现了九年制的义务教育。

（二）关于受教育条件平等的问题

在义务教育阶段，政府应当保证其举办的学校为所有学生提供的教育年限、学习的课程、合格教师的数量应当是相同的。不能因为地区经济的差异、民族的差异，在义务教育的年限和学习的课程、完成教学任务的教师的基本条件等方面有所不同。

当然，不同地区的教育条件不同，这是客观的事实，所谓教育条件平等只能是相对的，而教育条件的差异则是相当长的时期内不能完全消灭的。但是，我们必须尽一切努力减小这种差距，至少各地政府应当保证本地区的学龄儿童，在实现义务教育的年限上，开设的课程与国家规定实行九年制义务教育的基本条件保持一致，不能以地方财政支付困难为由，缩短义务教育的年限或者减少国家规定义务教育应当开设的课程。政府必须保证有足够的公立小学和初中学校，保证所有的学龄儿童能够有机会享有免费的义务教育。不能为了节省教育经费的开支，仅设立很少的公立学校为贫困儿童提供义务教育，而使有一定经济收入的家庭的儿童不得不到私立学校学习。在义务教育阶段，学校类型的选择，应当是学生及监护人的自由选择，而不应当是一种无奈的选择。有些地方出现所谓公立学校的民办班级，把优秀的教师集中到民办班级实行收费教育，而把免费教育的班级作为训练教师的场所，使得不同经济条件的学生接受不同质量的教育。

所以，国家应当在行政上、财政制度上，考虑不同地区的学生，特别是经济欠发达地区的学生能够实际享有平等的受教育条件的问题，逐步缩小地区间义务教育条件方面的差异。

（三）关于教育效果平等的问题

不同的社会和家庭背景，不同天资条件的人在教育过程中都应当受到社会、学校和教师的同等对待，享受符合其能力发展的教育，获得平等的教育效果。

二、非义务教育阶段的教育平等问题

非义务教育是指义务教育以外的各种教育制度。尽管各国非义务教育的内容、年限不同，但一般都包括高级教育、职业教育等。非义务教育阶段都具有两个特征：一是学生都是通过选拔才能获得受教育的机会，选拔的方式不同，但主要的标准都是学生本人的学习成绩；二是学生本人和其家庭都必须承担一定的学习费用。在这一阶段，所谓教育平等的权利主要体现为竞争机会平等和成功机会平等。

（一）竞争机会平等

所谓竞争机会平等，是要求国家在建立非义务教育入学资格的选拔条件时，应当坚持客观性，除了"学习能力和完成学习所必须具备的身体条件"以外，不应当有其他的限制条件。比如，民族、种族、性别、家庭经济条件、宗教信仰等方面的限制。学生能否获得入学资格取决于学生本人是否具备完成该种教育所必需的基本能力。

为了最大限度地保障非义务教育的平等性，国家除了大力发展经济建设，提高国家财政支付能力，建立符合社会需求的各类高级学校，满足所有具备学习能力的学生接受高级教育的要求以外，还需要建立一系列机制。

1. 建立公平竞争的机制，为学生继续接受高等教育提供平等竞争的受教育机会。

2. 积极采取措施，建立完善、透明的学生助学基金系统，为具备学习能力而家庭经济困难的人提供经济帮助，使具有相当发展潜能的人不因贫困而失去受教育的机会。随着国家经济的发展，政府应当逐渐扩大对经济困难学生的资助范围，最大限度地保障有能力而经济困难的学生实现接受高等教育的权利。

3. 建立多种类型的教育机构，为不同个性的人提供多样化的教育内容，使公民能够充分地发展自己的个性和技能，比如职业教育等。鼓励社会力量举办高等教育，满足不同群体人员接受不同形式的教育提供选择的机会。

4. 建立终身教育的制度，使因各种原因在各种阶段失去教育机会的人能够有再次接受各种学校教育的机会。比如，在公民经过一段时间的工作，有了一定的经济支付能力的时候，能够不受限制地参加各种学校的、国家的考试，在符合条件后获得接受高等教育的机会。

（二）成功机会平等

成功机会平等，主要指学校在对待学生的学业成绩，在确定学生能否毕业和获得相应学位等方面，应当坚持标准的客观性，而不应当有其他的限制条件；社会在向学生提供就业机会方面，同样应当根据学生的实际能力进行考察和选拔，对不同种族和性别的学生应当一视同仁，使学生获得平等的成功机会。特别是禁止学校和社会歧视有色人种或少数民族，或女性学生，使他们不能在成功机会方面获得平等的权利。可见，依法保障未成年人受教育的权利是各级各类学校及教育机构的基本职责。本案中，李某由于学习成绩差连续两年留级。根据义务教育法等法律法规的规定，学生必须按规定年限接受完九年制义务教育，根本不允许留级现象的发生。学校为了整体成绩，便强迫学生开弱智证明，使学生失去学籍，课本、考试等都无法保障。而且没有学籍将无法升入中学，这严重侵犯了学生接受义务教育的权利。同时，学校、老师对李某实行歧视待遇，对李某最终患精神分裂症是有一定过错的，学校应承担相应的民事责任。另外，学校为了惩罚不遵守纪律的学生，为了维持其他同学上课秩序，不让迟到学生进入教室听课是错误的。学生犯错误，老师给予批评教育是合理的、应该的，但因为学生有过错，就将学生赶出教室，限制学生上课，则构成了侵害未成年人受教育权的违法行为。

【法条指引】

中华人民共和国教育法

第九条 中华人民共和国公民有受教育的权利和义务。

　　公民不分民族、种族、性别、职业、财产状况、宗教信仰等，依法享有平等的受教育机会。

　　第四十三条　受教育者享有下列权利：

　　（一）参加教育教学计划安排的各种活动，使用教育教学设施、设备、图书资料；

　　（二）按照国家有关规定获得奖学金、贷学金、助学金；

　　（三）在学业成绩和品行上获得公正评价，完成规定的学业后获得相应的学业证书、学位证书；

　　（四）对学校给予的处分不服向有关部门提出申诉，对学校、教师侵犯其人身权、财产权等合法权益，提出申诉或者依法提起诉讼；

　　（五）法律、法规规定的其他权利。

第五章　儿童受抚养权益保护

1. 应当如何确定未成年学生的监护人？

【维权要点】

所谓监护，是指为无民事行为能力人和限制民事行为能力人设置保护人的制度。所谓监护人，是指为无民事行为能力人和限制民事行为能力人设定的监督保护人。被监督保护的无民事行为能力人和限制民事行为能力人为被监护人。为了保护未成年人的合法权益，保障未成年人的健康成长，法律为未成年人设定了监护人。

【典型案例】

案例1：张某（男）与孙某（女）于2020年6月相识并建立了恋爱关系。张某的父母由于不喜欢孙某的工作，一直反对两人结合。2020年7月，张某不顾父母的反对与孙某结婚。婚后，生育一子张某某。由于两人都忙于工作，孩子由张某的父母负责照顾。2022年8月，张某因病去世。孙某失去丈夫，痛不欲生。为了弥补丈夫去世给自己造成的心灵创伤，孙某想把孩子接到身边，由自己抚养、教育。但孙某的想法遭到了张某父母的坚决反对。张某的父母认为，张某是独生子，张某某是张家唯一的血脉，应当跟随自己生活。孙某有工作在身，无暇照顾孩子；而且孙某还年轻，将来可能再婚，有其他孩子，张某某跟孙某一起生活会受委屈。孙某多次找张某的父母协商，均被拒绝。双方为此发生矛盾。张某的父母甚至不让孙某与孩子见面，将前来探望孩子的孙某关在门外。百般无奈，孙某向人民法院提起诉讼，请求人民法院依法确认自己为张某某的监护人，将孩子交由自己抚养、教育。

案例2：冯某（女，5岁）自幼聪明伶俐，活泼可爱，深受父母和亲友的喜爱，被大家视为掌上明珠。不幸的是，2020年10月，在冯某上幼儿园期间，父母双双去世，她成了孤儿。冯某的父母过世后，一直随爷爷、奶奶共同生活，成为老人晚年的慰藉。冯某的舅舅和舅妈从小就非常喜欢冯某，希望自己也有一个这样的孩子，但一直未生育子女。冯某的父母去世后，他们见冯某成了孤儿，产生了收养冯某的想法。2021 年 5 月，冯某的舅舅和舅妈找到冯某的爷爷和奶奶，正式提出了收养冯某的要求。冯某的爷爷、奶奶认为自己身体健康、有稳定的经济收入，能够抚养、教育冯某，而且冯某的父母去世后，老人精神上受到很大的打击，冯某给了老人精神上的慰藉，使自己不至于晚景凄凉，所以不同意将冯某交给他们收养。冯某的舅舅和舅妈觉得，冯某的祖父母虽然具备抚养冯某的经济条件，身体也还硬朗，但毕竟年事已高，不利于对孩子的抚养、教育，自己没有孩子，家庭条件又较好，由自己抚养孩子，有利于冯某的健康成长。双方为此而发生争议。

案例 3：2020 年 11 月的一个深夜，某市 120 急救中心接收了一名被车轧伤的小男孩。由于伤势严重，小男孩被送到急救中心时已经奄奄一息了。这名男孩是被一辆运送沙土的带挂的东风卡车轧在挂车车轮下受的伤。交警接到报案后，立即赶到现场进行了勘查。挂车存在的问题主要是严重超载，另外，主车与挂车之间应该有的防护装置也没有安装。事发后，肇事司机不知去向。交警找到了肇事车车主，车主为小男孩垫付了5000 元医疗费。在医院的抢救下，小男孩脱离了危险，伤势也很快稳定下来。然而，当医务人员询问有关情况时，却遇到了始料不及的情况。原来，这个小男孩是一个又聋又哑的痴呆患儿。他叫什么？来自哪？有无父母？为什么一个人深夜还在马路上？一时都成了谜。据大家猜测，这个孩子可能是一个流浪儿。随着对孩子的进一步治疗，肇事车车主原来垫付的5000 元医疗费已经远远不够。而且车主认为，交通事故的责任不在自己，应当由肇事司机负责，不愿意再支付孩子的医疗费用。无奈之下，医院找到了交警部门，希望交警部门尽快按交通事故责任处理，落实孩子的医疗费用。但交警部门说，交通事故赔偿问题，如果当事人不能达成一致的话，交警部门无权强制处理，受害人只能向人民法院起诉，要求赔偿。但这个小男孩又聋又哑，还是个未成年人，父母家人也没有找到，谁替他打官司呢？为此事犯难的交警四处打听有关线索，并在新闻媒体上刊登了寻人启事，为小男孩寻找家人。日子一天天过去了，并没有人来认领这名小男孩。后在多方面的协商下，事故发生地的民政部门担任小男孩的监护人，参加诉讼。民政部门作为小男孩的代理人向人民法院起诉，要求肇事车车主承担小男孩住院治疗的各种费用。人民法院依法作出判决，由肇事车车主承担交通事故的全部责任，赔偿小男孩的医疗费等。人民法院的判决使小男孩的医疗费终于有了着落，民政部门也表示将尽快安排小男孩到福利院生活。

【法官讲法】

根据我国民法典第13条的规定，自然人从出生时起到死亡时止，具有民事权利能力，依法享有民事权利，承担民事义务。因此，公民的民事权利能力，是从出生时就具有的，可以依法享有民事权利和承担民事义务。但是，无民事行为能力人和限制民事行为能力人却没有完全的民事行为能力，不能进行或不能完全独立进行民事活动，无法主动地以自己的行为去取得或行使权利，履行或设定义务。无民事行为能力人或限制民事行为能力人一方面难以自我满足生活需要，利益受到侵犯时也没有能力自我保护；另一方面，在其实施不法行为给他人造成损害时，也没有能力承担民事责任。因此，民法典规定了监护制度，为其设立监护人。监护具有以下特征：（1）被监护人只能是无民事行为能力人和限制民事行为能力人；（2）监护人须为完全民事行为能力人并具有监护能力；（3）监护人的权利义务是由法律直接规定的，而不是由当事人约定的。

我国民法典第17条规定："十八周岁以上的自然人为成年人。不满十八周岁的自然人为未成年人。"第18条规定："成年人为完全民事行为能力人，可以独立实施民事法律行为。十六周岁以上的未成年人，以自己的劳动收入为主要生活来源的，视为完全民事行为能力人。"第19条规定："八周岁以上的未成年人为限制民事行为能力人……"第20条规定："不满八周岁的未成年人为无民事行为能力人，由其法定代理人代理实施民事法律行为。"第21条第1款规定："不能辨认自己行为的成年人为无民事行为能力人，由其法定代理人代理实施民事法律行为。"因此，为了保护未成年人的合法权益，保障未成年人的健康成长，法律为未成年人设定了监护人。

民法典第27条规定："父母是未成年子女的监护人。未成年人的父母已经死亡或者没有监护能力的，由下列有监护能力的人按顺序担任监护人：（一）祖父母、外祖父母；（二）兄、姐；（三）其他愿意担任监护人的个人或者组织，但是须经未成年人住所地的居民委员会、村民委员会或者民政部门同意。"第31条第1款规定："对监护人的确定有争议的，由被监护人住所地的居民委员会、村民委员会或者民政部门指定监护人，有关当事人对指定不服的，可以向人民法院申请指定监护人；有关当事人也可以直接向人民法院申请指定监护人。"第32条规定："没有依法具有监护资格的人的，监护人由民政部门担任，也可以由具备履行监护职责条件的被监护人住所地的居民委员会、村民委员会担任。"根据民法典的规定，监护人的设定分为法定和指定两种情况，由法律直接规定的为法定监护人，由有关单位和人民法院指定的为指定监护人。未成年人的监护人分为三类：一是被监护人的近亲属。即其父母、祖父母、外祖父母、兄姐。因为近亲属和被监护人在婚姻家庭关系中有一定的扶养义务，近亲属做监护人是其法律义务，不问其是否愿意；二是近亲属以外的其他关系密切的亲属或朋友。这类人是出于自愿做监护人，并且应当经过有关组织的同意，以防不适合的人担任监护人；三是有关单位和组织，如村民委员会、居民委员会、民政部门。因此，根据民法典的规定，针对不同情况，未成年人的监护人主要有三种情形。

其一，未成年人的父母是未成年人的法定监护人。这是我国未成年人监护制度的基本规定。父母是子女最近的直系长辈亲属，且父母对未成年子女负有抚养教育的义务，所以，未成年人的父母在生存期间并且有监护能力时，他们是未成年人唯一的法定监护人。父母对未成年子女的监护权是基于子女出生的法律事实而发生的，除了因为死亡或者按照法定程序予以剥夺外，任何人不得加以剥夺或者限制。一般情况下，这里所指的父母是指未成年人的生父母，同时也包括养父母和与未成年人形成抚养关系的继父母。根据民法典的规定，养父母与养子女之间的权利义务适用对父母子女关系的规定，养子女与生父母之间的权利义务关系因收养的成立而解除。因此，未成年人被他人收养后，收养人为其法定监护人，生父母不再是其监护人。夫妻在家庭中的权利是平等的。因此，父母同是未成年子女的监护人，应当共同地行使监护权。一方死亡或者没有监护能力的，则另一方是未成年子女的监护人，单独承担监护职责。民法典第1084条第1款、第2款规定："父母与子女间的关系，不因父母离婚而消除。离婚后，子女无论由父或者母直接抚养，仍是父母双方的子女。离婚后，父母对于子女仍有抚养、教育、保护的权利和义务。"因此，父母离婚后，仍然都有监护职责，仍然是未成年子女的监护人。在案例1中，孙某和公公、婆婆的矛盾就是因为争夺对孩子的监护权而引起的。根据民法典第27条的规定，孙某作为未成年人张某某的母亲，在张某某的父亲张某已经死亡的情况下，她就成为张某某唯一的法定监护人，拥有对张某某的法定监护权。张某某的祖父母虽然也十分疼爱自己的孙子，但在张某某的母亲健在并有监护能力的情况下，他们是不能取得对张某某的监护权的。张某某的祖父母拒绝将张某某交给孙某抚养、教育，已经侵犯了孙某对张某某的监护权。人民法院应当依法判决张某某的祖父母将孩子交由孙某监护。

其二，未成年人的父母已经死亡或者没有监护能力的，由下列人员中有监护能力的人担任监护人：第一顺序是未成年人的祖父母、外祖父母；第二顺序是未成年人的兄、姐；第三顺序是经未成年人住所地的居民委员会、村民委员会或者民政部门同意的且愿意承担监护责任的其他个人或组织。上述人员排列的顺序，就是担任监护人的先后顺序。即未成年人监护人首先由有监护能力的祖父母、外祖父母担任；当祖父母、外祖父母死亡或者没有监护能力时，则由有监护能力的兄、姐担任监护人；如果没有兄、姐或者兄、姐已经死亡或者没有监护能力，则由其他关系密切的个人或组织担任。但是，其他个人或组织担任监护人时，必须是他们自愿承担监护职责，并要经过未成年人住所地的居民委员会、村民委员会或者民政部门同意。对担任监护人有争议的，由未成年人住所地的居民委员会、村民委员会或者民政部门指定监护人。对指定不服提起诉讼的，由人民法院裁决。

案例2涉及的就是在未成年人的父母已经死亡的情况下，由谁担任未成年人监护人的问题。根据民法典第27条的规定，冯某的监护权应当由其祖父母行使，因为在未成年人父母已经死亡的情况下，祖父母是未成年人第一顺序的监护人。冯某的舅舅和舅妈属于第三顺序的监护人。只有在没有第一、第二顺序的监护人或者第一、第二顺序的监护人没有监护能力的情况下，经未成年人住所地的居民委员会、村民委员会或者民政部门同意，其才可以担任未成年人的监护人。现在，冯某的祖父母健在，身体健康，有稳定的经济收入，具有监护能力，其又不愿意放弃或者变更对冯某的监护权。因此，应当由冯某的祖父母担任冯某的监护人。虽然冯某的舅舅、舅妈喜爱冯某，又没有子女，家庭条件也比较好，但在这种情况下，其无法取得对冯某的监护资格。

其三，指定监护人前，被监护人的人身权利、财产权利以及其他合法权益处于无人保护状态的，由被监护人住所地的居民委员会、村民委员会、法律规定的有关组织或者民政部门担任临时监护人。在案例3中，由于小男孩是一名又聋又哑的痴呆儿，无法弄清他的父母是谁，工作单位在哪里，也无法弄清他住所地的居民委员会、村民委员会。因此，暂时无法确定他的监护人。但为维护小男孩的合法权益，故由其现在住所地的居民委员会、村民委员会、法律规定的有关组织或者民政部门担任临时监护人。在这种情况下，事故发生地的民政部门担任小男孩的监护人，代理小男孩参加诉讼，是合法的、正确的。

此外，对未成年人的监护，到该未成年人成年时随即终止。除了人民法院根据法律规定撤销监护人资格，更换监护人外，任何人不得侵犯、剥夺监护人的监护权，直至监护自然终止。

应当注意的是，监护人、抚养人、法定代理人，虽然在实际上常常是一个人，但这三个概念是不同的，实际含义也不同，而且有时可能并不是同一个人，所以必须注意区分。抚养人是在法律上有一定的抚养义务的人。在绝大多数情况下，抚养人即被扶养的未成年人的监护人。但有时抚养人虽然有财产上的抚养能力，却由于某种原因如生活不能自理、长期不能共同生活等而无法顺利行使其监护权，承担监护职责，这就可能另行委托或指定监护人，对被监护人的财产、人身等利益进行监督、保护。未成年人的法定代理人，是法律规定的应当代理未成年人进行民事活动的人。未成年人是无民事行为能力人或者限制民事行为能力人，不能从事与其年龄、智力、能力不相称的民事行为。这些行为必须由法定代理人进行。民法典第23条规定："无民事行为能力人、限制民事行为能力人的监护人是其法定代理人。"换言之，监护人和法定代理人必然是同一个人。但担任这两种身份的职责是不一样的，法定代理人的责任就是代理进行民事活动，而监护人承担的监护职责不仅限于代理民事活动。如监护人对未成年人教育、管束等职责，就超出了法定代理人的权限。再如，8周岁以上的未成年人在进行与其年龄、智力、能力相适应或者实施纯获利益的民事行为时不需要法定代理人的代理，但此时该未成年人仍然处于监护人的监督、保护之下。

【法条指引】

中华人民共和国民法典

第十七条　十八周岁以上的自然人为成年人。不满十八周岁的自然人为未成年人。

第十八条　成年人为完全民事行为能力人，可以独立实施民事法律行为。

十六周岁以上的未成年人，以自己的劳动收入为主要生活来源的，视为完全民事行为能力人。

第十九条　八周岁以上的未成年人为限制民事行为能力人，实施民事法律行为由其法定代理人代理或者经其法定代理人同意、追认；但是，可以独立实施纯获利益的民事法律行为或者与其年龄、智力相适应的民事法律行为。

第二十条　不满八周岁的未成年人为无民事行为能力人，由其法定代理人代理实施民事法律行为。

第二十一条　不能辨认自己行为的成年人为无民事行为能力人，由其法定代理人代理实施民事法律行为。

八周岁以上的未成年人不能辨认自己行为的，适用前款规定。

第二十七条　父母是未成年子女的监护人。

未成年人的父母已经死亡或者没有监护能力的，由下列有监护能力的人按顺序担任监护人：

（一）祖父母、外祖父母；

（二）兄、姐；

（三）其他愿意担任监护人的个人或者组织，但是须经未成年人住所地的居民委员会、村民委员会或者民政部门同意。

第三十一条　对监护人的确定有争议的，由被监护人住所地的居民委员会、村民委员会或者民政部门指定监护人，有关当事人对指定不服的，可以向人民法院申请指定监护人；有关当事人也可以直接向人民法院申请指定监护人。

居民委员会、村民委员会、民政部门或者人民法院应当尊重被监护人的真实意愿，按照最有利于被监护人的原则在依法具有监护资格的人中指定监护人。

依据本条第一款规定指定监护人前，被监护人的人身权利、财产权利以及其他合法权益处于无人保护状态的，由被监护人住所地的居民委员会、村民委员会、法律规定的有关组织或者民政部门担任临时监护人。

监护人被指定后，不得擅自变更；擅自变更的，不免除被指定的监护人的责任。

2. 父母对未成年人的监护职责和抚养义务包括哪些内容？

【维权要点】

父母对未成年人的监护职责和抚养义务包括物质上养育照料，保证未成年子女接受义务教育的权利，对未成年子女的教育管理，保护未成年子女，管理未成年子女的财产，代理未成年子女进行民事活动和诉讼活动，承担未成年子女对他人造成损害时的民事责任等。

【典型案例】

岳某是独生子，由于父母都在地质勘探部门工作，常年在外，岳某一直由爷爷、奶奶照顾。2016 年 8 月，岳某的爷爷、奶奶去世，岳某回到了父母身边。岳某的父母一年到头没有多少时间在家，根本无暇照顾和教育岳某，使岳某基本上处于一种放任自流的状态。逃学打架、惹是生非成了家常便饭。周围的邻居也跟着遭了殃。但由于他是个小孩子，大家也拿他没有办法。岳某的情况引起了当地居民委员会的重视，他们找到岳某的父母，希望岳某的父母切实地履行对岳某的监护职责，对岳某不要放任自流，否则再这样下去，孩子很可能走上歧途。岳某的父母也是一肚子苦衷，由于工作的关系，两个人确实无法照料岳某，在当地又没有其他亲友，只好让岳某自己照顾自己。没能尽到对孩子的抚养、教育义务，他们也很内疚，但实在想不出更好的办法。

【法官讲法】

本案中，岳某的情况十分特殊，由于父母无法在身边照顾孩子，在当地又没有其他亲友，只好让未成年的岳某处于一种放任自流的状态。为维护未成年人的合法权益，保障未成年人健康成长，我国民法典对父母的监护职责和抚养义务作出了详尽的规定。如民法典第27条第1款规定："父母是未成年子女的监护人。"第34条第1款规定："监护人的职责是代理被监护人实施民事法律行为，保护被监护人的人身权利、财产权利以及其他合法权益等。"第35条规定："监护人应当按照最有利于被监护人的原则履行监护职责。监护人除为维护被监护人利益外，不得处分被监护人的财产。未成年人的监护人履行监护职责，在作出与被监护人利益有关的决定时，应当根据被监护人的年龄和智力状况，尊重被监护人的真实意愿。成年人的监护人履行监护职责，应当最大程度地尊重被监护人的真实意愿，保障并协助被监护人实施与其智力、精神健康状况相适应的民事法律行为。对被监护人有能力独立处理的事务，监护人不得干涉。"我国未成年人保护法第7条规定："未成年人的父母或者其他监护人依法对未成年人承担监护职责。国家采取措施指导、支持、帮助和监督未成年人的父母或者其他监护人履行监护职责。"第16条规定："未成年人的父母或者其他监护人应当履行下列监护职责：（一）为未成年人提供生活、健康、安全等方面的保障；（二）关注未成年人的生理、心理状况和情感需求；（三）教育和引导未成年人遵纪守法、勤俭节约，养成良好的思想品德和行为习惯；（四）对未成年人进行安全教育，提高未成年人的自我保护意识和能力；（五）尊重未成年人受教育的权利，保障适龄未成年人依法接受并完成义务教育；（六）保障未成年人休息、娱乐和体育锻炼的时间，引导未成年人进行有益身心健康的活动；（七）妥善管理和保护未成年人的财产；（八）依法代理未成年人实施民事法律行为；（九）预防和制止未成年人的不良行为和违法犯罪行为，并进行合理管教；（十）其他应当履行的监护职责。"此外，当未成年子女对他人造成损害时，父母应当承担民事责任。管理、教育被监护人是监护人的职责，当被监护人给他人造成损害时，应当由监护人承担民事责任。民法典第1188条规定："无民事行为能力人、限制民事行为能力人造成他人损害的，由监护人承担侵权责任。监护人尽到监护职责的，可以减轻其侵权责任。有财产的无民事行为能力人、限制民事行为能力人造成他人损害的，从本人财产中支付赔偿费用；不足部分，由监护人赔偿。"

同时，未成年人保护法第17条也规定了未成年人父母不得虐待、遗弃、非法送养未成年人或者对未成年人实施家庭暴力；不得放任、唆使未成年人实施违法犯罪或者其他不良行为；允许或迫使未成年人从事国家规定以外的劳动；允许、迫使未成年人结婚或者为未成年人订立婚约；违法处分、侵吞未成年人的财产或者利用未成年人牟取不正当利益等行为。预防未成年人犯罪法第16条规定："未成年人的父母或者其他监护人对未成年人的预防犯罪教育负有直接责任，应当依法履行监护职责，树立优良家风，培养未成年人良好品行；发现未成年人心理或者行为异常的，应当及时了解情况并进行教育、引导和劝诫，不得拒绝或者怠于履行监护职责。"

由此可见，作为监护人，父母的监护职责和抚养义务是法定义务，必须履行。现实生活中，确有一些监护人，特别是未成年人父母以外的其他监护人，往往不履行监护职责和抚养义务。他们认为被监护的未成年人不是自己生养的，没有监护和抚养的义务，有的人虽然知道自己有监护职责和抚养义务，但就是不履行，他们剥夺未成年人的受教育权，不照管未成年人的财产或者随意处理被监护的未成年人的财产；当未成年人对他人造成损害时，不履行赔偿义务，不对未成年人进行管束和教育。更有甚者，除了不履行监护职责和抚养义务外，还折磨、虐待未成年人，侵犯他们的合法权益。所有这一切行为都是错误的，而且是违法的。如果父母不依法履行上述职责和义务或者侵害未成年子女的合法权益，除了进行法治宣传教育外，有关部门如派出所、居委会、父母所在单位等应对其进行批评教育；经教育不改的，法院可以根据有关人员或单位的申请，撤销其监护人的资格，依法另行确定监护人。对于那些不履行抚养义务或者虐待、遗弃未成年人的监护人，要依法进行处理。

在本案中，岳某的父母由于客观条件的限制，无法履行对岳某的监护职责和抚养义务。在这种情况下，为了岳某的健康成长，他们可以委托当地居委会代为履行对岳某的监护职责，管理和教育岳某并照顾岳某的日常生活。根据我国民法典的规定，未成年人的父母是未成年人的监护人。未成年人的父母已经死亡或者没有监护能力的，由下列人员中有监护能力的人担任监护人：（1）祖父母、外祖父母；（2）兄、姐；（3）其他愿意担任监护人的个人或者组织，但是须经未成年人住所地的居民委员会、村民委员会或者民政部门同意。对监护人的确定有争议的，由被监护人住所地的居民委员会、村民委员会或者民政部门指定监护人，有关当事人对指定不服的，可以向人民法院申请指定监护人；有关当事人也可以直接向人民法院申请指定监护人。因此，在父母无法履行监护职责和抚养义务，又没有其他监护人的情况下，由当地居委会担任未成年人的监护人，是有法律根据的。

【法条指引】

中华人民共和国民法典

第三十四条 监护人的职责是代理被监护人实施民事法律行为，保护被监护人的人身权利、财产权利以及其他合法权益等。

监护人依法履行监护职责产生的权利，受法律保护。

监护人不履行监护职责或者侵害被监护人合法权益的，应当承担法律责任。

因发生突发事件等紧急情况，监护人暂时无法履行监护职责，被监护人的生活处于无人照料状态的，被监护人住所地的居民委员会、村民委员会或者民政部门应当为被监护人安排必要的临时生活照料措施。

第三十五条 监护人应当按照最有利于被监护人的原则履行监护职责。监护人除为维护被监护人利益外，不得处分被监护人的财产。

未成年人的监护人履行监护职责，在作出与被监护人利益有关的决定时，应当根据被监护人的年龄和智力状况，尊重被监护人的真实意愿。

成年人的监护人履行监护职责，应当最大程度地尊重被监护人的真实意愿，保障并协助被监护人实施与其智力、精神健康状况相适应的民事法律行为。对被监护人有能力独立处理的事务，监护人不得干涉。

中华人民共和国未成年人保护法

第十六条 未成年人的父母或者其他监护人应当履行下列监护职责：

（一）为未成年人提供生活、健康、安全等方面的保障；

（二）关注未成年人的生理、心理状况和情感需求；

（三）教育和引导未成年人遵纪守法、勤俭节约，养成良好的思想品德和行为习惯；

（四）对未成年人进行安全教育，提高未成年人的自我保护意识和能力；

（五）尊重未成年人受教育的权利，保障适龄未成年人依法接受并完成义务教育；

（六）保障未成年人休息、娱乐和体育锻炼的时间，引导未成年人进行有益身心健康的活动；

（七）妥善管理和保护未成年人的财产；

（八）依法代理未成年人实施民事法律行为；

（九）预防和制止未成年人的不良行为和违法犯罪行为，并进行合理管教；

（十）其他应当履行的监护职责。

第十七条 未成年人的父母或者其他监护人不得实施下列行为：

（一）虐待、遗弃、非法送养未成年人或者对未成年人实施家庭暴力；

（二）放任、教唆或者利用未成年人实施违法犯罪行为；

（三）放任、唆使未成年人参与邪教、迷信活动或者接受恐怖主义、分裂主义、极端主义等侵害；

（四）放任、唆使未成年人吸烟（含电子烟，下同）、饮酒、赌博、流浪乞讨或者欺凌他人；

（五）放任或者迫使应当接受义务教育的未成年人失学、辍学；

（六）放任未成年人沉迷网络，接触危害或者可能影响其身心健康的图书、报刊、电影、广播电视节目、音像制品、电子出版物和网络信息等；

（七）放任未成年人进入营业性娱乐场所、酒吧、互联网上网服务营业场所等不适宜未成年人活动的场所；

（八）允许或者迫使未成年人从事国家规定以外的劳动；

（九）允许、迫使未成年人结婚或者为未成年人订立婚约；

（十）违法处分、侵吞未成年人的财产或者利用未成年人牟取不正当利益；

（十一）其他侵犯未成年人身心健康、财产权益或者不依法履行未成年人保护义务的行为。

中华人民共和国预防未成年人犯罪法

第十六条 未成年人的父母或者其他监护人对未成年人的预防犯罪教育负有直接责任，应当依法履行监护职责，树立优良家风，培养未成年人良好品行；发现未成年人心理或者行为异常的，应当及时了解情况并进行教育、引导和劝诫，不得拒绝或者怠于履行监护职责。

第二十九条 未成年人的父母或者其他监护人发现未成年人有不良行为的，应当及时制止并加强管教。

3. 父母离婚后拒不履行抚养义务，应如何维护未成年子女的合法权益?

【维权要点】

父母与子女间的关系，不因父母离婚而消除。离婚后，子女无论由父或母直接抚养，仍是父母双方的子女。离婚后，父母对于子女仍有抚养、教育、保护的权利和义务。未成年人的父母离异的，离异双方对子女都有教育的义务，任何一方都不得因离异而不履行教育子女的义务。

【典型案例】

陈某（男，15周岁）刚刚2周岁时，父母就离婚了。之后母亲再嫁。法院判决陈某由父亲抚养，但实际上是与年迈的爷爷相依为命。陈某父亲从不管他，母亲也从不来看他。11周岁时，爷爷去世，陈某便和父亲住在一起，父亲经常打骂他，不管不问。陈某四处流浪，沾染了许多恶习，最终因盗窃被送到某工读学校学习。陈某没有生活来源，其父母一次没有来看过他，更不要说给其生活费了。2021年4月，在当地居委会和律师的帮助下，陈某将其父母告上法庭，要求父母支付生活费。

【法官讲法】

本案涉及的是父母对未成年子女的监护责任和抚养义务。为维护未成年人的合法权益，保障未成年人健康成长，我国民法典与未成年人保护法均对父母离婚后的监护职责和抚养义务作出了详尽的规定。如民法典第1084条第1款、第2款规定："父母与子女间的关系，不因父母离婚而消除。离婚后，子女无论由父或者母直接抚养，仍是父母双方的子女。离婚后，父母对于子女仍有抚养、教育、保护的权利和义务。"未成年人保护法第24条规定："未成年人的父母离婚时，应当妥善处理未成年子女的抚养、教育、探望、财产等事宜，听取有表达意愿能力未成年人的意见。不得以抢夺、藏匿未成年子女等方式争夺抚养权。未成年人的父母离婚后，不直接抚养未成年子女的一方应当依照协议、人民法院判决或者调解确定的时间和方式，在不影响未成年人学习、生活的情况下探望未成年子女，直接抚养的一方应当配合，但被人民法院依法中止探望权的除外。"

在本案中，陈某的父母离异后，陈某随父亲生活，但他的父亲却没有尽到抚养教育义务，经常打骂他，致使他离家出走在外流浪，并染上一些不良习惯。陈某的母亲也没有对他履行过相应的监护责任，既没有给过生活费也没有关心过他的生活和学习情况。陈某身上之所以沾染了许多不良行为，其父母有着不可推卸的责任，如果他们能够依法履行对子女的监护义务和教育职责，陈某就不会在外流浪，更不会染上许多不良习气，其生理、心理都将健康正常地发展。本案中，未成年人陈某所在地的居委会和有关组织，帮助他将不履行监护和抚养义务的父母告上法庭，符合法律规定且有利于陈某。陈某父母应当支付陈某各项生活费用，直至其成年。

【法条指引】

中华人民共和国民法典

第一千零八十四条 父母与子女间的关系，不因父母离婚而消除。离婚后，子女无论由父或者母直接抚养，仍是父母双方的子女。

离婚后，父母对于子女仍有抚养、教育、保护的权利和义务。

离婚后，不满两周岁的子女，以由母亲直接抚养为原则。已满两周岁的子女，父母双方对抚养问题协议不成的，由人民法院根据双方的具体情况，按照最有利于未成年子女的原则判决。子女已满八周岁的，应当尊重其真实意愿。

第一千零八十五条 离婚后，子女由一方直接抚养的，另一方应当负担部分或者全部抚养费。负担费用的多少和期限的长短，由双方协议；协议不成的，由人民法院判决。

前款规定的协议或者判决，不妨碍子女在必要时向父母任何一方提出超过协议或者判决原定数额的合理要求。

中华人民共和国未成年人保护法

第二十四条 未成年人的父母离婚时，应当妥善处理未成年子女的抚养、教育、探望、财产等事宜，听取有表达意愿能力未成年人的意见。不得以抢夺、藏匿未成年子女等方式争夺抚养权。

未成年人的父母离婚后，不直接抚养未成年子女的一方应当依照协议、人民法院判决或者调解确定的时间和方式，在不影响未成年人学习、生活的情况下探望未成年子女，直接抚养的一方应当配合，但被人民法院依法中止探望权的除外。

4. 父母双亡的非婚生子女，应由谁来抚养？

【维权要点】

我国法律规定，非婚生子女享有与婚生子女同等的权利，任何人不得加以危害和歧视。因此，法律关于祖父母、外祖父母与孙子女、外孙子女间的权利义务，同样适用于非婚生孙子女、外孙子女。

【典型案例】

2016 年，王某（男）到某市经商时，与当地女青年刘某恋爱，后刘某怀孕，2018 年生下一女，取名王甲。2019 年王某回到家乡，仍与刘某通信，每月给刘某和女儿寄生活费。2020 年王某又来到该市探望刘某与女儿，并答应和刘某登记结婚。王某在回到家乡后，经人介绍认识了郑某。经交往，王某决定与郑某结婚。婚后不久，王某收到刘某信息，说要来找王某，王某担心刘某的到来会影响他和郑某的夫妻关系，于是产生了杀害刘某的念头。2021 年 2 月的一天，当刘某到达王某的家乡后，王某将其骗到郊区僻静处杀害。几个月后，刘某的母亲带着王甲来找女儿。经公安机关多方调查，侦破了王某杀害刘某的案件。后王某被判死刑，王甲成了孤儿。刘某的母亲生活困难，没有抚养能力，要求王某的父母抚养王甲。王某的父母都是退休干部，退休金较高，但他们以王甲是非婚生子女为由拒绝抚养。

【法官讲法】

根据民法典第 1058 条规定："夫妻双方平等享有对未成年子女抚养、教育和保护的权利，共同承担对未成年子女抚养、教育和保护的义务。"父母对子女的抚养教育义务始于子女出生。然而，当子女尚未成年，父母双亡，该未成年子女又该由谁抚养呢？

民法典第 1074 条第 1 款规定："有负担能力的祖父母、外祖父母，对于父母已经死亡或者父母无力抚养的未成年孙子女、外孙子女，有抚养的义务。"这里的"有负担能力"既包括祖父母、外祖父母的身体状况良好，又包括他们的经济条件良好。此外，该法第 1075 条第 1 款规定："有负担能力的兄、姐，对于父母已经死亡或者父母无力抚养的未成年弟、妹，有扶养的义务。"依此规定，对于父母双亡的未成年子女，由其有负担能力的兄、姐承担抚养监护义务，对父母虽在世但无力抚养的未成年弟、妹也同样适用。法律之所以作出这一规定，是因为兄弟姐妹是家庭成员中最近的旁系血亲。因而，在一定条件下，他们之间有相互扶养的权利和义务。当然民法典的这一规定，既适用于亲兄弟姐妹之间，也同样适用于共同生活的同父异母的兄弟姐妹之间、养兄弟姐妹之间及形成实际扶养关系的继兄弟姐妹之间。由上述规定我们看到，父母双亡，其未成年的子女应由有负担能力的祖父母、外祖父母和有负担能力的兄、姐抚养监护。那么，对于父母双亡的未成年子女，应当由哪一类亲属首先承担抚养监护义务呢？民法典第 27 条第 2 款规定："未成年人的父母已经死亡或者没有监护能力的，由下列有监护能力的人按顺序担任监护人：（一）祖父母、外祖父母；（二）兄、姐；（三）其他愿意担任监护人的个人或者组织，但是须经未成年人住所地的居民委员会、村民委员会或者民政部门同意。"从亲疏原理上说，其家庭成员的监护责任，直系血亲应先于旁系血亲，即祖父母、外祖父母对孙子女、外孙子女的抚养责任顺序应先于兄、姐，一般先由祖父母、外祖父母承担，祖父母、外祖父母死亡或者虽未死亡但无负担能力的，才由有负担能力的兄、姐承担。如果有负担能力的祖父母、外祖父母就由谁抚养未成年孙子女或外孙子女发生争执的，可由法院根据最有利于该未成年子女的原则确定。如果父母双亡的未成年子女的祖父母、外祖父母均没有负担能力，无法抚养该未成年子女，同时未成年子女又没有兄、姐，此时又该确定谁作为监护人呢？根据民法典的规定，没有上述规定的监护人的，由未成年人的父母所在单位或者未成年人住所地的居民委员会、村民委员会或者民政部门担任监护人。

具体到本案中，也应遵循上述原则解决刘某和王某的非婚生子女的抚养问题。民法典第1071条第1款规定："非婚生子女享有与婚生子女同等的权利，任何组织或者个人不得加以危害和歧视。"因此，法律关于祖父母、外祖父母与孙子女、外孙子女间的权利义务，同样适用于非婚生孙子女、外孙子女。首先由其祖父母、外祖父母抚养。因其外祖母生活困难无力抚养，所以应由其有负担能力的祖父母抚养。

【法条指引】

中华人民共和国民法典

第一千零五十八条　夫妻双方平等享有对未成年子女抚养、教育和保护的权利，共同承担对未成年子女抚养、教育和保护的义务。

第一千零七十一条　非婚生子女享有与婚生子女同等的权利，任何组织或者个人不得加以危害和歧视。

不直接抚养非婚生子女的生父或者生母，应当负担未成年子女或者不能独立生活的成年子女的抚养费。

第一千零七十四条第一款　有负担能力的祖父母、外祖父母，对于父母已经死亡或者父母无力抚养的未成年孙子女、外孙子女，有抚养的义务。

第一千零七十五条第一款　有负担能力的兄、姐，对于父母已经死亡或者父母无力抚养的未成年弟、妹，有扶养的义务。

5. 父母离婚后，未成年子女的抚养费应如何分担？

【维权要点】

父母与子女间的关系，不因父母离婚而消除。离婚后，子女无论由父或母直接抚养，仍是父母双方的子女。离婚后，父母对于子女仍有抚养、教育和保护的权利和义务。离异的父母对子女的抚养义务应当包括孩子生病时负担相应的医疗费用。

【典型案例】

何某（男，某企业职工）与郑某（女，某小学教师）于 2010 年结婚，婚后生育一子何某某。由于何某好逸恶劳，懒惰成性，经常旷工和迟到，多次被所在企业处分。何某非但不思悔改，反而变本加厉，盗窃企业的财物，被所在企业开除。失去工作后，何某便待在家里，好吃懒做，靠妻子来养活自己和孩子。郑某好言相劝，希望何某出去找点事做，以减轻家庭负担。周围的亲友也看不惯何某的做法，纷纷责备何某。何某把妻子和亲友的话全当成耳边风。平时稍有不如意，对妻子张口便骂，甚至拳脚相加。郑某不堪凌辱，终于提出了离婚的要求。一开始，何某坚决不同意离婚，但见妻子态度坚决，无法挽回，便提出要求：孩子由妻子抚养，家里的财物全部归自己。郑某一心想摆脱与何某的不幸婚姻，遂同意何某的要求。离婚后，郑某带着孩子到父母家里生活。不久，何某某因病住院，由于郑某工资微薄，父母的经济条件又不好，无力支付大笔的医疗费用，郑某找到何某，要求与何某分担孩子的医疗费用，遭到何某的拒绝。无奈之下，郑某向人民法院提起诉讼，要求人民法院依法判决何某支付婚生子何某某的抚养费用。何某以自己没有工作，无经济收入为由，拒绝承担何某某的抚养费用。

【法官讲法】

我国民法典第 1084 条第 1 款、第 2 款规定："父母与子女间的关系，不因父母离婚而消除。离婚后，子女无论由父或者母直接抚养，仍是父母双方的子女。离婚后，父母对于子女仍有抚养、教育、保护的权利和义务。"第 1085 条第 1 款规定："离婚后，子女由一方直接抚养的，另一方应当负担部分或者全部抚养费。负担费用的多少和期限的长短，由双方协议；协议不成的，由人民法院判决。"最高人民法院根据民法典的规定，就离婚后子女的抚养问题作出了司法解释。《民法典婚姻家庭编司法解释（一）》第 42 条规定："民法典第一千零六十七条所称'抚养费'，包括子女生活费、教育费、医疗费等费用。"第49条规定:"抚养费的数额,可以根据子女的实际需要、父母双方的负担能力和当地的实际生活水平确定。有固定收入的,抚养费一般可以按其月总收入的百分之二十至三十的比例给付。负担两个以上子女抚养费的,比例可以适当提高,但一般不得超过月总收入的百分之五十。无固定收入的,抚养费的数额可以依据当年总收入或者同行业平均收入,参照上述比例确定。有特殊情况的,可以适当提高或者降低上述比例。"

根据上述原则,结合审判实践,在实践中对子女抚养费问题作如下具体处理:(1)子女抚养费的数额,可根据子女的实际需要、父母双方的负担能力和当地的实际生活水平确定。有固定收入的,抚养费一般可按其月总收入的百分之二十至三十的比例给付。负担两个以上子女抚养费的,比例可适当提高,但一般不得超过月总收入的百分之五十。无固定收入的,抚养费的数额可依据当年总收入或同行业平均收入,参照上述比例确定。有特殊情况的,可适当提高或降低上述比例。(2)抚养费应定期给付,有条件的可一次性给付。(3)对一方无经济收入或者下落不明的,可用其财物折抵子女抚养费。(4)父母双方可以协议子女随一方生活并由抚养方负担子女全部抚养费。但经查实,抚养方的抚养能力明显不能保障子女所需费用,影响子女健康成长的,不予准许。(5)抚养费的给付期限,一般至子女十八周岁为止。十六周岁以上不满十八周岁,以其劳动收入为主要生活来源,并能维持当地一般生活水平的,父母可停止给付抚养费。(6)尚在校接受高中及其以下学历教育,或者丧失、部分丧失劳动能力等非因主观原因而无法维持正常生活的成年子女,有要求父母给付抚养费的权利。(7)生父与继母或生母与继父离婚时,对曾受其抚养教育的继子女,继父或继母不同意继续抚养的,仍应由生父母抚养。(8)离婚后,一方要求变更子女抚养关系的,或者子女要求增加抚养费的,应另行起诉。

在本案中,何某与郑某离婚时,双方未对何某某的抚养费用的负担问题进行约定。离婚后,由于何某某患病,郑某无力负担大笔医疗费用,要求何某予以分担。按照民法典的规定,父母与子女间的关系,不因父母离婚而消除。离婚后,子女无论由父或母直接抚养,仍是父母双方的子女。离婚后,父母对于子女仍有抚养、教育和保护的权利和义务。离异的父母对子女的抚养义务应当包括孩子生病时负担相应的医疗费用。因此，何某作为孩子的生父，有义务负担上述费用。在何某拒绝负担的情况下，郑某向人民法院起诉，要求何某支付孩子的抚养费用，人民法院应当依法予以支持。何某在诉讼中，以自己没有工作，无经济收入为由拒绝负担孩子的抚养费用。对此，应当按照《民法典婚姻家庭编司法解释（一）》的规定，对一方无经济收入的，可用其财物折抵子女抚养费。何某在与郑某离婚时，取得了家里的全部财产，理应从当中划拨一部分作为孩子的抚养费。如果何某拒绝交付财物的，郑某可以申请人民法院强制执行。

【法条指引】

中华人民共和国民法典

第一千零八十四条　父母与子女间的关系，不因父母离婚而消除。离婚后，子女无论由父或者母直接抚养，仍是父母双方的子女。

离婚后，父母对于子女仍有抚养、教育、保护的权利和义务。

离婚后，不满两周岁的子女，以由母亲直接抚养为原则。已满两周岁的子女，父母双方对抚养问题协议不成的，由人民法院根据双方的具体情况，按照最有利于未成年子女的原则判决。子女已满八周岁的，应当尊重其真实意愿。

第一千零八十五条　离婚后，子女由一方直接抚养的，另一方应当负担部分或者全部抚养费。负担费用的多少和期限的长短，由双方协议；协议不成的，由人民法院判决。

前款规定的协议或者判决，不妨碍子女在必要时向父母任何一方提出超过协议或者判决原定数额的合理要求。

6. 未成年人的母亲尚健在，村委会可以指定其他近亲属作为监护人吗？

【维权要点】

只有在未成年人的父母死亡或丧失监护能力或对该子女有犯罪行为、虐待行为，或者担任监护人对该子女明显不利并经人民法院依法取消了监护人资格，未成年人的其他法定监护人对担任监护人有争议或者没有法定监护人时，才能由未成年人父母所在单位或者未成年人住所地的居民委员会、村民委员会在近亲属中指定。

【典型案例】

2020 年 4 月，章某（9 岁）的父亲在车祸中丧生。在父亲死后，章某和母亲安某相依为命。2021 年 9 月，出于生计，安某外出打工，将章某交给章某的祖父母章甲夫妇照顾。安某在外出打工期间结识了谭某并同居。章甲夫妇在得知这一情况后，便不再让安某接触章某。安某只好经常到章某的学校探望章某，并给其购买衣物。2022 年 5 月，章甲夫妇和安某就章某的监护问题发生纠纷，双方都请求章某住所地的村民委员会指定自己为章某的监护人。6 月，村民委员会指定章甲夫妇为章某的监护人。安某得知此情况后，遂起诉至人民法院，请求法院依法撤销村民委员会的指定。

【法官讲法】

民法典第 27 条规定："父母是未成年子女的监护人。未成年人的父母已经死亡或者没有监护能力的，由下列有监护能力的人按顺序担任监护人：（一）祖父母、外祖父母；（二）兄、姐；（三）其他愿意担任监护人的个人或者组织，但是须经未成年人住所地的居民委员会、村民委员会或者民政部门同意。"从以上法律规定来看，未成年人的法定监护人首先是父母。在本案中，安某作为章某的亲生母亲，享有当然的法定监护权，这是不容置疑的。那么，在章某的父亲死亡后，安某与他人同居的情况下，安某的法定监护权是否丧失呢？根据民法典第 39 条第 1 款的规定，监护关系终止的情形主要包括：（1）被监护人取得或者恢复完全民事行为能力；（2）监护人丧失监护能力；（3）被监护人或者监护人死亡；（4）人民法院认定监护关系终止的其他情形。就本案而言，目前并无监护关系终止的情形发生。章某的父亲死亡后，其母亲安某和章某相依为命共同生活，并承担着抚养教育、保护章某人身财产合法权益不受侵犯的监督和保护的义务。后为了生活外出打工，让章某与章甲夫妇共同生活，应视为监护权的委托，并且为了生计外出打工是监护权委托他人行使的正当理由。受委托人代理监护人履行监护职责，安某作为监护人的地位并不改变。安某外出打工与他人同居，并不存在对章某担任监护人的明显不利的情形，且在章甲夫妇阻挠安某履行监护职责时，安某仍然积极主动地到章某所在学校探望章某，并给其购买衣物。可见，安某一直在积极正当地履行监护职责，也没有明确表示放弃监护权。

同时，父母对未成年人的监护权也是法律所不允许放弃的。民法典第34条第3款规定："监护人不履行监护职责或者侵害被监护人合法权益的，应当承担法律责任。"第1068条规定："父母有教育、保护未成年子女的权利和义务。未成年子女造成他人损害的，父母应当依法承担民事责任。"从以上规定可以看出，法律不允许放弃监护权，本案中的安某既没有放弃对章某的监护权，也不能自行放弃监护权。因此，安某的监护权并没有丧失，安某仍是章某的合法监护人。根据民法典第31条第1款的规定，对监护人的确定有争议的，由被监护人住所地的居民委员会、村民委员会或者民政部门指定监护人，有关当事人对指定不服的，可以向人民法院申请指定监护人；有关当事人也可以直接向人民法院申请指定监护人。本案中安某依然对章某有监护权，村委会指定监护人的法定条件并没有发生，故村委会指定监护人的指定行为不符合法律规定。

【法条指引】

中华人民共和国民法典

第二十七条　父母是未成年子女的监护人。

未成年人的父母已经死亡或者没有监护能力的，由下列有监护能力的人按顺序担任监护人：

（一）祖父母、外祖父母；

（二）兄、姐；

（三）其他愿意担任监护人的个人或者组织，但是须经未成年人住所地的居民委员会、村民委员会或者民政部门同意。

第三十八条　被监护人的父母或者子女被人民法院撤销监护人资格后，除对被监护人实施故意犯罪的外，确有悔改表现的，经其申请，人民法院可以在尊重被监护人真实意愿的前提下，视情况恢复其监护人资格，人民法院指定的监护人与被监护人的监护关系同时终止。

第三十九条　有下列情形之一的，监护关系终止：

（一）被监护人取得或者恢复完全民事行为能力；

（二）监护人丧失监护能力；

（三）被监护人或者监护人死亡；

（四）人民法院认定监护关系终止的其他情形。

监护关系终止后，被监护人仍然需要监护的，应当依法另行确定监护人。

7. 父亲长期离家出走且拒不履行抚养义务，是否构成遗弃罪？

【维权要点】

所谓遗弃罪，是指对于年老、年幼、患病或者其他没有独立生活能力的人，负有扶养义务而拒绝扶养，情节恶劣的行为。遗弃罪的立法本意是为了更有力地保护无独立生活能力家庭成员的合法权益，对那些无家庭责任感的人起到一定的警诫作用，同时运用刑罚武器同遗弃家庭成员的不法行为作斗争。

【典型案例】

赵某与赵某某系父女关系。赵某某系脑瘫患儿，下肢瘫痪，终日依靠轮椅生活，生活完全不能自理，其母高某不得不因此放弃了工作，没有经济收入，只能依靠赵某的工资维持全家的生活。其后不久，赵某与高某常因生活琐事发生口角，关系逐渐不睦。自 2016 年起，赵某开始逃避对赵某某的抚养义务，不支付生活费，也不再为其治病。2018 年 3 月某日，赵某突然离家出走，在其离家出走期间，从未给家里写信、打电话，更谈不上给妻女生活费。其女免疫力差，治病的大宗费用，只能依靠高某的亲戚、朋友资助。高某承受不住，几次把女儿锁在屋里，外出找工作，但回家后见到女儿不是拉裤子，就是摔倒。此情此景使高某欲哭无泪。高某带着赵某某到处打听赵某的下落，并多次委托街道居委会、派出所及有关部门寻找赵某，均杳无音信。赵某某及高某依靠民政部门发放的家庭低保金生活。2021 年 2 月，赵某回乡后，向法院提起诉讼，要求与高某离婚，被人民法院判决驳回。赵某的诉讼请求被法院判决驳回后，仍拒不回家。2022 年 5 月，赵某某（14 岁）以请求追究赵某遗弃罪为由提起诉讼。

【法官讲法】

刑法第261条规定："对于年老、年幼、患病或者其他没有独立生活能力的人，负有扶养义务而拒绝扶养，情节恶劣的，处五年以下有期徒刑、拘役或者管制。"该条规定的是遗弃罪。所谓遗弃罪，是指对于年老、年幼、患病或者其他没有独立生活能力的人，负有扶养义务而拒绝扶养，情节恶劣的行为。这条规定的立法本意是为了更有力地保护无独立生活能力家庭成员的合法权益，对那些无家庭责任感的人起到一定的警戒作用，同时运用刑罚武器同遗弃家庭成员的不法行为作斗争。在本案中，赵某的行为完全符合刑法第261条有关遗弃罪的构成要件，依法应予惩处。

第一，行为人对被害人有扶养义务是构成遗弃罪的前提条件。遗弃罪侵犯的客体是家庭成员之间互相扶养的权利、义务关系。我国民法典已规定夫妻之间、父母子女之间、家庭成员之间的扶养、抚养和赡养的义务。在本案中，赵某系本案自诉人赵某某的生父，是法律明文规定的抚养义务主体之一。父母对子女的抚养义务，是社会所赋予并由国家法律规定的，它既是一项社会义务，也是一项法律义务。未成年人保护法第17条规定："未成年人的父母或者其他监护人不得实施下列行为：（一）虐待、遗弃、非法送养未成年人或者对未成年人实施家庭暴力……"这项义务自子女出生就自然开始，该义务包括生活上的供养及精神等方面的照顾、关怀、帮助。这种义务在法律上是无条件的、义不容辞和不可推卸的。成立家庭首先意味着承担责任，履行义务。而赵某却因种种原因拒绝承担这种法定义务，将生活重担完全放置在无收入又要抚育未成年残疾子女，同时还要支付大宗治疗费用的妻子高某身上。

第二，构成遗弃罪，行为人还须具有履行义务的能力。所谓履行义务的能力，是指有独立的经济能力，并在能够满足本人及家人最低生活标准（当时当地标准）外有多余的情况。行为人是否有经济能力，这就需要审判机关结合其收入、开支情况及行为人能力（包括体力、脑力状况）加以综合分析认定。在本案中，赵某正值壮年，具有完全民事行为能力和刑事责任能力，完全有能力以自己的劳动所得负担其妻女的生活。但被害人赵某某从出生时起就遭到其父的嫌弃，先是逃避对其抚养，不再支付抚养费，不再为其治病，直至发展到离家出走。究其原因，其在主观上根本不想承担抚养责任。

第三，构成遗弃罪，行为人确须履行义务。遗弃罪侵犯的对象必须是年老、年幼、患病或者其他没有独立生活能力的人。根据我国有关法律规定，被遗弃者是家庭中的下列成员：1. 因年老、疾病而丧失劳动能力，因而没有生活来源的人；2. 虽有生活来源（如退休金等），但因年老、疾病而生活不能自理的人；3. 因年幼尚无独立生活能力的人；4. 因残疾而无独立生活能力的人。残疾人保障法第2条规定："残疾人是指在心理、生理、人体结构上，某种组织、功能丧失或者不正常，全部或者部分丧失以正常方式从事某种活动能力的人。残疾人包括视力残疾、听力残疾、言语残疾、肢体残疾、智力残疾、精神残疾、多重残疾和其他残疾的人。残疾标准由国务院规定。"（本文中残疾人专指丧失大部或全部劳动、生活能力的人）。上述人员情况虽然各不相同，但他们的共同特点，是没有独立生活能力，若没有其他人的帮助和抚养就无法生活下去。在本案中，被害人赵某某14岁，自幼患脑瘫，下肢瘫痪，终日依靠轮椅生活，大、小便失禁，生活完全不能自理。此时，精神上的关怀与抚慰，经济上的支持，生活上的照料尤为重要。但赵某却拒绝承担任何责任。

第四，构成遗弃罪，行为人的行为还须具有社会危害性。根据司法实践，遗弃罪的社会危害性通常表现在遗弃动机卑劣，手段恶劣并造成严重后果，如因遗弃致被害人生活无着流离失所；在遗弃过程中又对被害人施以打骂，虐待；遗弃行为屡教不改；由于遗弃引起被害人重伤，死亡或自杀；等等。家庭是社会的细胞，只有保证家庭的安定，才能保障社会的稳定。性质恶劣的遗弃行为使受害者身心遭受莫大的痛苦，造成家庭动荡，继而引发社会问题，给社会增加额外的负担，同时玷污了社会文明，应受到刑法的制裁。

第五，在本案中，赵某的行为已构成情节恶劣。根据我国刑法第261条规定，考虑到行为人与被害人之间的特殊关系，故以"情节恶劣"作为构成犯罪的要件，限制了打击范围，从而确保了我国的刑罚武器能够准确地打击那些以恶劣的手段或造成恶劣后果的遗弃犯罪。在本案中，如何考察赵某行为的恶劣程度是正确处理本案的关键。赵某行为的恶劣性表现在以下几个方面：（1）赵某明知其妻高某无收入，明知其女既是未成年人又是残疾人，本应对女儿给予双重的关爱，明知道这个家庭如果没有他的支撑，赵某某将面临生活陷入绝境的危险。在这种情况下，他却采取放任的态度，离家出走，对家庭极端不负责任；（2）在其离家出走期间，从未给家里写信、打电话，更谈不上给妻女生活费。其女免疫力差，治病的大宗费用，只能依靠高某的亲戚、朋友资助。赵某拒绝对具有法定抚养义务的生活不能自理者给予必需的生活照料，以不作为的形式不履行所负有的抚养义务，且执迷不悟；（3）赵某的行为，使其家庭痛苦不堪，其妻经常背着瘫痪的女儿到处打听赵某的下落，然而赵某回家后，一纸诉状要求与高某离婚。其诉讼请求被法院判决驳回后，在长达半年的时间里，赵某仍拒不回家，其行为对这个特殊家庭来说，足以产生断绝经济来源，致妻女生活无着，直接面对死亡威胁的严重后果。就本案来说，不能因为赵某某没有被冻、饿、病死，就否认赵某行为的恶劣性。

综上所述，赵某某完全没有独立生活能力。作为其父，赵某负有法律明文规定必须履行的抚养义务，但其却置家庭于不顾，离家出走长达一年零四个月之久，完全放弃履行义务。回乡后，赵某仍拒不履行其法定的精神抚慰和经济抚养义务。其行为已构成遗弃罪，应当依法追究其刑事责任。

【法条指引】

中华人民共和国刑法

第二百六十一条　对于年老、年幼、患病或者其他没有独立生活能力的人，负有扶养义务而拒绝扶养，情节恶劣的，处五年以下有期徒刑、拘役或者管制。

8. 夫妻一方拒不执行轮流抚养子女的协议，应当如何处理？

【维权要点】

当事人在人民法院的调解下达成的轮流抚养协议，具有权威性和严肃性，当事人应当严格遵照履行。不履行协议约定的义务，确实影响了子女合法权益的实现，对方可以向法院申请执行，以维护法律的严肃性、权威性。

【典型案例】

文某（男）与杨某（女）于2016年结婚，并于婚后生育一子文某某。后双方因家庭矛盾，难以再继续共同生活。文某遂向妻子杨某提出了离婚。文某和杨某都坚持自己抚养子女，各不相让。最后，在人民法院的调解下，文某和杨某达成了轮流抚养子女的协议。

离婚后，文某和杨某按照协议的约定，轮流抚养文某某。孩子在父母处各住三个月，循环往复。一年后，文某组建了新家庭，这对杨某造成刺激，她开始不按照协议履行，拒绝让文某再接走孩子，想以此来报复文某。经亲友和两人所在单位多次调解，杨某的态度始终不见转变。文某去探望孩子，也被杨某拒之门外。日夜思念幼子的文某在百般无奈的情况下，请求人民法院依法维护自己抚养子女的合法权益，强制执行原协议。

【法官讲法】

离婚案件是法院经常受理的案件之一，在庭审中，常常出现当事人争养子女的现象。尤其是独生子女，这种现象更加突出。按传统的抚养方式，离婚后子女只能归一方直接抚养，这已明显不能满足一些当事人及子女的需要。民法典第1084条第3款规定："离婚后，不满两周岁的子女，以由母亲直接抚养为原则。已满两周岁的子女，父母双方对抚养问题协议不成的，由人民法院根据双方的具体情况，按照最有利于未成年子女的原则判决。子女已满八周岁的，应当尊重其真实意愿。"《民法典婚姻家庭编司法解释（一）》第48条规定："在有利于保护子女利益的前提下，父母双方协议轮流直接抚养子女的，人民法院应予支持。"这为轮流抚养子女的方式提供了法律保障。采用协议轮流抚养子女的方式，能够保障子女期望的与父母双方都有接触，使子女得到相对完整的父爱和母爱，最大限度地减少因父母离婚对子女的伤害，有利于子女在身体、智力、情感等方面得到健康发展。同时，尽管父母离异后，一方直接抚养子女，另一方有权探视子女，但实际上，探视权要受到很多条件的限制，不能满足另一方对子女实质意义上抚养、教育等权利的实现。轮流抚养子女，有利于保护离婚双方当事人的抚养子女权，也有利于减少因争养子女引发的矛盾，进而有利于社会的稳定。

　　当然，轮流抚养必须具备一定的条件，如父母双方必须协商一致，且具有抚养子女的能力与条件，包括健康状况、经济条件、居住条件、思想品质等。此外，轮流抚养将定期改变子女的生活环境，可能会对孩子的生活、学习带来一定影响，故轮流抚养的时间间隔不宜太短，如果子女已经入学，也可以一学期为一个轮流周期。以下情形不建议采取父母轮流抚养的方式抚养子女：（1）不满两周岁的子女，以由母亲直接抚养为原则；（2）一方因健康原因、职业特点等，不能正常照顾子女；（3）一方品行差，如实施家庭暴力或有赌博、吸毒等恶习，子女随其生活将严重影响身心健康；（4）双方的住址相距太远，不在同一市区内居住，影响子女入托、入学的稳定。确立轮流抚养协议旨在维护子女的最大利益，促成子女与父母之间的相互交流、彼此了解、共享亲情；从轮流抚养的行使方式上看，具有严格性。轮流抚养的行使必须按法律规定或双方约定的方式、期间进行，除此之外的抚养行为都不受法律保护；从权利义务的角度来看，抚养子女是当事人的权利，也是他们的义务。当轮流抚养权利的行使不利于保护子女利益时，这种权利理应受到限制。因此，当一方直接抚养比轮流抚养对子女成长更具优越性时，双方应该选择前者而放弃轮流抚养；从轮流抚养的方式来看，轮流抚养只能由双方协商确定，这是区别于一方直接抚养的重要标志。一方直接抚养，既可以由双方当事人约定，也可以由法院判决确定。而轮流抚养方式，目前仅允许双方约定。这主要是因为轮流抚养的适用，较一方直接抚养复杂得多，需要双方当事人相互协调、配合。双方自愿达成协议，有利于对协议的执行，更有利于避免对子女合法权益的损害。

　　轮流抚养子女具有多重不确定因素，不同年龄、性别、性格、健康状况、经济条件、家庭环境的子女对父或母的需求是不同的。对轮流抚养协议的法律适用，包括一方抚养的时间、地点、落实轮流抚养的程度和方式，以及如何应对轮流抚养过程中出现的种种问题，立法上并未赋予司法实践中法院直接裁判的依据，目前尚没有一个可以参照的基本依据。从立法上看，主要采取两种方式，一是由当事人双方协商解决；二是由法院依法判决。但目前从法律条文上看，人民法院尚不能够直接作出轮流抚养的判决，轮流抚养只能由双方协商确定，这是区别于一方直接抚养的重要标志。

在轮流抚养子女协议的变更问题上，离婚双方当事人在执行轮流抚养子女协议的过程中，基于一定原因，双方或一方认为需要变更轮流抚养协议的，可以自行协商，重新达成协议，以变更原协议的某些内容，或达成子女由一方直接抚养的协议；也可以向法院起诉，变更原协议。但是，应该指出，原协议若是以法院调解书的形式确定的，在该协议没有变更、没有被撤销前，双方仍应严格遵守协议的内容。如果一方反悔，不履行协议约定的义务，确实影响了子女合法权益的实现，对方可以向法院申请执行，以维护法律的严肃性、权威性。

在本案中，从案情的角度看，文某与杨某离婚时，两人在人民法院的调解下达成了轮流抚养子女的协议，但文某再婚后，出于报复文某的目的，杨某拒不履行协议，把孩子作为惩罚文某的武器。这种做法是错误的，不但会激化当事人双方的矛盾，也不利于子女的健康成长。当事人在人民法院的调解下达成的轮流抚养协议，具有权威性和严肃性，当事人应当严格遵照履行。杨某的做法侵犯了文某抚养教育子女的合法权利，文某要求执行原协议的请求应当予以支持。如果杨某继续抚养子女，不利于子女健康成长的，文某也可以要求将孩子判归自己单独抚养，由杨某支付一定的抚育费。

【法条指引】

最高人民法院关于适用《中华人民共和国民法典》
婚姻家庭编的解释（一）

第四十八条　在有利于保护子女利益的前提下，父母双方协议轮流直接抚养子女的，人民法院应予支持。

9. 妻子离婚后将原协商流产的孩子擅自生下，前夫是否应承担抚养义务？

【维权要点】

夫妻双方自行协商，由怀孕女方做人工流产，虽是一种双方协议行为，但该协议行为对怀孕女方并不具有法律约束力。怀孕妇女是否生育子女，主要由怀孕的女方自己决定，属于其享有的一种特殊的人身权利，这种人身权利不因其与他人协商而受到限制。

【典型案例】

于某与赵某经人介绍于 2020 年 3 月结婚，婚后因感情不和于 2021 年 7 月决定离婚。此时，赵某已怀孕 5 个月。双方协商同意，赵某去做流产，由于某承担赵某流产的一切费用。离婚后，赵某对流产协议反悔，在未征得于某同意的情况下生育一男孩，并随赵某姓。赵某以孩子的名义要求于某履行抚养义务，每月支付抚养费 1000 元。于某以双方协商同意做流产，离婚后赵某自作主张将孩子生下，并随赵姓为理由，拒绝给付抚养费。为此，赵某作为孩子的法定代理人向法院提起诉讼。

【法官讲法】

在本案中主要解决以下两个问题。首先，关于于某与赵某双方自行协商由赵某做流产的约束力问题。妇女权益保障法第 32 条规定："妇女依法享有生育子女的权利，也有不生育子女的自由。"在一般情况下，夫妻按照优生、优育的原则进行计划生育，夫妻双方经过协商，可以在女方已怀孕的情况下做人工流产。这是双方的一种自愿行为，并不是一方对另一方的强迫行为。因此，夫妻双方自行协商，由怀孕女方做人工流产，虽是一种双方协议行为，但该协议行为对怀孕女方并不具有法律约束力。怀孕妇女是否生育子女，主要由怀孕的女方自己决定，属于其享有的一种特殊的人身权利，这种人身权利不因其与他人协商而受到限制。所以，本案中于某与赵某虽然在离婚时协商同意由赵某做人工流产，但离婚后赵某反悔，生下孩子，其行为并不违法，是行使生育权的表现。其次，关于离婚后女方所生孩子，男方应给付子女抚养费的问题。民法典第 1058 条规定："夫妻双方平等享有对未成年子女抚养、教育和保护的权利，共同承担对未成年子女抚养、教育和保护的义务。"父母对子女的这种抚养教育的义务，其性质是法定义务，而且不因父母离婚而免除父或母一方对子女的这种义务，也不因子女随父或母姓而免除对方的义务。因此，本案被告以其子随母姓而拒绝负担抚养费，是没有法律依据的，不能成立。同时，在任何情况下出生的子女，都是受国家法律保护的民事权利主体，依法享有法律规定的权益。因此，父或母对其所生子女，在子女未成年或不能独立生活时，没有任何理由拒绝承担抚养和教育的义务。据此，于某应当承担对孩子的抚养义务。

【法条指引】

中华人民共和国妇女权益保障法

第三十二条　妇女依法享有生育子女的权利，也有不生育子女的自由。

中华人民共和国民法典

第一千零五十八条　夫妻双方平等享有对未成年子女抚养、教育和保护的权利，共同承担对未成年子女抚养、教育和保护的义务。

第一千零六十七条　父母不履行抚养义务的，未成年子女或者不能独立生活的成年子女，有要求父母给付抚养费的权利。

成年子女不履行赡养义务的，缺乏劳动能力或者生活困难的父母，有要求成年子女给付赡养费的权利。

10. 离婚后，丈夫应对人工授精的子女承担抚养责任吗?

【维权要点】

在夫妻关系存续期间，双方一致同意进行人工授精，所生子女应视为夫妻双方的婚生子女，父母子女之间权利义务关系适用民法典的有关规定。

【典型案例】

肖某（女）与邹某（男）经人介绍于 2007 年结婚，婚后多年不育，经医院检查，邹某无生育能力。2010 年，肖某通过熟人找到某大学附属医院，实施人工授精手术两次，均未成功。2012 年，第三次手术不久肖某怀孕，于 2013 年底生育一子。之后双方常为生活琐事争吵。2021 年，肖某向法院提起诉讼，要求与邹某离婚，孩子由其抚养，邹某承担孩子抚养费。而邹某则认为孩子的抚养费应全部由肖某自己承担，因为孩子并非他所亲生，与其无血缘关系。肖某做人工授精手术时，其虽在现场，但并未表示同意进行人工授精，且并无书面手续证明其有同意的意思，因此不同意承担抚养费。经询问，孩子表示想跟母亲生活。法院最终判决孩子跟随肖某生活，邹某每月支付给孩子1000元抚养费。

【法官讲法】

本案涉及人工授精子女在我国的法律地位问题。1991年7月8日，最高人民法院在《关于夫妻关系存续期间以人工授精所生子女的法律地位的复函》中指出："在夫妻关系存续期间，双方一致同意进行人工授精，所生子女应视为夫妻双方的婚生子女，父母子女之间权利义务关系适用《婚姻法》的有关规定。"分析本案具体情况，邹某无生育能力，夫妻双方商定做人工授精手术。在先后三次做人工授精手术时，因都是通过关系找人进行的，故双方均未办理书面同意手续。但在孩子出生后，邹某一直把孩子当成亲生子女一样养育。邹某以没有书面同意手续为由否认当初同意原告做人工授精手术，并借此拒绝承担对孩子的抚养义务，是没有说服力的，其主张不能得到支持。根据当时的情况，应该认定邹某有同意进行人工授精的意思表示。按照上述复函的精神，孩子应视为邹某与肖某夫妻双方的婚生子女，其与邹某和肖某之间的权利义务关系应与亲生父母子女之间的权利义务关系一样得到承认和保护。按照现行民法典第26条第1款的规定："父母对未成年子女负有抚养、教育和保护的义务。"邹某、肖某均应依法承担对孩子的抚养教育义务。另须说明的是，由于孩子一直不知道自己是人工授精所生，在诉讼过程中，应采取保密措施和不公开开庭审理的办法，以保护当事人的隐私权，更是为了孩子的声誉不受损害以及对其正常、健康成长造成不利影响。

【法条指引】

中华人民共和国民法典

第二十六条第一款　父母对未成年子女负有抚养、教育和保护的义务。

第六章　儿童财产权益保护

1. 监护人可以用被监护学生的财产炒股吗?

【维权要点】

监护人应当履行监护职责，保护被监护人的人身、财产及其他合法权益，除为了被监护人的利益外，不得处理被监护人的财产。监护人依法履行监护的权利，受法律保护。

【典型案例】

宋某的父母在一次车祸中双双死亡，时年，宋某只有 7 岁。宋某的父母留下 15 万元遗产。宋某的外祖父母、祖父母由于年老体弱无法照顾宋某，关系密切的亲属中有一个叔叔在事业单位工作，还有一位姨妈张某去了日本。宋某的父母去世后，宋某的叔叔宋甲愿意做宋某的监护人。由于宋甲在事业单位，工作、收入稳定且还没有结婚，于是，宋某住所地的居民委员会便指定宋甲担任宋某的监护人。半年后，宋某的姨妈张某从国外回来，发现宋甲动用了宋某继承遗产中的 10 万元买了股票，并且已被套牢。张某认为，股市风云变幻，风险很大，如果把钱赔进去，宋某将来的生活就没了保障。宋甲则认为，他之所以拿宋某的钱去买股票是为了将死钱变为活钱，使钱增值。双方发生争议，最后张某提出由自己接替宋甲担任宋某的监护人，宋甲反对。于是，张某向法院提起诉讼，要求撤销宋甲的监护人资格，由自己担任宋某的监护人。

【法官讲法】

监护是我国民法中一项重要制度，它是专门为了监督和保护未成年人而设置的民事法律制度。监护是一种权利与义务紧密结合，以义务为主要内容的社会职责。设置监护制度，有利于保护被监护人的利益，弥补他们民事行为能力上的不足，使他们的民事权利能力得到实现，从而得以生存和发展。根据民法典第27条的规定，父母是未成年子女的监护人。未成年人的父母已经死亡或者没有监护能力的，由下列有监护能力的人按顺序担任监护人：祖父母、外祖父母；兄、姐；其他愿意担任监护人的个人或者组织，但是须经未成年人住所地的居民委员会、村民委员会或者民政部门同意。在本案中，宋某的叔叔被指定作为宋某的监护人是符合上述规定的。因此，宋甲与宋某之间存在合法的监护与被监护的法律关系。问题是，监护人可以随意支配被监护人的财产吗？监护人履行监护职责，既是一种权利，同时更体现为一种义务。民法典第35条规定："监护人应当按照最有利于被监护人的原则履行监护职责。监护人除为维护被监护人利益外，不得处分被监护人的财产。未成年人的监护人履行监护职责，在作出与被监护人利益有关的决定时，应当根据被监护人的年龄和智力状况，尊重被监护人的真实意愿。成年人的监护人履行监护职责，应当最大程度地尊重被监护人的真实意愿，保障并协助被监护人实施与其智力、精神健康状况相适应的民事法律行为。对被监护人有能力独立处理的事务，监护人不得干涉。"第36条第1款、第2款规定："监护人有下列情形之一的，人民法院根据有关个人或者组织的申请，撤销其监护人资格，安排必要的临时监护措施，并按照最有利于被监护人的原则依法指定监护人：（一）实施严重损害被监护人身心健康的行为；（二）怠于履行监护职责，或者无法履行监护职责且拒绝将监护职责部分或者全部委托给他人，导致被监护人处于危困状态；（三）实施严重侵害被监护人合法权益的其他行为。本条规定的有关个人、组织包括：其他依法具有监护资格的人，居民委员会、村民委员会、学校、医疗机构、妇女联合会、残疾人联合会、未成年人保护组织、依法设立的老年人组织、民政部门等。"由此可见，作为监护人，一方面有履行监护职责的义务，保护被监护人的身体健康，照料被监护人的生活，代为保管被监护人的财产，代理其参加民事活动和民事诉讼活动；另一方面还有履行监护职责的权利，监护人依法履行监护职责，不受他人干涉。但是为了防止监护人不积极履行监护职责或者滥用监护权，监护人对自己不履行监护职责或者滥用监护权，给被监护人造成财产损失的，应当赔偿损失。

本案中，宋某继承其父母的15万元遗产是其个人财产，宋甲是被指定的宋某的监护人。宋甲应当履行监护职责，保护宋某的人身、财产及其他合法权益，除为了被监护人的利益外，不得处理被监护人的财产。然而，宋甲却动用了宋某的 10 万元去购买股票，虽然其解释说是为了宋某的钱增值，但由于股票已经被套牢，显然这种行为的结果并不能给宋某带来任何利益。宋甲不但没有保护好宋某的个人合法财产，而且还影响了其经济利益，给宋某造成了财产损失。根据民法典第 34 条的规定，宋甲应当向宋某承担赔偿责任，同时，由于他作为监护人滥用监护权，侵害被监护人的合法权益，未能很好地履行监护职责，因此可由利害关系人或者有关单位申请，要求人民法院撤销宋甲的监护人资格。在本案中，宋某的姨妈张某属于民法典第 27 条中规定的"其他愿意担任监护人的个人"，为了保护宋某的合法权益，她向法院提出了两项申请：一是撤销宋甲的监护人资格；二是改由自己担任宋某的监护人。由于宋甲滥用监护权，损害了被监护人的合法权益，因此应当查明情况并征得宋某本人的意见，撤销宋甲的监护人资格。宋某的姨妈不但具有作为监护人的各方面能力，而且愿意承担监护职责，故由张某担任宋某的监护人是合理的。因此，宋某的姨妈提出的两项申请，应当予以支持。宋甲还应负责赔偿以宋某个人财产炒股所造成的损失。

【法条指引】

中华人民共和国民法典

第三十五条 监护人应当按照最有利于被监护人的原则履行监护职责。监护人除为维护被监护人利益外，不得处分被监护人的财产。

未成年人的监护人履行监护职责，在作出与被监护人利益有关的决定时，应当根据被监护人的年龄和智力状况，尊重被监护人的真实意愿。

成年人的监护人履行监护职责，应当最大程度地尊重被监护人的真实意愿，保障并协助被监护人实施与其智力、精神健康状况相适应的民事法律行为。对被监护人有能力独立处理的事务，监护人不得干涉。

第三十六条 监护人有下列情形之一的，人民法院根据有关个人或者组织的申请，撤销其监护人资格，安排必要的临时监护措施，并按照最有利于被监护人的原则依法指定监护人：

（一）实施严重损害被监护人身心健康的行为；

（二）怠于履行监护职责，或者无法履行监护职责且拒绝将监护职责部分或者全部委托给他人，导致被监护人处于危困状态；

（三）实施严重侵害被监护人合法权益的其他行为。

本条规定的有关个人、组织包括：其他依法具有监护资格的人，居民委员会、村民委员会、学校、医疗机构、妇女联合会、残疾人联合会、未成年人保护组织、依法设立的老年人组织、民政部门等。

前款规定的个人和民政部门以外的组织未及时向人民法院申请撤销监护人资格的，民政部门应当向人民法院申请。

2. 未成年学生获得大额奖金，应当归谁所有？

【维权要点】

未成年学生接受奖励、赠与、报酬，他人不得以行为人无民事行为能力、限制民事行为能力为由，主张以上行为无效。

【典型案例】

王某（男，某国家机关干部）与张某（女，某公司职工）于 2013 年结婚。婚后生育一子王某某。2018 年，王某与张某因感情不和离婚。婚生子王某某随父亲王某生活。2021 年 8 月，王某某在到某商场购买文具的时候，看到该商场门口张贴的有奖销售海报。该商场称，在 8 月份进行有奖销售活动，凡在该商场购物满 50 元的消费者均有机会参与抽奖。奖项为特等奖一名，一、二、三等奖若干名。特等奖奖金 5000 元。王某某遂用父亲给自己的钱购买了一支钢笔，价值 60 元，商场发给王某某奖券一张。2021 年 9 月，王某某在父亲王某的陪同下到该商场参加公开抽奖，意外地抽中了特等奖。父子二人兑奖后，高高兴兴地回了家。张某从儿子口中获悉此事后，当即找到王某，称王某某不满 8 周岁，属于无民事行为能力人，没有能力领取大额奖金，奖金应当归监护人即孩子的父母所有。因此，张某要求王某将奖金的一半，即 2500 元分给自己。王某当即予以拒绝，认为既然王某某随自己生活，张某就丧失了对孩子的监护权，自己才是孩子的监护人，履行对王某某的监护职责和抚养义务。因此，王某某中奖所得的奖金与张某没有任何关系，应当归自己和孩子所有。双方为此而发生争执。

【法官讲法】

本案争议的焦点是未成年人王某某获得的大额奖金应当归谁所有，是王某某本人还是其监护人，即王某某的父母。这涉及公民的民事权利能力和民事行为能力的问题。我国民法典第13条规定："自然人从出生时起到死亡时止，具有民事权利能力，依法享有民事权利，承担民事义务。"第14条规定："自然人的民事权利能力一律平等。"根据上述法律规定，未成年人当然可以享有民事权利。所谓公民的民事权利能力，是指法律赋予公民享有民事权利，承担民事义务的资格。根据我国民法典的规定，公民的权利能力除了具有内容的统一性、广泛性和实现的现实可能性的特点之外，还具有主体的平等性。民事权利能力是公民参与民事活动、成为民事主体、享受民事权利、承担民事义务的前提或者先决条件。没有民事权利能力，公民就不可能参与民事活动，不可能享有民事权利，承担民事义务。正确地理解民事权利能力，必须将它与民事权利的概念区别开来。首先，民事权利能力是民事主体取得具体的民事权利、承担具体的民事义务的前提和基础，没有前者就没有后者，反之，有后者必然有前者。其次，民事权利能力是享有民事权利的资格和承担民事义务的资格的统一，所以，民事权利能力具有权利能力和义务能力的统一性；而民事权利仅指权利，不包括民事义务。再次，民事权利能力不是与生俱来的，而是由国家法律赋予的，它的内容和范围直接由体现统治阶级意志的法律确定；而民事权利则是在具体的民事法律关系中产生的，它的内容和范围直接取决于民事主体的意志。

公民的民事行为能力则是公民能够独立有效地实施民事法律行为的地位和资格。因此，公民独立进行民事活动，不仅要具有民事权利能力，而且还要具有相应的民事行为能力；如果没有相应的民事行为能力，就必须由他人代理进行。民法典第19条规定："八周岁以上的未成年人为限制民事行为能力人，实施民事法律行为由其法定代理人代理或者经其法定代理人同意、追认；但是，可以独立实施纯获利益的民事法律行为或者与其年龄、智力相适应的民事法律行为。"第20条规定："不满八周岁的未成年人为无民事行为能力人，由其法定代理人代理实施民事法律行为。"我国民法典之所以要设立行为能力制度，其原因在于具备权利能力，并不意味着自然人都能正确地使用这种能力，要正确地运用权利能力，自然人必须具备成熟的理智，能认识自己行为的后果和意义，如此才能在民事活动中维护自己的利益，承担自己行为的后果。设立民事行为能力制度，至少可以起到两个作用：其一，保障未获得成熟理智者的利益，使其不因为自己的轻率行为蒙受损失；其二，维护交易秩序，将未获得成熟理智者排除在其能力不能承担的民事活动或市场活动之外，以免因其误入而又不能承担民事责任的状况发生，影响与其发生法律关系者的利益。当然，无民事行为能力人或者限制民事行为能力人虽然不能或不能完全以自己的行为参与民事活动，取得民事权利，承担民事义务，但他们进行的纯粹取得民事权利，不损害他人利益的行为是有效的，目的在于保护无民事行为能力或者限制民事行为能力的未成年人、精神病人的利益，避免其在民事活动中的利益受到损害。

在本案中，5000 元奖金应当归王某某所有。王某某作为自然人，从出生时起就已经具有民事权利能力，他可以依法享有各种民事权利。同时，作为不满 8 周岁的未成年人，他又属于无民事行为能力人，尽管他不能独立从事民事活动，必须由他的法定代理人，即王某某的监护人王某和张某代理，但其接受奖励、赠与、报酬等纯获利益的行为或者活动却是有效的。王某某获得的奖金可以由直接抚养他的监护人王某代为管理，但该笔奖金并不因此而成为父子二人的共有财产。因此，王某关于该笔奖金应当归其与王某某共同所有的说法和张某关于"王某某不满 8 周岁，属于无民事行为能力人，没有能力领取大额奖金，奖金应当归监护人即孩子的父母所有"的说法，都是不正确的。而王某提出的"既然王某某随自己生活，张某就丧失了对孩子的监护权，自己才是孩子的监护人，履行对王某某的监护职责和抚养义务"的说法也是错误的。民法典第 1084 条第 1 款、第 2 款规定："父母与子女间的关系，不因父母离婚而消除。离婚后，子女无论由父或者母直接抚养，仍是父母双方的子女。离婚后，父母对于子女仍有抚养、教育、保护的权利和义务。"张某与王某离婚后，并没有丧失对王某某的监护权，仍然是孩子的法定监护人，承担着对王某某的监护职责与抚养义务。因此，她对王某某的法定监护权是受法律保护的。

【法条指引】

中华人民共和国民法典

第十三条 自然人从出生时起到死亡时止，具有民事权利能力，依法享有民事权利，承担民事义务。

第十四条 自然人的民事权利能力一律平等。

第十九条 八周岁以上的未成年人为限制民事行为能力人，实施民事法律行为由其法定代理人代理或者经其法定代理人同意、追认；但是，可以独立实施纯获利益的民事法律行为或者与其年龄、智力相适应的民事法律行为。

第二十条 不满八周岁的未成年人为无民事行为能力人，由其法定代理人代理实施民事法律行为。

第一千零八十四条第一款、第二款 父母与子女间的关系，不因父母离婚而消除。离婚后，子女无论由父或者母直接抚养，仍是父母双方的子女。

离婚后，父母对于子女仍有抚养、教育、保护的权利和义务。

3. 未成年学生受赠的钱物，能否作为夫妻共同财产加以分割？

【维权要点】

未成年人因受赠而得的财物构成家庭财产的一部分。但家庭财产不等同于夫妻共有财产，不能在夫妻离婚时进行分割。

【典型案例】

王某与贾某系夫妻关系，生有一女王甲。王甲 7 岁生日时，家里的亲戚送给王甲一台笔记本电脑，临走时还给了王甲 5000 美元，让其将来读大学时使用。王某夫妻两人非常高兴，他们把女儿原来的压岁钱 3000 元人民币和5000 美元全部存进了银行。两年后，两人因感情破裂离婚，并将女儿的 3000元人民币和 5000 美元以及笔记本电脑作为夫妻共同财产予以分割。对于女儿的 3000 元人民币及 5000 美元现金由夫妻两人平均分割，笔记本电脑归男方所有。王甲随贾某共同生活。王甲的叔叔知道此事后，要求王某夫妻将属于王某的3000元人民币及5000美元、笔记本电脑全部归还给王甲。

【法官讲法】

赠与是指赠与人把自己所有的或者有权处分的财物无偿送给受赠人的行为。根据现行法律规定，赠与是一种单务合同、无偿合同，赠与人一方只负担义务，即将赠与物无偿交付给受赠人；而受赠人只享有权利，不承担义务。同时，赠与人一旦将赠与财物交付给受赠人后，就产生赠与物的所有权由赠与人处转移给受赠人的法律后果，该赠与财产归受赠人所有，并且赠与人一般不得反悔。对公民来说，赠与人必须具有相应的民事行为能力，一般须是完全民事行为能力人；限制民事行为能力人根据民法典第19条规定，只能作出与其年龄、智力状况相适应的赠与行为；而无民事行为能力人不得作为赠与人实施赠与行为。但受赠人不受行为能力限制。根据民法典及其他相关法律、法规的规定，无民事行为能力人、限制民事行为能力人接受奖励、赠与、报酬、赔偿费或者进行其他对本人有利而不损害他人权益的行为，应予保护。可见，未成年人有权接受别人的赠款或赠物，那么该赠与的财物是否归未成年本人所有呢？一般而言，未成年人因受赠而得的财物构成家庭财产的一部分。但家庭财产不等同于夫妻共有财产。本案中，王某与贾某离婚后，无视女儿王甲的财产权利，把一切财产都归入夫妻共有财产进行分割的做法是错误的。

首先，家庭财产的范围大于夫妻共有财产的范围，两者不能混淆。夫妻共有财产，是指夫妻在婚姻关系存续期间所得的财产；而家庭财产，既包括夫妻共同财产，又包括未成年子女的财产，还包括其他家庭成员的财产。其次，在离婚分割夫妻共同财产时，应当首先把夫妻共有财产从家庭其他成员的财产中区分出来，或者把家庭其他成员的财产剥离出去，然后再进行分割，不能混在一起。特别是在当今的社会条件下，未成年子女可能通过多种途径获得成千上万赠与财产，他们作为家庭成员中的一员当然也依法享有自己的合法财产权益，父母作为他们的法定监护人，有权利、有责任对他们的财产进行监管，但不能利用自己担任监护人的身份侵犯未成年子女的财产所有权。最后，王某、贾某离婚时将属于女儿王甲的电脑分给男方，将女儿的3000元人民币及5000美元两人平分，这是严重侵犯未成年子女财产权的行为。他们应当将现金归还给女儿，由抚养女儿的母亲代为保管，而且只能是在为了女儿自身利益需要的情况下动用；电脑也应返还。

在此需要说明的一点是，未成年人虽然有权接受赠款、赠物，虽然该赠与的财物归其个人所有，但这不等于说未成年人可以随意支配处分该赠与的财物。根据民法典的规定，未成年人能否处分别人赠与的财物，与其民事行为能力有着密切的关系。一般而言，8周岁以下的未成年人是无民事行为能力人，他们不能亲自参与民事活动，一切民事法律行为都必须由他们的法定监护人代理进行，所以他们对自己接受的赠款、赠物是不能随意支配、处分的，只能由监护人代为管理；8周岁以上不满18周岁的未成年人，属限制民事行为能力人，他们可以进行与他们的年龄、智力状况相适应的民事活动，其他民事活动则须由其法定代理人代为进行，或征得法定代理人的同意。

【法条指引】

中华人民共和国民法典

第十九条 八周岁以上的未成年人为限制民事行为能力人，实施民事法律行为由其法定代理人代理或者经其法定代理人同意、追认；但是，可以独立实施纯获利益的民事法律行为或者与其年龄、智力相适应的民事法律行为。

第二十条 不满八周岁的未成年人为无民事行为能力人，由其法定代理人代理实施民事法律行为。

4. 非婚生子女能否继承生父的遗产?

【维权要点】

非婚生子女与婚生子女的法律地位是完全相同的，法律有关父母子女间的权利和义务，同样适用于非婚生父母子女之间。非婚生子女与婚生子女拥有一样的继承权。

【典型案例】

乔某（男）与刘某（女）于2015年4月结婚，婚生一子乔甲。随着乔某对平淡的婚姻生活产生厌倦,双方感情出现裂痕。2017年2月,乔某结识了活泼漂亮的朱某,很快朱某成了乔某的地下情人。同年10月,朱某发现自己怀孕,当把这个消息告诉乔某时,乔某立即让朱某去堕胎。朱某非常失望,于是离开了乔某。但她不想堕胎,于是在老乡的帮助下,朱某将孩子生了下来,取名为乔乙,自己抚养。为了让乔某知道自己还有一个儿子,朱某曾经给乔某写过两封信,乔某也来看望过乔乙,并通过DNA检测证明乔乙确实是自己的亲生儿子。

2022年,乔某由于突发心肌梗死死亡。朱某闻讯,认为乔某的遗产中应当包含给乔乙的一份遗产。但刘某认为,无法证明乔乙就是乔某的亲生儿子,就算是,乔乙也是非婚生子,无权继承乔某的遗产。朱某为了维护乔乙的正当权利,向人民法院提起诉讼。

【法官讲法】

非婚生子女是指没有合法婚姻关系的男女所生的子女。非婚生子女包括:未婚男女所生的子女;已有配偶者又与他人发生性行为所生的子女;无效婚姻、被撤销的婚姻当事人所生的子女等。从生育的自然属性上看,非婚生子女与婚生子女并无区别,但从生育的社会属性上看,却要求将两者加以区别。由于人类对婚姻关系以外的两性行为的排斥,非婚生子女历来受到社会的歧视。但是非婚生子女本身是无辜的,他们和婚生子女一样,也应该拥有接受生父母抚养照顾、教育的权利。因此,民法典第1071条规定:"非婚生子女享有与婚生子女同等的权利,任何组织或者个人不得加以危害和歧视。不直接抚养非婚生子女的生父或者生母,应当负担未成年子女或者不能独立生活的成年子女的抚养费。"同时民法典第1127条第1款第1项规定,遗产继承的第一顺序是配偶、子女、父母。第3款规定,本编所称子女,包括婚生子女、非婚生子女、养子女和有扶养关系的继子女。由此可见,非婚生子女与婚生子女的法律地位是完全相同的,法律有关父母子女间的权利和义务,同样适用于非婚生父母子女之间。非婚生子女的父母负有抚养教育非婚生子女的义务,对于不履行抚养义务的生父母,非婚生子女有权利要求其给付抚养费;此外,非婚生子女有继承生父母遗产的权利,非婚生子女继承生父母遗产的权利与婚生子女的权利完全相同。我国法律虽然明确规定了非婚生子女的生父母对非婚生子女的抚养教育义务,但对如何确认非婚生子女的生父却没有明确规定。因为非婚生子女一般都是随母亲生活，其生父大多不为人所知，而要使生父对非婚生子女尽到抚养教育义务，必须首先确认生父身份。正是因为这样，本案中刘某才会提出无法证明乔乙是乔某的亲生儿子这一问题。通常，非婚生子女与其母亲的关系是无须加以特别证明的，基于生母分娩事实即可确定。而对于如何确认生父身份，在司法实践中，主要有以下几种方式：首先是非婚生子女的生父生母结婚，非婚生子女就取得婚生子女的资格；其次就是生父对非婚生子女的自愿认领；最后就是委托专门的血液鉴定部门进行亲子鉴定。

在本案中，由于乔某与乔乙曾经做过亲子鉴定，结果表明乔乙确实是乔某的亲生儿子，所以对于两人的父子关系应当予以承认。虽然乔某和朱某婚外通奸生子的行为是与社会道德相违背的，但他们所生的非婚生子女乔乙是无辜的，不应受到任何不平等的对待和歧视。根据民法典第1127条的规定，乔乙应当拥有与乔甲同等的继承权，与乔甲同属于第一顺序的法定继承人，同时具有均等的继承份额。

【法条指引】

中华人民共和国民法典

第一千零七十一条　非婚生子女享有与婚生子女同等的权利，任何组织或者个人不得加以危害和歧视。

不直接抚养非婚生子女的生父或者生母，应当负担未成年子女或者不能独立生活的成年子女的抚养费。

第一千一百二十七条　遗产按照下列顺序继承：

（一）第一顺序：配偶、子女、父母；

（二）第二顺序：兄弟姐妹、祖父母、外祖父母。

继承开始后，由第一顺序继承人继承，第二顺序继承人不继承；没有第一顺序继承人继承的，由第二顺序继承人继承。

本编所称子女，包括婚生子女、非婚生子女、养子女和有扶养关系的继子女。

本编所称父母，包括生父母、养父母和有扶养关系的继父母。

本编所称兄弟姐妹，包括同父母的兄弟姐妹、同父异母或者同母异父的兄弟姐妹、养兄弟姐妹、有扶养关系的继兄弟姐妹。

5. 养子女能同时继承养父母和生父母的遗产吗?

【维权要点】

养父母和养子女有相互继承遗产的权利,他们互为第一顺序法定继承人。任何人不得以任何借口剥夺养子女的遗产继承权和继承的份额,如果养父母有亲生子女,则养子女与其亲生子女享有相同的继承权。

【典型案例】

袁某与宋某婚后多年一直无子女,而袁某的堂哥有两个孩子。由于袁某堂哥夫妇两人身体都不好,无法同时照顾好两个孩子。2014 年 10 月,袁某提出将堂哥的小儿子袁甲(7 岁)收为养子,后办理了合法的收养手续。2019 年 8 月,袁某夫妇因感情破裂离婚,袁甲随养母宋某生活,袁某每月给付抚养费 1000 元。双方离婚后,宋某未经袁某同意,将养子袁甲改名为宋甲。2021 年 9 月,袁某遇车祸身亡,留有 20 万元遗产,宋某认为应由宋甲来继承,而袁某的母亲表示反对。其理由是:首先,袁某与宋某已经离婚,且养子跟随宋某生活,所以养父子关系已经解除;其次,宋某未经袁某同意就将养子的姓名变更,故袁甲无权继承袁某的遗产。同年 12 月,袁某的堂哥夫妇也因重病相继去世,留有 8 万元遗产。袁甲的哥哥袁乙(已成年)认为这笔遗产应由自己全部继承。理由是:袁甲已经送给袁某收养,已不属于家里人,因此无权继承生父母的遗产。而袁甲认为,自己既是袁某的养子,又是袁某堂哥的亲生儿子,故袁某与袁某堂哥夫妇所留遗产自己都具有继承权。为了维护自己的合法权益,袁甲向人民法院提起诉讼。

【法官讲法】

本案涉及收养关系、父母子女关系以及继承关系等多重家庭法律问题。在家庭关系中,父母子女关系是最重要的关系之一。从法律角度看,这里的父母子女既包括有血缘联系的亲生父母子女,又包括没有血缘联系的法律拟制的父母子女。养父母子女关系是法律拟制父母子女关系,其成立以合法有效的收养关系的存在为前提。在收养关系成立后,就会因身份的转移和变更产生一系列的法律后果，包括人身关系和财产关系的变化及由此引起的多种权利、义务的变更。其法律效力主要体现在以下几个方面。

1. 根据民法典第1111条第1款的规定，收养关系确立后，养父母与养子女之间的权利义务关系，适用法律关于父母子女关系的规定；养子女与养父母的近亲属间的权利义务关系，适用法律关于子女与父母的近亲属关系的规定。

2. 收养关系确立后，养父母对养子女有抚养、教育义务，养子女对养父母有赡养、扶助的义务。双方都不得遗弃和虐待。养父母对养子女的抚养、教育义务，不因养父母离婚而解除。不论养子女随哪一方生活，对方都不得借口不是亲生子女而拒付抚养费。否则，未成年人或不能独立生活的养子女有权通过诉讼要求养父母给付抚养费。相应地，养子女成年后有赡养养父母的义务，并且此义务不因养父母离婚而解除。同时，养父母有管教和保护未成年养子女的权利和义务。未成年的养子女对国家、集体和他人造成损害时，养父母有赔偿经济损失的义务。

3. 根据民法典第1127条规定，养父母和养子女有相互继承遗产的权利，他们互为第一顺序法定继承人。任何人不得以任何借口剥夺养子女的遗产继承权和继承的份额，如果养父母有亲生子女，则养子女与其亲生子女享有相同的继承权。养子女可以随养父或养母的姓，经当事人协商一致，也可以保留原姓，生父母不得阻挠和干涉养子女姓氏的改变。

4. 养子女与生父母及其他近亲属间的权利义务关系，因收养关系的成立而消除。双方不再有抚养、赡养的义务和相互继承遗产的权利。在现实生活中，有的养子女不仅对养父母尽了赡养义务，同时，对生父母在生活上也给予了帮助。根据民法典第1131条规定，对继承人以外的依靠被继承人扶养的人，或者继承人以外的对被继承人扶养较多的人，可以分给适当的遗产。

依据以上法律规定，本案中袁某与袁甲的养父子关系是合法有效的。认为袁某与袁甲的养父子关系因袁某夫妇婚姻关系的解除而终止的主张是毫无法律依据的。根据民法典的有关规定，养父母对养子女的抚养教育义务不能因养父母离婚而解除。如果养父母要解除对养子女的收养关系，必须达成书面协议或是到民政部门办理解除收养关系的公证证明。由于本案中，袁某没有办理任何要与袁甲解除收养关系的协议或证明。因此，虽然袁某夫妇两人离婚，且后来袁某在车祸中身亡，但袁某对袁甲的收养关系依然存续，袁某的母亲无权剥夺袁甲对袁某遗产的继承权。根据民法典第1112条的规定，养子女可以随养父或者养母的姓氏，经当事人协商一致，也可以保留原姓氏。因此，袁某的母亲以此剥夺袁甲对袁某遗产的继承权是没有法律依据的。综上，袁甲对袁某的遗产拥有继承权。但是，袁甲的亲生父母去世后，袁甲无权继承他们的遗产。因为，袁某对袁甲的收养已经办理了合法的收养手续，所以依照法律规定，收养关系一经确立，袁甲与生父母的权利义务关系就已解除。同时，在袁甲的生父母去世时，袁甲尚未成年，不可能在生父母生前给予他们较多的帮助和赡养，不符合民法典第1131条的规定。因此，袁甲没有权利继承生父母留下的遗产，而袁甲的哥哥袁乙属于第一顺序继承人，在没有其他第一顺序继承人的情况下，继承其生父母的全部财产是无可争议的。

【法条指引】

中华人民共和国民法典

第一千一百一十一条　自收养关系成立之日起，养父母与养子女间的权利义务关系，适用本法关于父母子女关系的规定；养子女与养父母的近亲属间的权利义务关系，适用本法关于子女与父母的近亲属关系的规定。

养子女与生父母以及其他近亲属间的权利义务关系，因收养关系的成立而消除。

第一千一百一十二条　养子女可以随养父或者养母的姓氏，经当事人协商一致，也可以保留原姓氏。

第一千一百三十一条　对继承人以外的依靠被继承人扶养的人，或者继承人以外的对被继承人扶养较多的人，可以分给适当的遗产。

6. 未成年学生擅自购买贵重物品，其买卖行为是否有效？

【维权要点】

未成年学生只能进行与其年龄和智力发育状况相适应的民事活动，其他民事活动由其法定代理人代理实施，或者征得法定代理人的同意后进行。

【典型案例】

李某（男，15 岁）为某中学学生。在学校里，李某与同班的一名女生十分要好，有早恋的倾向。2021 年 11 月，适逢女孩的生日，李某特别想为女孩买一条漂亮的项链作为生日礼物。可是项链价值 1500 元，他的口袋里只有 100 元。李某知道母亲今天发工资，于是决定等父母熟睡后，溜到客厅从母亲的钱包里拿走 1500 元现金。第二天一早，李某早早去上学。利用中午午休时间到商场买下了价值 1500 元的项链。放学回家后，父母质问李某是否拿了母亲的钱，李某矢口否认。后来经不住父母的再三追问，李某承认偷钱的事实，并把买项链的情况从头到尾告诉了父母。李某的父母带着孩子来到商场，要求退货，遭到商场的拒绝。商场认为，物品没有质量上的瑕疵，没有理由给李某退货。双方争执不下，李某的父母将商场诉至法院，以李某为未成年人，无购买贵重物品的行为能力为由，要求判决商场返还商品的价款。

【法官讲法】

民法典第 19 条规定："八周岁以上的未成年人为限制民事行为能力人，实施民事法律行为由其法定代理人代理或者经其法定代理人同意、追认；但是，可以独立实施纯获利益的民事法律行为或者与其年龄、智力相适应的民事法律行为。"因为 8 周岁以上的未成年人虽然具备了一定的理解和判断能力，但其身心仍然处于发育阶段，认识和辨别能力还未完全成熟。对一些重大民事行为的性质和后果还不能进行准确的判断。因此，他们只能进行与其年龄和智力发育状况相适应的民事活动，其他民事活动由其法定代理人代理实施，或者征得法定代理人的同意后进行。按照民法典的规定，无民事行为能力人、限制民事行为能力人的监护人是他的法定代理人。未成年人的父母是未成年人的监护人。对未成年人而言，超越他的年龄和智力发育状况的民事活动，一般应当由其父母代理或征得其父母的同意后实施。

在本案中，李某 15 岁，属于限制民事行为能力人，只能订立纯获利益的合同及与其年龄、智力、健康状况相适应的合同，与他人订立的其他合同为效力待定的合同，只有经过其法定代理人（未成年人的父母）的追认才能生效，否则不发生效力。效力待定的合同为法律直接规定的，不能因为合同相对人不知情（如在本案中，商场并不知道李某属于未成年人）而主张合同有效。但不是限制民事行为能力人所订立的所有合同均为效力待定的合同，这取决于合同的内容是否为纯获利益，是否与其年龄、智力、精神健康状况相适应。相适应的并不是效力待定的合同，如果符合其他合同生效要件，合同自成立时起即生效；反之，该合同为效力待定的合同。本案中，李某与商场的买卖合同究竟是什么类型的呢？显然，这个合同不是纯获利益的合同，但是否与其年龄、智力、精神、健康状况相适应就要进一步分析了。本案中，李某是未成年人，项链是特殊商品，而且是属于贵重商品，李某作为未成年人对其没有判断能力，不能对合同本身的性质、内容和结果作出判断，这些都超出了其意识能力范围。因此，买卖项链的合同应为效力待定的合同，李某父母不予追认，合同无效，双方取得财产、价款的依据消失，应互相返还财产。

【法条指引】

中华人民共和国民法典

第十九条　八周岁以上的未成年人为限制民事行为能力人，实施民事法律行为由其法定代理人代理或者经其法定代理人同意、追认；但是，可以独立实施纯获利益的民事法律行为或者与其年龄、智力相适应的民事法律行为。

7. 未成年人未经家长同意用贵重首饰抵偿欠款，该行为是否有效？

【维权要点】

8 周岁以上的未成年人只可以进行与其年龄、智力相适应的民事活动，其他民事活动由其法定代理人代理，或者征得其法定代理人同意。

【典型案例】

陈某是个初二女生，在网上认识了异地的男生朱某，两个人开始网恋。某天，朱某让陈某到他家乡去找他，陈某遂向同学林某借了 500 元路费，并用母亲送她的价值 1000 元的白金项链作为抵押。陈某返家后，无法筹到 500 元还给林某，就跟林某商议用白金项链抵偿借款，从此两不相欠，林某也接受了陈某的提议。时间一长，陈某的母亲发现陈某的项链不见了，即询问陈某，陈某只好告诉了母亲整个事件的情况。陈某的母亲马上找到林某的家长，请求归还项链，并答应把陈某欠的 500 元归还林某。林某的家长拒绝了陈母的请求，认为陈某是个中学生，年龄也不小了，说话应该算数，况且这是陈某自愿的，没有任何人强迫她。双方为此发生争执，陈某的父母向当地人民法院提起诉讼，认为陈某尚未成年，属于限制民事行为能力人，只能进行与其年龄智力状况相适应的民事活动，其他民事活动应当由其监护人代理。陈某在未经父母同意的情况下用价值上千元的白金项链抵押借款并用该项链抵偿欠款，没有法律效力。自己将偿还陈某的借款，而林某应当归还陈某的白金项链。

【法官讲法】

我国法律将自然人的民事行为能力分为三种：完全民事行为能力、限制民事行为能力、无民事行为能力。完全民事行为能力人是指具有完全民事行为能力，可以独立进行民事活动的 18 周岁以上的自然人，16 周岁以上不满 18 周岁，以自己的劳动收入为主要生活来源的未成年人视为完全民事行为能力人。无民事行为能力人是指不满 8 周岁的未成年人和不能辨认自己行为的成年人，不能独立进行民事活动。陈某只是初二学生，不满 16 周岁，属于限制民事行为能力人。民法典第 19 条规定："八周岁以上的未成年人为限制民事行为能力人，实施民事法律行为由其法定代理人代理或者经其法定代理人同意、追认；但是，可以独立实施纯获利益的民事法律行为或者与其年龄、智力相适应的民事法律行为。"本案中，陈某在未征得父母同意的情况下，擅自用母亲送她的白金项链抵押借款并用其偿还欠款，显然与她的年龄、智力不符。因为这种行为远远超出了她的日常生活的范围，不是与其本人的生活紧密相关的行为，以陈某的智力状况，尚不能正确地理解这种行为的性质与后果。白金项链的价值较大，陈某用白金项链抵押借款和偿还欠款，不属于与其年龄、智力状况相适应的民事活动，该行为应当征得她的法定代理人即陈某的监护人的同意后进行。陈某在未征得父母同意的情况下实施该行为，没有法律效力。林某应当将项链归还。陈某的父母也有责任代其偿还欠款。

在日常生活中，不适合限制民事行为能力的未成年人单独从事的民事活动主要有以下几种：（1）购买贵重物品，例如用压岁钱购买贵重玩具；（2）接受与本人生活关联不大的消费性服务；（3）出卖物品；（4）将自己的贵重物品赠与或转让给他人；（5）借款，如在本案中陈某用白金项链向同学抵押借款的行为；（6）签订合同等。需要说明的是，上述这些行为对于8—18周岁的未成年人不能一概而论，应当区别对待。我们应当根据他们的年龄、智力、心理成熟程度、精神健康状况、与生活学习的关联程度、家庭经济状况来具体分析。例如，花100多元买个电子词典，对于十一二岁的孩子来说，与其年龄、智力就不相适应，但是对于正在上高中学习的十七八岁的孩子来说，其年龄、智力就可以理解，又与他的学习关联程度很大。因此，判断未成年人可以单独从事哪些民事活动、不能单独从事哪些民事活动，不能一概而论，还要根据具体情况具体分析，但最基本的原则还是看与他的年龄、智力是否相适应。如果其年龄、智力不能理解，即使行为与他的本人生活有关联、家庭经济能够接受，那么没有经过父母的同意或追认，也不能够去从事。民法典第145条第1款规定："限制民事行为能力人实施的纯获利益的民事法律行为或者与其年龄、智力、精神健康状况相适应的民事法律行为有效；实施的其他民事法律行为经法定代理人同意或者追认后有效。"

【法条指引】

中华人民共和国民法典

第十九条　八周岁以上的未成年人为限制民事行为能力人，实施民事法律行为由其法定代理人代理或者经其法定代理人同意、追认；但是，可以独立实施纯获利益的民事法律行为或者与其年龄、智力相适应的民事法律行为。

第一百四十五条　限制民事行为能力人实施的纯获利益的民事法律行为或者与其年龄、智力、精神健康状况相适应的民事法律行为有效；实施的其他民事法律行为经法定代理人同意或者追认后有效。

相对人可以催告法定代理人自收到通知之日起三十日内予以追认。法定代理人未作表示的，视为拒绝追认。民事法律行为被追认前，善意相对人有撤销的权利。撤销应当以通知的方式作出。

8. 遗嘱可以剥夺未成年学生的继承权吗?

【维权要点】

为了保护未成年人的利益,对于未成年的法定继承人,法律是禁止以遗嘱方式剥夺其继承权的。遗嘱应当为缺乏劳动能力又没有生活来源的继承人保留必要的遗产份额。

【典型案例】

陈某于 2009 年结婚,2010 年陈某的妻子因难产,生下陈甲后死亡。陈某得子丧妻,因此把全部的希望都寄托在儿子的身上。由于溺爱,陈甲养成了许多恶习。陈甲经常在学校与同学打架,陈某多次管教都没有效果。2022 年,陈甲外出长达几个月没有音信。在此期间,陈某因患病去世,在住院期间都是由其邻居王某照顾。陈某去世前,留下遗嘱:由于陈甲不务正业,且屡教不改,败坏陈家名声,因此不得继承陈某遗产;全部遗产由患病期间对其进行照料的王某继承。陈甲回家得知这一消息后,向法院提起诉讼,要求王某归还全部遗产。

【法官讲法】

民法典第 1123 条规定:"继承开始后,按照法定继承办理;有遗嘱的,按照遗嘱继承或者遗赠办理;有遗赠扶养协议的,按照协议办理。"由此可见,我国遗产继承发生的根据有三种方式:法定继承、遗嘱继承和遗赠、遗赠扶养协议。本案涉及了第一种、第二种继承方式。所谓遗嘱,是指被继承人在生前按照法律规定的内容和方式对自己的财产预作处分,并在死亡时发生法律效力的法律行为。遗嘱有两种:一是遗嘱继承;二是遗嘱赠与。遗嘱继承,是指在被继承人死亡后,按其生前所立的遗嘱内容,将其遗产转移给指定的法定继承人的一种继承方式。与法定继承相比,遗嘱继承虽也是一种继承方式,但其优先于法定继承,即被继承人生前如果立有合法有效的遗嘱,就应当首先按照遗嘱的规定进行遗嘱继承;在没有遗嘱或者有遗嘱但遗嘱被人民法院判决无效,以及有遗嘱但遗嘱仅处分了部分财产的情况下,才按法定继承方式进行。而遗赠是指公民以遗嘱方式将其遗产的一部分和全部赠给国家、集体组织、社会团体或者法定继承人以外的人。遗赠是遗嘱的特殊形式。它与遗嘱的区别在于：（1）在遗赠中，获得财产的不是法定继承人，而是国家、集体组织、社会团体或者其他非法定继承人。而在遗嘱中获得财产的肯定是法定继承人中的一人或数人；（2）遗赠是一种单方法律行为，只要将遗赠内容载入遗嘱，不需要遗赠受领人同意即为有效；（3）遗赠受领人并不直接参与遗产的分配，而只是从继承人或其他遗嘱执行人那里取得遗赠财产；（4）一般情况下，遗赠受领人在受领遗赠中，不负有义务。但如果在遗赠中写明受赠人接受遗赠要完成遗赠人指定的一定公益义务时，受赠人必须履行遗赠指定的义务后，才能受领遗赠。综上，依据现行法律规定，公民不仅可以通过设定遗嘱的方式改变继承人的范围、顺序和继承份额，而且还可以取消法定继承人的继承权，把财产遗赠给法定继承人以外的人。但是，为了保护未成年人的利益，对于未成年的法定继承人，法律是禁止以遗嘱方式剥夺其继承权的。

民法典规定遗嘱自由的同时，对遗嘱自由又作出了一些限制性的规定：（1）立遗嘱人必须具有民事行为能力。立遗嘱是一种民事法律行为，立遗嘱人必须具有完全民事行为能力，即遗嘱能力。民法典第1143条第1款规定："无民事行为能力人或者限制民事行为能力人所立的遗嘱无效。"（2）遗嘱必须是遗嘱人的真实意思表示，受欺诈、胁迫所立的遗嘱无效。伪造的遗嘱无效。遗嘱被篡改的，篡改的内容无效。（3）遗嘱内容不得违反法律，不得损害国家、集体的利益。遗嘱内容若违反上述规定，违反的部分一律无效。（4）遗嘱应当为缺乏劳动能力又没有生活来源的继承人保留必要的遗产份额。由此可见，公民立遗嘱时不能剥夺法定继承人中无独立生活能力的未成年人的继承权。否则，该遗嘱无效。被遗嘱剥夺继承权的无独立生活能力和缺乏劳动能力的未成年法定继承人可依法律规定继承其应继承的份额。另外，民法典第1125条第1款规定："继承人有下列行为之一的，丧失继承权：（一）故意杀害被继承人；（二）为争夺遗产而杀害其他继承人；（三）遗弃被继承人，或者虐待被继承人情节严重；（四）伪造、篡改、隐匿或者销毁遗嘱，情节严重；（五）以欺诈、胁迫手段迫使或者妨碍被继承人设立、变更或者撤回遗嘱，情节严重。"陈甲并没有以上所列的行为，因此他有权继承其父亲陈某的遗产。本案中，陈某以儿子陈甲不务正业为由，剥夺其继承权是没有法律依据的。陈某的遗嘱没有给年仅12岁尚未成年的陈甲留下适当的遗产，以保证缺乏劳动能力又没有生活来源的儿子的正常生活，是违反法律规定的，因而其遗嘱部分无效。当然，陈某的遗嘱也不是全部无效，只要为陈甲保留必要的遗产份额，其他部分陈某仍可以自由处理。作为遗赠，不是法定继承人的王某有权接受陈某的遗赠。因此本案中，王某应将部分遗产交还给陈甲，至于具体的份额可由法院裁决。

综上所述，被继承人立遗嘱时，不应当剥夺未成年人的合法继承权。这不仅是法律制度规定的，也是社会主义道德要求的，更是保护未成年人健康成长的需要。

【法条指引】

中华人民共和国民法典

第一千一百二十三条 继承开始后，按照法定继承办理；有遗嘱的，按照遗嘱继承或者遗赠办理；有遗赠扶养协议的，按照协议办理。

第一千一百二十五条 继承人有下列行为之一的，丧失继承权：

（一）故意杀害被继承人；

（二）为争夺遗产而杀害其他继承人；

（三）遗弃被继承人，或者虐待被继承人情节严重；

（四）伪造、篡改、隐匿或者销毁遗嘱，情节严重；

（五）以欺诈、胁迫手段迫使或者妨碍被继承人设立、变更或者撤回遗嘱，情节严重。

继承人有前款第三项至第五项行为，确有悔改表现，被继承人表示宽恕或者事后在遗嘱中将其列为继承人的，该继承人不丧失继承权。

受遗赠人有本条第一款规定行为的，丧失受遗赠权。

第一千一百四十三条 无民事行为能力人或者限制民事行为能力人所立的遗嘱无效。

遗嘱必须表示遗嘱人的真实意思，受欺诈、胁迫所立的遗嘱无效。

伪造的遗嘱无效。

遗嘱被篡改的，篡改的内容无效。

9. 宿舍发生火灾致学生财产损害，学校应否承担赔偿责任？

【维权要点】

在寄宿制学校，学生都是在学校提供的集体宿舍居住生活。学习用品和生活用品以及现金或存折等，都放在集体宿舍，在火灾事故中造成财产损失，学校是否应当承担赔偿责任，应当视具体情况而定。

【典型案例】

程某系某寄宿制中学高三（2）班的学生，住该校女生宿舍 3 号楼 405 室。2021 年 5 月的一个晚上，由于临近高考，程某学习非常用功，下了晚自习回到宿舍以后，宿舍楼在 23 点准时熄灯，可程某还想抓紧时间再复习一会儿功课，便私自点了一根蜡烛，在床上学习。学了一阵后，由于过度疲劳，程某便迷迷糊糊地睡着了。过了一会儿，忽然听见一声惊呼，程某醒了过来，只见宿舍里一片火光，程某床上及邻铺均被火势包围，同宿舍同学被惊醒后赶紧起床灭火，经过一阵扑打，火焰被扑灭，幸无人员伤亡，只是程某及邻铺严某床上物品被烧毁，给严某造成经济损失约 500 元。严某将程某及学校告上法庭，要求二被告赔偿损失。

【法官讲法】

在寄宿制学校，学生都是在学校提供的集体宿舍居住生活。学习用品和生活用品以及现金或存折等，都放在集体宿舍，在火灾事故中造成财产损失，学校是否应当承担赔偿责任，应当视具体情况而定。

火灾事故的防范，是事关公共安全的重大问题。学校在为学生提供集体住宿的同时，必须提供符合国家公安部和各地方公安消防部门有关规定的安全保障服务。这不仅关系到学生的财产安全，更关系到学生的人身安全问题。一旦发生火灾事故，应当是由当地公安部门进行调查处理，公安部门就火灾发生的原因及责任人的确定作出结论。如果公安部门的结论认定火灾事故的原因是学校的安全设施及消防设施存在缺陷，在这种情况下，学校应当就事故给学生造成的财产损失承担全部赔偿责任。学校承担赔偿责任的法律依据是民法典第 1165 条第 1 款的规定："行为人因过错侵害他人民事权益造成损害的，应当承担侵权责任。"如果公安部门的结论认定火灾事故发生的原因是个别学生违反学校管理规定，擅自接拉电线使用电器产品、在宿舍点蜡烛看书等行为，学校在安全管理制度及检查方面没有疏忽的，则应当由引起火灾事故发生的学生及其监护人承担赔偿责任。如果认定学生在集体宿舍使用明火是引起火灾的原因之一，而学校在安全管理方面存在严重过失也是导致事故发生的原因之一，则引起火灾的学生及其家长和学校应当对受害学生的财产损失等承担赔偿责任。

本案中，学校不应当承担赔偿责任。本案中，造成严某财产损害的唯一原因，是被告程某违反学校的规章制度，熄灯后在床上点蜡烛看书失火所致。该侵权行为是独立的，不存在与校方的相互联合，学校与致害行为既不构成同一致害原因，亦无共同过失，与学校的教育管理不存在必然、直接的因果关系，故学校对严某的财产损失不承担赔偿责任，而应由被告程某及其监护人承担赔偿责任。

【法条指引】

中华人民共和国民法典

第一千一百六十五条 行为人因过错侵害他人民事权益造成损害的，应当承担侵权责任。

依照法律规定推定行为人有过错，其不能证明自己没有过错的，应当承担侵权责任。

10. 学生财物在学校期间被盗，学校是否有保护的责任？

【维权要点】

学校的责任主要是对学生进行文化教育并保障学生的人身安全，对于学生的财产安全并无保障的义务，教师和学校可以协助学生及家长追查丢失的贵重物品，但不承担民事赔偿责任。

【典型案例】

赵某是某小学五年级的学生，家境比较富裕，经常带些新颖的玩具到学校里和同学们一块玩。一天，赵某的父母从国外给赵某带回一个较为昂贵的玩具，赵某十分喜欢，第二天便带到学校，课间玩时，同学们都觉得十分新鲜，纷纷围过来玩。玩了一会儿，赵某要上厕所，便把玩具放在课桌里，跑了出去。等他回来时，玩具已经不见了，混乱中同学们都说不清楚谁拿了玩具。赵某便哭着报告了老师，老师在班里要求谁拿了玩具赶紧交出来，还不算错，否则便要搜查，还要受到处分，但仍然没有同学主动交出。

【法官讲法】

本案所要解决的是，对于学生携带的学习用品、生活用品和其他财产等，在学校期间发生被盗的情况，学校及教师是否存在保护的责任问题？

学生的财物在学校被盗，有两种情况：一是被学校以外的人员盗窃；二是被本校学生盗窃。随着人们生活水平的不断提高，小学生、中学生自己掌握的物品和现金的价值越来越大，对于未成年的学生来讲，采取偷盗的方式来满足自己的占有欲和满足感的情况确实存在。而学校的责任主要是对学生进行文化教育并保障学生的人身安全，对于学生的财产安全并无保障的义务，所以，我们认为，教师和学校可以协助学生及家长追查丢失的贵重物品，但不承担民事赔偿责任。具体内容如下。

一、对于小学生随身携带的物品，学生的家长应当进行必要的监督

如果学生在上学时携带贵重的财产，发生丢失或损坏的情况，首先应当由学生的监护人承担责任。学生在学校发现自己的物品丢失，向班主任老师汇报以后，教师出于教育学生的目的，可以通过教育，要求实施了偷窃行为的学生主动将物品交给老师或归还给失主并对该学生进行批评教育。如果没有学生主动承认错误，也没有学生举报相关情况，那么，即使没有找到丢失的物品，学校也尽到了应尽的责任，擅自携带贵重物品到学校的学生家长应当承担对孩子监督不力的后果。学校和教师没有权利对学生，包括被怀疑的学生进行搜查，明确认识这一点是非常重要的。在现实中，有个别小学，当学生反映自己的物品丢失后，班主任老师令全班的学生互相检查。有的学校，在发现学生偷盗现象比较严重时，就组织老师利用学生集中到操场的时间，秘密搜查学生的书包等，这种做法，我们是不赞同的。原因如下。

1. 人身搜查涉及人格尊严问题，根据我国刑事诉讼法的规定：可以进行人身搜查的机关是国家公安机关；可以进行人身搜查的前提条件是有确切的证据；可以进行人身搜查的程序是公安人员报请公安局局长批准以后，持有搜查证。尽管在事实上许多小学生并没有认识到自己的人格尊严权利，但法律对公民人格尊严权利的保护并不以本人是否认识为前提，所以，学校和教师不能为了维护学生的财产权利，就忽视其他学生的人格尊严权利。

2. 即使能够当场查出实施偷盗行为的学生并找回学生丢失的物品，让一个小学生在众目睽睽之下承认自己的错误行为，也不会产生好的教育效果。实际上的结果往往是，被公开揭露的学生受到同学的歧视，不愿意再进入学校上学，为了有一个好的成长环境，学生家长不得不选择转学。

3. 班主任在接到学生举报指明某个学生实施偷盗行为，教师需要对本人进行了解和教育时，应当通知学生的家长在场。对有不良行为的学生进行单独教育，为学生能够纠正自己的错误行为创造一个好的成长环境是非常重要的。

二、学生本人对自己随身携带的物品具有一定的保管能力，学生的家长也应当进行必要的监督

发生学生随身携带物品丢失的情况，学校同样应承担协助调查的义务。出于教育学生的考虑，教师可以说服学生主动承认错误，将财物归还失主，必要时，根据丢失财物的数额决定是否向公安部门报告，即使不能找回被盗财物，学校也尽到了责任。

对于学生存放在学校内的自行车被盗问题。在这种情况下，学校是否要承担保管不善的赔偿责任呢？这要根据学校与学生之间是否就自行车的保管问题达成协议而定。如果学校仅仅是为学生提供一个专门的自行车的存放地点，并没有派人负责保管，也没有收取任何保管费用，那么，不能认定学校同意对自行车承担保管的义务。因为根据我国民法典中有关保管合同的规定，保管合同可以是有偿的，也可以是无偿的，但保管合同的成立必须是明确的，即双方当事人必须就保管义务达成协议。退一步讲，即使是学校承担为学生保管自行车的义务，根据我国民法典第897条的规定："保管期内，因保管人保管不善造成保管物毁损、灭失的，保管人应当承担赔偿责任。但是，无偿保管人证明自己没有故意或者重大过失的，不承

担赔偿责任。"如果学校在指定学生自行车存放地点的同时，聘请专人看管，并收取一定的保管费用，可以认定，学生与自行车看管人之间形成保管合同，发生被看管物品丢失的情况，应当由具体的保管人员承担赔偿责任。

【法条指引】

中华人民共和国民法典

第八百九十七条　保管期内，因保管人保管不善造成保管物毁损、灭失的，保管人应当承担赔偿责任。但是，无偿保管人证明自己没有故意或者重大过失的，不承担赔偿责任。

11. 学生参加学校组织的活动获得幸运奖品，学校是否拥有处分权？

【维权要点】

无民事行为能力人、限制民事行为能力人接受奖励、赠与、报酬，他人不得以行为人无民事行为能力、限制民事行为能力为由，主张以上行为无效。学生参加学校组织的活动获得幸运奖品，对其处分应由其法定监护人代理进行或征得法定监护人的同意后进行，学校不拥有处分权。

【典型案例】

16岁的周某是某高中高二年级女生。2021年5月，在学校的组织下参加该市某电台一综艺节目。在去参加节目前，学校对参加节目的同学作了两个规定：一是入场时按队入场，入场后，每排的第一个同学统一发座位号，可以不对号入座；二是不管老师还是学生，如果中了奖，奖品统一归学校处理。在节目现场，周某所持有的134号座位号被宣布为幸运号码，她激动地上台领取价值6800元的奖品。在得奖的第二天，学校教导处主任告诉她，这个奖品她不能拿，首先在节目现场她手中所持的座位号确实为134号，但实际所坐的座位却不是134号，而是另外一名同学，这个奖品应由这名坐在134号座位上的同学去领取。另外，在参加节目前，学校与学生作过约定，所获奖品应归学校统一处理，因此周某不能获得这个奖品。

后该价值6800元的奖品已经让学校赠与了某福利院。周某的家长认为学校这样的做法没有任何道理，于是向法院提起诉讼，要求学校将奖品返还。

【法官讲法】

本案涉及的法律问题有两个：一是奖品所有权的归属；二是学校与学生就奖品归属的约定是否有效。

首先，中奖者应是手持134号的周某还是实际坐在134号座位上的同学呢？周某主张当时她参加节目时给她的座位号就是134号，所以对实际座位号并未在意。而学校主张134号实际坐着的是另外一名女生，不是周某。由于134号持有者究竟是谁并未明确，已经无法查明。在这种事实不明的情况下，周某自认为是134号走上讲台领奖是具有法律效力的，因为难以查明134号持有者的情况是由于学校自身造成的，因而这一情况所导致的不利后果不应由实际中奖人周某承担。既然周某的中奖行为是有效的，因此周某具有对获得奖品的所有权。

那么学校与学生事先就中奖问题所作的约定是否能让学校从周某手中拿走奖品呢？学校与16周岁的未成年学生周某约定将奖品归学校所有是无效的。因为根据我国民法典的规定，16周岁的未成年人是限制民事行为能力人，而限制民事行为能力人除了能进行与其年龄和智力状况相适应的民事活动以及签订纯获利益的合同之外，其他的民事活动不能单独参加，应由其法定监护人代理进行或征得法定监护人的同意后进行。因此，限制民事行为能力人是不能处置价值6800元的奖品，其处置权应由其家长来行使。既然学校与未成年学生之间就奖品归属的约定是无效的，那么学校依据该无效约定占有本应由周某所有的奖品就失去了正当理由。学校应当无条件地向周某返还奖品。

在本案中，校方将其非法占有的周某的奖品赠与某福利院是不妥当的，但基于福利院的福利性质，加之赠与行为已经完成，可以认定这一赠与行为有效。这样，奖品的所有权从交付之时起就已经转移给了福利院。但校方对周某的责任并未因此而了结，它应当对周某承担赔偿责任。因为奖品是特定物或者是已经特定化了的物，所以因校方原因造成其无法返还原物的，应当照价赔偿。奖品价值为6800元，所以校方应向周某赔偿损失6800元。

【法条指引】

中华人民共和国民法典

第十九条　八周岁以上的未成年人为限制民事行为能力人，实施民事法律行为由其法定代理人代理或者经其法定代理人同意、追认；但是，可以独立实施纯获利益的民事法律行为或者与其年龄、智力相适应的民事法律行为。

第七章　儿童人身权益保护

1. 父母虐待未成年子女，应当如何处理?

【维权要点】

所谓虐待罪，是指对共同生活的家庭成员，经常以打骂、冻饿、禁闭、强迫过度劳动、有病不给治疗、限制自由、凌辱人格等手段，从肉体上和精神上进行摧残、折磨，情节恶劣的行为。虐待罪，是侵犯公民人身权利、民主权利犯罪的一种。这种行为不仅破坏了法律保护的家庭成员之间的平等关系，也侵犯了家庭成员的人身权利。因此，刑法规定这种行为构成犯罪，处以刑罚。在虐待罪中，有许多是针对未成年家庭成员实施的，对未成年人的身心健康危害极大，对他们的成长会产生恶劣的影响，是情节比较严重的一种情况。

【典型案例】

江某（男，某村村民）与李某（女，某村村民）于1991年结婚。婚后生育了一个女儿。但两人都受重男轻女思想的影响，一心想要个儿子。在这种观念的驱使下，两人不顾国家的计划生育政策，生育了第二胎。但事与愿违，第二胎仍然是个女孩，取名江某某。江某和李某非常失望，为了生育第三胎，将江某某寄养到亲属家里，一直到江某某7岁时才将其接回。其间，李某违反政策生育了第三胎，是一个男孩。江某某回到自己家后，由于自幼未和父母生活在一起，缺乏亲情，江某和李某对她非常冷淡。刚回家便遭到冷遇，本来就内向、腼腆的江某某更加不敢和父母亲近，在家里畏首畏尾，手足无措。时间一长，江某和李某对她越来越厌恶和歧视，连两个姐弟也跟着欺负和捉弄江某某。江某和李某觉得江某某在家里碍手碍脚的，是个多余的人，稍有不如意，就拿江某某出气，轻则劈头盖脸一顿臭骂，重则拳打脚踢，吃饭也不让江某某吃饱，经常指使江某某干一些力所不及的体力活。周围的乡亲看了都觉得可怜，不止一次地劝过她的父母，不能这样对待自己的孩子。江某某的父母却认为这是自己的家里事，别人管不着。长此以往，江某某落了一身的病，身体虚弱不堪，经常感冒、咳嗽、拉肚子。但江某和李某从来不给她看病，而且只要江某某一生病，就将她撵出家门，以免传染给其他子女。

当地妇联获悉了江某某的不幸遭遇，立即找到了她。妇联的工作人员向江某某讲明了她父母行为的恶劣性质和她的权利。在当地妇联的帮助下，弱小的江某某终于拿起了法律的武器，来维护自己的合法权益，将自己的父母起诉到了人民法院。

【法官讲法】

本案是一起虐待未成年子女，且情节十分恶劣的典型案件。江某某父母的行为性质是十分恶劣的。他们对江某某的打骂、不给饭吃、不给衣穿、有病不给治等虐待行为是经常性的，而且是故意实施的，给江某某的身心健康造成了极大的伤害，不但使江某某身体上受到极大的折磨，病痛缠身，而且给她幼小的心灵造成了无法弥补的创伤，为她正常的心理发育和未来成长投下了一层挥之不去的阴影。江某和李某的行为已经严重侵犯了未成年人的合法权益，违反了我国未成年人保护法和刑法的有关规定，构成了虐待罪。

未成年人保护法第 129 条规定："违反本法规定，侵犯未成年人合法权益，造成人身、财产或者其他损害的，依法承担民事责任。违反本法规定，构成违反治安管理行为的，依法给予治安管理处罚；构成犯罪的，依法追究刑事责任。"刑法第 260 条规定："虐待家庭成员，情节恶劣的，处二年以下有期徒刑、拘役或者管制。犯前款罪，致使被害人重伤、死亡的，处二年以上七年以下有期徒刑。第一款罪，告诉的才处理，但被害人没有能力告诉，或者因受到强制、威吓无法告诉的除外。"未成年人保护法在这一方面的规定是对刑法关于虐待罪规定的重申和强调，即虐待家庭中的未成年人情节恶劣，已构成犯罪的，要依照刑法的规定加以处罚，追究其刑事责任。

所谓虐待罪，是指对共同生活的家庭成员，经常以打骂、冻饿、禁闭、强迫过度劳动、有病不给治疗、限制自由、凌辱人格等手段，从肉体上和精神上进行摧残、折磨，情节恶劣的行为。虐待罪，是侵犯公民人身权利、民主权利犯罪的一种。这种行为不仅破坏了法律保护的家庭成员之间的平等关系，也侵犯了家庭成员的人身权利。因此，刑法规定这种行为构成犯罪，处以刑罚。在虐待罪中，有许多是针对未成年人家庭成员实施的，对未成年人的身心健康危害极大，对他们的成长会产生恶劣的影响，是情节比较严重的一种情况。所以，未成年人保护法引述了刑法的有关规定，强调要严格依照刑法的规定惩处这种犯罪行为。

根据刑法的规定，未造成重伤、死亡的虐待罪属于自诉案件，即由被害人或其代理人向司法机关提出控诉，才予以处罚。这是因为虐待罪的受害人与犯罪人生活在同一家庭当中，生活上往往有一定的依赖关系，在受害人认为可以忍受的情况下，应尽量以其他方法加以处理。如果受害人因被非法拘禁或伤病等原因无法起诉，其代理人或检察机关可以代理其提出控告。虐待行为造成受害人重伤、死亡的，可以由检察机关提起公诉。

值得注意的是，目前在被虐待、遗弃、歧视的未成年人中，大部分是女性。江某某的父母就因为第二胎想生一个男孩，结果生了一个女孩，才对江某某大加虐待的。因此，根据未成年人保护法第17条规定，未成年人的父母或者其他监护人不得实施下列行为：（1）虐待、遗弃、非法送养未成年人或者对未成年人实施家庭暴力……未成年人往往不懂得法律，在惨遭虐待的时候，不知道自己有哪些合法权益受到侵犯，更不知道如何用法律的武器来维护自己的合法权益。针对这种情况，未成年人保护法第11条第1款、第2款规定："任何组织或者个人发现不利于未成年人身心健康或者侵犯未成年人合法权益的情形，都有权劝阻、制止或者向公安、民政、教育等有关部门提出检举、控告。国家机关、居民委员会、村民委员会、密切接触未成年人的单位及其工作人员，在工作中发现未成年人身心健康受到侵害、疑似受到侵害或者面临其他危险情形的，应当立即向公安、民政、教育等有关部门报告。"强制报告是法定责任，任何单位和个人均应当严格遵守。了解事情真相的人，一定要把情况及时、如实地反映到当地的公安机关、民政、教育、妇联等部门，以便及时采取措施救助受虐待、遗弃、歧视的未成年人，将违法的责任人绳之以法。

【法条指引】

中华人民共和国未成年人保护法

第十一条第一款、第二款　任何组织或者个人发现不利于未成年人身心健康或者侵犯未成年人合法权益的情形，都有权劝阻、制止或者向公安、民政、教育等有关部门提出检举、控告。

国家机关、居民委员会、村民委员会、密切接触未成年人的单位及其工作人员，在工作中发现未成年人身心健康受到侵害、疑似受到侵害或者面临其他危险情形的，应当立即向公安、民政、教育等有关部门报告。

第十五条　未成年人的父母或者其他监护人应当学习家庭教育知识，接受家庭教育指导，创造良好、和睦、文明的家庭环境。

共同生活的其他成年家庭成员应当协助未成年人的父母或者其他监护人抚养、教育和保护未成年人。

第十七条　未成年人的父母或者其他监护人不得实施下列行为：

（一）虐待、遗弃、非法送养未成年人或者对未成年人实施家庭暴力；

（二）放任、教唆或者利用未成年人实施违法犯罪行为；

（三）放任、唆使未成年人参与邪教、迷信活动或者接受恐怖主义、分裂主义、极端主义等侵害；

（四）放任、唆使未成年人吸烟（含电子烟，下同）、饮酒、赌博、流浪乞讨或者欺凌他人；

（五）放任或者迫使应当接受义务教育的未成年人失学、辍学；

（六）放任未成年人沉迷网络，接触危害或者可能影响其身心健康的图书、报刊、电影、广播电视节目、音像制品、电子出版物和网络信息等；

（七）放任未成年人进入营业性娱乐场所、酒吧、互联网上网服务营业场所等不适宜未成年人活动的场所；

（八）允许或者迫使未成年人从事国家规定以外的劳动；

（九）允许、迫使未成年人结婚或者为未成年人订立婚约；

（十）违法处分、侵吞未成年人的财产或者利用未成年人牟取不正当利益；

（十一）其他侵犯未成年人身心健康、财产权益或者不依法履行未成年人保护义务的行为。

第一百二十九条　违反本法规定，侵犯未成年人合法权益，造成人身、财产或者其他损害的，依法承担民事责任。

违反本法规定，构成违反治安管理行为的，依法给予治安管理处罚；构成犯罪的，依法追究刑事责任。

中华人民共和国刑法

第二百六十条　虐待家庭成员，情节恶劣的，处二年以下有期徒刑、拘役或者管制。

犯前款罪，致使被害人重伤、死亡的，处二年以上七年以下有期徒刑。

第一款罪，告诉的才处理，但被害人没有能力告诉，或者因受到强制、威吓无法告诉的除外。

2. 父母疏于照看，商场电梯伤害幼童谁之错？

【维权要点】

家长是孩子安全的第一责任人，家长应结合未成年人的生理、心理、智力发展状况等，采取必要的措施，防止未成年人处于危险之中，并进行相关安全知识教育，增强其自我保护的意识和能力。商场除负有为消费者提供符合安全标准的设施、设置必要安全标识的义务外，还应勤勉地尽到对不法侵害的防范和制止义务。

【典型案例】

3岁的姗姗与父母到某购物中心购物。在乘坐自动扶梯下行时，姗姗父亲站在前排，姗姗母亲边看手机边牵着坐在扶梯台阶上的姗姗。其间，姗姗用左手触摸扶梯缝隙后受伤，但姗姗母亲仍在看手机并未察觉，直到姗姗出现异常才将其拽起抱离扶梯。经诊断，姗姗左手受伤严重，并因此支付医疗费等各项费用2万余元。事发后，经执法人员和专业技术人员对购物中心自动扶梯进行查看，该自动扶梯符合检规要求。

对因伤造成的各项费用负担问题，姗姗的父母与购物中心发生争议，姗姗的父母认为购物中心没有尽到安全保障义务，应赔偿受伤后造成的各项损失。购物中心认为其已对自动扶梯尽到了安全维保义务，也通过张贴警示标语、乘梯规范对乘梯进行提示，已尽到了安全保障义务；本次事故是姗姗父母疏于监管所致，与该中心并无直接关系，故不同意赔偿。

【法官讲法】

本案涉及幼儿在公共场所受伤的责任承担问题，即家长和购物中心谁对幼儿受伤负有过错，购物中心是否尽到了安全保障义务。安全保障义务是指经营者在经营场所对消费者、潜在消费者，或者其他进入服务场所的人之人身、财产安全，依法承担的安全保障义务，即在特定的服务场所，权利人的人身和财产安全应当得到保障，义务人应对这种安全保障采取必要的、具有期待可能性的防范措施，保护权利人免于危险的义务。本案中，购物中心作为经营场所的管理者，对进入场所的消费者等人负有安全保障义务。购物中心提交的现场照片、自动扶梯与自动人行道定期检验报告等，可以证实在硬件设备的保障和维护、对安全的提示方面，其尽到了一定的安全保障义务。但作为经营场所的经营者，除负有为消费者提供符合安全标准的设施、设置必要安全标识的义务外，还应勤勉地尽到对不法侵害的防范和制止义务。具体到本案中，购物中心负有对消费者违反乘梯规则的行为及时进行制止、对事故受害者及时进行救助的义务。姗姗在乘扶梯时坐在台阶处，购物中心未及时予以制止，且在姗姗受伤后并未及时采取救助措施，故购物中心并未完全尽到安全保障职责，应对姗姗受伤造成的损害承担一定责任。

父母等监护人应树立家庭是第一个课堂、家长是第一任老师的责任意识，承担起对未成年人实施家庭教育的主体责任，结合未成年人的生理、心理、智力发展等状况，采取必要措施，防止将未成年人处于危险之中，同时应对未成年人进行安全出行等方面的安全知识教育，帮助其掌握安全知识和技能，增强其自我保护的意识和能力，相机而教，寓教于日常生活。具体到本案中，姗姗作为年仅 3 岁的幼儿，对自身行为的后果缺乏认知和预见能力，作为监护人的父母理应对其进行安全教导及必要看护。姗姗坐在扶梯台阶上的行为并未被监护人制止，其母在乘扶梯时虽对姗姗进行牵引，但注意力在事发前却一直集中在手机上，对姗姗多次触摸扶梯缝隙的危险行为未及时尽到教导和保护职责，故姗姗的父母对其所受损害存在过错，对姗姗受伤一事应承担主要责任。

【法条指引】

中华人民共和国民法典

第一千一百六十五条 行为人因过错侵害他人民事权益造成损害的，应当承担侵权责任。

依照法律规定推定行为人有过错，其不能证明自己没有过错的，应当承担侵权责任。

第一千一百七十三条 被侵权人对同一损害的发生或者扩大有过错的，可以减轻侵权人的责任。

第一千一百九十八条第一款 宾馆、商场、银行、车站、机场、体育场馆、娱乐场所等经营场所、公共场所的经营者、管理者或者群众性活动的组织者，未尽到安全保障义务，造成他人损害的，应当承担侵权责任。

中华人民共和国未成年人保护法

第十六条 未成年人的父母或者其他监护人应当履行下列监护职责：

（一）为未成年人提供生活、健康、安全等方面的保障；

（二）关注未成年人的生理、心理状况和情感需求；

（三）教育和引导未成年人遵纪守法、勤俭节约，养成良好的思想品德和行为习惯；

（四）对未成年人进行安全教育，提高未成年人的自我保护意识和能力；

（五）尊重未成年人受教育的权利，保障适龄未成年人依法接受并完成义务教育；

（六）保障未成年人休息、娱乐和体育锻炼的时间，引导未成年人进行有益身心健康的活动；

（七）妥善管理和保护未成年人的财产；

（八）依法代理未成年人实施民事法律行为；

（九）预防和制止未成年人的不良行为和违法犯罪行为，并进行合理管教；

（十）其他应当履行的监护职责。

中华人民共和国家庭教育促进法

第十四条第一款　父母或者其他监护人应当树立家庭是第一个课堂、家长是第一任老师的责任意识，承担对未成年人实施家庭教育的主体责任，用正确思想、方法和行为教育未成年人养成良好思想、品行和习惯。

3. 抛弃婴儿致其死亡的行为应当如何处理？

【维权要点】

婴儿无论大小、性别，在法律上都是公民，其生命受到法律的保护，而且需要特殊保护，任何机关和个人都不得侵犯。抛弃婴儿致其死亡的行为是非法剥夺婴儿生命的行为，属于故意杀人罪。

【典型案例】

邱某和张某自由恋爱结婚，婚后二人生育一女邱某某。孩子刚刚出生4天，邱某和张某被告知孩子被确诊患有重疾且治愈后将留有残疾时，决定遗弃邱某某。当日下午，邱某先将邱某某弃于某妇幼保健院路边菜园内，后因担心过路行人发现抱走邱某某，又与张某商定将邱某某捡回，并扔到人烟稀少的山中林地。次日早晨，一村民上山采蘑菇时发现尚存活的邱某某，将其救回并报案。

【法官讲法】

婴儿无论大小、性别，在法律上都是公民，其生命受到法律的保护，而且需要特殊保护，任何机关和个人都不得侵犯。刑法第 232 条规定："故意杀人的，处死刑、无期徒刑或者十年以上有期徒刑；情节较轻的，处三年以上十年以下有期徒刑。"该条规定的是故意杀人罪。所谓故意杀人罪，是指故意非法剥夺他人生命的行为。它是侵犯公民人身权利罪中最严重的犯罪。故意杀人罪具有以下特征：（1）该罪侵犯的客体是他人的生命权利；（2）在客观方面，该罪表现为行为人具有非法剥夺他人生命的行为，包括以作为的形式，如枪击、刀刺、水淹等和不作为的形式，如母亲不哺乳婴儿致其饿死等；（3）在主观方面，该罪必须具有杀人的故意，即行为人明知自己的行为会使受害人死亡，并且希望或者放任这种结果的发生。本案中，邱某和张某获悉自己刚出生4天的女儿罹患重病，不仅不予救治，反而狠心抛弃，先是遗弃在医院附近的菜园里，因担心过路行人发现并施救，又将女婴载至人烟稀少的山中林地予以遗弃，邱某和张某不愿意让女婴获救、希望女婴死亡的主观故意十分明显。因此，本案以故意杀人罪定性是准确的。由于女婴被群众及时发现救回，邱某和张某系故意杀人未遂，可以比照既遂犯从轻或者减轻处罚。

【法条指引】

中华人民共和国刑法

第二百三十二条 故意杀人的，处死刑、无期徒刑或者十年以上有期徒刑；情节较轻的，处三年以上十年以下有期徒刑。

4. 父母遗弃未成年子女的行为，应当如何处理？

【维权要点】

遗弃未成年人是指对于没有独立生活能力的未成年人负有抚养义务而拒绝履行抚养义务的行为。遗弃未成年人的行为一般都是由对未成年人负有抚养义务的未成年人的父母或者其他抚养人实施的。遗弃未成年人的行为既侵犯了未成年人在家庭中本应享有的平等权利，又侵害了未成年人的生命健康权利，而且还直接威胁到了未成年人的生存权利。因而我国刑法规定了遗弃罪，即对于年老、年幼、患病或者其他没有独立生活能力的人，负有扶养义务而拒绝扶养，情节恶劣的，处五年以下有期徒刑、拘役或者管制。

【典型案例】

赵某与陈某于2010年结婚，婚后生育一女赵某某。结婚不久，两人即因性格不合而经常发生争吵，由于两人都不肯示弱，矛盾日益激化，发展到三天一小打，五天一大打。2012 年 4 月，赵某与陈某经人民法院判决离婚，赵某某归陈某抚养，赵某每月支付生活费 800 元。2013 年初，陈某在工作中结识了王某。两人志趣相投，谈得十分投机，关系也日益密切。双方都有了结婚和建立家庭的想法。但王某最大的顾虑就是陈某带着一个孩子，恐怕会成为婚后的负担，而且自己也不愿意抚养妻子与前夫的子女。因此，王某迟迟下不了与陈某结婚的决心。陈某为此十分焦虑。某日，陈某在看报纸的过程中，发现一则新闻，报道了在当地某处发现被遗弃的女婴，经多方查找其父母未果，由好心人收养的消息。陈某顿时眼前一亮，觉得这是一个好办法，自己也不妨将才 2 岁的赵某某遗弃到某处，一定会有人发现，被好心人收养。自己既可以甩掉包袱，对孩子也不会造成伤害。虽然丢掉自己的亲生骨肉，确实有些于心不忍，但与王某结合的迫切心情终究占了上风。某日晚，陈某抱着熟睡中的赵某某来到公路边，将其放在草丛中离去。由于赵某某被遗弃的地方较为隐蔽，直到第三天才被路人发现，当时赵某某已经奄奄一息。赵某某被送到当地福利院并登报认领，赵某看到照片后，当即认出是自己的女儿，立即到福利院认领了赵某某。面对陈某遗弃自己的女儿，险些导致女儿丧命的行为，赵某感到忍无可忍，找到陈某理论。陈某竟然毫无悔意，声称自己不愿意一辈子背着这个包袱，毁了自己的终身幸福，还说赵某文化程度低，素质差，女儿与其交给他抚养，还不如让别人捡去收养，自己这样做恰恰是为了女儿着想。陈某的无理狡辩再次激怒了赵某。赵某到公安机关检举了陈某遗弃未成年子女的行为。

【法官讲法】

遗弃未成年人是指对于没有独立生活能力的未成年人负有抚养义务而拒绝履行抚养义务的行为。遗弃未成年人的行为一般都是由对未成年人负有抚养义务的未成年人的父母或者其他抚养人实施的。遗弃未成年人的行为既侵犯了未成年人在家庭中本应享有的平等权利，又侵害了未成年人的生命健康权利，而且还直接威胁到了未成年人的生存权利。所以，遗弃未成年人的行为是一种非常严重的侵犯未成年人合法权益的行为，我们要保护未成年人的健康成长，就必须坚决地制止和打击遗弃未成年人的行为。

近年来，我国各地都有遗弃未成年人的事件发生。遗弃未成年人存在各种各样的动机。有的是父母双方离异后，抚养未成年人的一方为了创造再婚条件而故意遗弃未成年人；有的是夫妻双方离异后，因为一方没有给未成年人抚养费或没有按时给抚养费，使得抚养未成年人的一方遗弃未成年人；有的是父母或其他抚养人因为嫌弃、讨厌未成年人而遗弃未成年人；等等。在遗弃未成年人的方式上，有的是采取不给饭吃的形式；有的是采取不供给生活费的形式；有的是采用不给衣穿或不进行其他生活上照顾的形式；弃婴是其中的一种形式。无论是由于什么原因，采取什么方式遗弃未成年人，都是严重地违背社会主义道德，严重地违背了法定义务，并严重地侵害了未成年人合法权益的行为，是我国法律所严格禁止的行为。

未成年人保护法第 129 条规定："违反本法规定，侵犯未成年人合法权益，造成人身、财产或者其他损害的，依法承担民事责任。违反本法规定，构成违反治安管理行为的，依法给予治安管理处罚；构成犯罪的，依法追究刑事责任。"上述法律规定明确了遗弃未成年人应当承担的法律责任，为用行政和司法手段处罚遗弃未成年人的行为提供了法律依据。刑法第 261 条规定："对于年老、年幼、患病或者其他没有独立生活能力的人，负有扶养义务而拒绝扶养，情节恶劣的，处五年以下有期徒刑、拘役或者管制。"该条规定的是遗弃罪。所谓遗弃罪，是指对于年老、年幼、患病或者其他没有独立生活能力的人，负有扶养义务而拒绝扶养，情节恶劣的行为。刑法关于遗弃罪的规定为打击遗弃未成年人的刑事犯罪行为提供了刑事法律依据。在本案中，陈某在遗弃赵某某后，对没有任何自我保护能力的赵某某没有采取任何补救措施，置赵某某的生命安全于不顾，险些造成赵某某丧命的严重后果。应该说，陈某遗弃未成年子女的行为，情节十分恶劣。对陈某应当依照刑法的规定追究其刑事责任。

我国现在已经建立起了制止遗弃未成年人行为发生的有关法律制度。所以，我们应当充分运用各种法律武器，采用各种方法，制止遗弃未成年人现象的发生，为我国未成年人的健康成长创造一个良好的环境和条件。特别是有一定认识能力和行为能力的未成年人，更应当学会用法律的武器来保护自身的合法权益，与遗弃未成年人的现象作斗争。

【法条指引】

中华人民共和国未成年人保护法

第一百零八条　未成年人的父母或者其他监护人不依法履行监护职责或者严重侵犯被监护的未成年人合法权益的，人民法院可以根据有关人员或者单位的申请，依法作出人身安全保护令或者撤销监护人资格。

被撤销监护人资格的父母或者其他监护人应当依法继续负担抚养费用。

第一百二十九条　违反本法规定，侵犯未成年人合法权益，造成人身、财产或者其他损害的，依法承担民事责任。

违反本法规定，构成违反治安管理行为的，依法给予治安管理处罚；构成犯罪的，依法追究刑事责任。

中华人民共和国刑法

第二百六十一条　对于年老、年幼、患病或者其他没有独立生活能力的人，负有扶养义务而拒绝扶养，情节恶劣的，处五年以下有期徒刑、拘役或者管制。

5. 父母发现幼女怀孕，应当如何处理？

【维权要点】

我国刑法规定，奸淫幼女的行为构成强奸罪，且属从重处罚的情节。行为人不论用何种方法，也不论幼女是否同意，只要与幼女发生性行为，就构成强奸罪。

【典型案例】

白某（13 岁）是某中学初一年级学生。聪明伶俐而又活泼可爱的她深得同学和老师们的喜爱，被同学们私下里称为"班花"。进入初中之后，白某的班上来了一个新的班主任李某。李某是某师范院校中文系的毕业生，分配到白某所在的学校，担任班主任和语文课老师。对工作充满了热情，又有深厚文学修养的他，经常在课堂上、班会上为同学们朗诵诗歌、散文，引用名人名言，介绍文学知识，在学习和生活上关心和帮助大家，赢得了同学们的喜爱。班上很多女孩子都对这位年轻的班主任产生了好感，白某就是其中一个。

为了请教学习问题，白某开始经常出入李某的宿舍，两个人变得无话不谈，文学、人生、理想、爱情，而且总是谈得非常投机。两个人的关系也日益密切，这在学校里引起了种种议论，学校领导找李某谈了话。李某表示，他和白某是师生和朋友关系，自己会恪守作为老师的职业道德，而且师生关系的融洽也有利于对学生的引导和教育。嘴上虽然这样说，但李某清楚地知道他和白某的关系在发生着实质性的变化，自己对白某已经不是简单的师生感情了。

没过多久，白某怀孕了。白某的父母发现了女儿的异样，带白某到医院检查，证实了白某怀孕的事实。这个事实让老实本分的白某父母无法接受，震惊之余，开始追问白某让她怀孕的男人是谁。白某的父母基于对老师的信任，希望老师能帮助他们教育和挽救白某，查清真相。此时的李某已经完全陷入与白某的师生恋情当中，不但毫无愧疚，而且还有几分满足和得意。他向白某的父母坦承和白某谈恋爱并导致白某怀孕的就是自己，还表示自己是真心喜欢白某，等白某成年之后，就会娶她，白某和自己在一起一定会幸福。这样的事实是白某的父母万万没有想到的。他们愤怒到极点，但却一句话也说不出来。最终，白某的父母相信了李某的承诺，选择了沉默。

【法官讲法】

在本案中，白某正在就读初中一年级，属于未满 14 周岁的幼女。李某与之发生性关系，构成刑法上的奸淫幼女的行为。奸淫幼女是一种性质恶劣、社会危害性极大的行为。刑法规定对之"以强奸论，从重处罚"。近些年来，老师（男性）奸淫未成年学生（女性）的事件时有见诸报端，引起了极大的社会反响。这种行为较之一般的奸淫幼女行为性质更为恶劣。因为作为人民教师，本应恪守职业道德，履行教书育人的天职，却利用工作之便和老师的权威，引诱或强迫与未成年学生发生性关系，极大地损害了未成年学生的身心健康。因此，对这种行为应当以强奸论，从重处罚，追究行为人的刑事责任。

刑法第 236 条规定："以暴力、胁迫或者其他手段强奸妇女的，处三年以上十年以下有期徒刑。奸淫不满十四周岁的幼女的，以强奸论，从重处罚。强奸妇女、奸淫幼女，有下列情形之一的，处十年以上有期徒刑、无期徒刑或者死刑：（一）强奸妇女、奸淫幼女情节恶劣的；（二）强奸妇女、奸淫幼女多人的；（三）在公共场所当众强奸妇女、奸淫幼女的；（四）二人以上轮奸的；（五）奸淫不满十周岁的幼女或者造成幼女伤害的；（六）致使被害人重伤、死亡或者造成其他严重后果的。"根据上述法律规定，所谓奸淫幼女，就是指同不满 14 周岁的幼女发生性行为的行为。该罪侵犯的客体是幼女的身心健康权利，在客观方面，行为具有与幼女发生性行为的行为；在主观方面，必须是直接故意，并具有奸淫的目的。奸淫幼女属于强奸罪的一种，是一种严重的刑事犯罪，这种行为严重地侵害了幼女的身心健康。她们的身体正处在成长发育阶段，根本不具备进行性行为的生理条件。我国刑法对于奸淫幼女的方法未作任何限制，即行为人不论用何种方法，也不论幼女是否同意，只要与幼女发生性行为，就构成强奸罪。根据以上分析，在本案中，虽然白某是主动追求李某并自愿与其发生性行为，但这并不能抵消李某奸淫幼女行为的恶劣性质。而且，李某身为人民教师，本应恪守职业道德，正确处理与爱慕自己的学生的关系，但其置教师的职业良知于不顾，与未成年学生发展恋爱关系并发生性行为，导致白某怀孕，理应受到道德舆论的谴责和法律的惩处，依法追究其刑事责任。

在本案中，虽然白某和李某都认为双方是在谈恋爱，发生性关系也是自愿的，但李某作为白某的班主任应当明知白某是不满 14 周岁的幼女，而且作为大学毕业生，其应当具有较强的法制观念和职业道德意识，但李某却放任自己与白某发生性关系，其行为已经严重损害了白某的身心健康，触犯了刑法，造成了社会危害。面对李某的罪行，白某的父母应当立即到公安机关报案，依法追究李某的刑事责任，选择沉默显然是错误的。

【法条指引】

中华人民共和国刑法

第二百三十六条　以暴力、胁迫或者其他手段强奸妇女的，处三年以上十年以下有期徒刑。

奸淫不满十四周岁的幼女的，以强奸论，从重处罚。

强奸妇女、奸淫幼女，有下列情形之一的，处十年以上有期徒刑、无期徒刑或者死刑：

（一）强奸妇女、奸淫幼女情节恶劣的；

（二）强奸妇女、奸淫幼女多人的；

（三）在公共场所当众强奸妇女、奸淫幼女的；

（四）二人以上轮奸的；

（五）奸淫不满十周岁的幼女或者造成幼女伤害的；

（六）致使被害人重伤、死亡或者造成其他严重后果的。

6. 父母对孩子进行精神虐待，应当如何处理？

【维权要点】

父母对孩子进行精神虐待，造成严重后果的，也构成虐待罪。

【典型案例】

王某是独生子。按照人们通常的理解，独生子应当是父母的心肝宝贝，在家里备受父母的疼爱，过着无忧无虑的生活。但是，王某的遭遇却完全不同。王某的父母在外地工作，只有在逢年过节时才能回家，与王某相处和交流的时间很少。王某的母亲是一家工厂的制衣工人，没有文化，脾气暴躁，虽然她也是打心底里爱着自己的孩子，望子成龙，但从来不懂得用正确的方式来管教王某，不管王某犯了什么错，劈头盖脸就是一顿责骂。王某很淘气，自从上小学之后，贪玩的王某成绩一直不是很好。恨铁不成钢的母亲焦急万分，但又不知道如何引导和教育王某，虽然她从来不打王某，但动不动就骂王某很笨。面对母亲的责骂，王某渐渐地觉得自己真的很笨，只能惹人讨厌。童年的天真、快乐从他的世界里慢慢消失了，终日里都是一副无精打采的样子。上课时，老师提问他问题，王某只是傻呆呆地站着，茫然地望着老师。王某开始变得性格孤僻、沉默寡言，不和其他小朋友一起玩，因为他觉得自己很笨，内心里有一种莫名其妙的自卑感。小朋友们也开始嘲笑和捉弄王某。王某的母亲也发现了王某的变化，但她非但没有检讨自己的教育方式，反倒变本加厉地责骂自己的孩子，嫌他不争气。最后，王某的情况引起了老师的注意，在老师的帮助下，王某去看了心理医生，结论是王某患上了自闭症。

【法官讲法】

未成年人保护法第 17 条规定："未成年人的父母或者其他监护人不得实施下列行为：（一）虐待、遗弃、非法送养未成年人或者对未成年人实施家庭暴力……"虐待会给未成年人的身心造成极大的伤害，因此法律予以严格禁止。但人们提起虐待孩子时，往往会认为体罚才算虐待孩子，而忽视了情感上的虐待。精神虐待的危害要甚于肉体上的虐待，因为情绪和心理的虐待是隐性的，不像肉体虐待那么容易证明，对孩子会造成很深的精神创伤，严重的还会造成心理障碍。本案即是一例。王某的母亲从内心来讲还是爱自己的孩子的，但她的爱却以一种非常极端的方式表现了出来，在某种程度上转化成了恨，用责骂、侮辱的方式来教育自己的孩子，对王某造成了严重的心理伤害，最终使王某患上了心理障碍。

所谓精神虐待，指的是危害或者妨碍儿童情绪或智力发展，对儿童自尊心造成损害的长期重复行为或态度，如拒绝、漠不关心、批评、责骂、侮辱、隔离或恐吓。最常见的是辱骂或者贬低儿童的人格。其实，"虐待"的定义，在很大程度上取决于文化的因素，同样的举动，在不同的国家、不同的文化背景下，甚至是不同的时代，都有不同的诠释，没有一套放之四海而皆准的说法。有关心理学家说，从心理学的临床角度看，当一个小孩因为周围的人故意、长期、重复向他作出一些举动，造成他的自尊心受损，都可以称之为虐待。而童年受虐的后果会在任何年龄以多种形式表现出来。内在表现可以是焦虑、沮丧、自杀倾向或创伤后的应激反应，外在表现是攻击性、冲动、少年犯罪、好动症或吸毒。边缘人格障碍是一种极为复杂的精神状况，与早期受虐有强烈的相关性。这种功能障碍者对待他人的方式很绝对化，通常开始很崇拜一个人，但如果受到冷落或者欺骗，又会诋毁同一个人。那些童年受虐的人还易于突然发怒或有瞬时的偏执狂或精神严重变态。典型的是他们的人际关系紧张而不稳定，感到空虚或对本人没有自信，通常会试图通过吸毒获得解脱，而且有自杀的经历或冲动。至于精神虐待对孩子的影响，如果一个小孩的自尊心经常受到打击，或者需求一直被忽略，他的"自我形象"就会受到影响，自我评价偏低，进而产生逃避、反社会、歇斯底里、偏执或依赖型人格障碍等心理问题。虐待对儿童造成的创伤有立刻显现的，也有到了成人期才显现的长期创伤。一个小孩在被虐待的家庭环境中成长，他长大后可能会认为整个社会都"充满危险"，如果他不想受到攻击或剥削，就必须先攻击或剥削别人，最终加入黑社会或从事非法活动；他也可能在长大后变得十分胆怯，不断逃避外界，不敢和人沟通，缺乏自信心，有强烈的自卑感。因此，为避免像王某这样的悲剧再发生在别的孩子的身上，在加强对未成年人的家庭保护过程中，除了要反对和禁止对孩子的肉体虐待，更要注意防止对孩子的精神虐待，因为它的危害有时远远大于肉体虐待。

从另一个角度看，家长管教孩子是天经地义的事，但是骂孩子可能变成精神上的虐待，那么家长应该怎样管教孩子呢？合理的管教和精神上的虐待又该如何区别呢？其实，在家庭教育和亲情沟通良好的环境里，偶尔地打骂不会使孩子产生心理问题。合理的管教和精神上的虐待，并不难区别。举例说，如果一个孩子考试不及格，父母一直骂他"你就是很笨"，对孩子作出人身攻击，贬低他的能力，便是精神上的虐待。相对而言，如果父母跟孩子说："你这几个礼拜没有好好读书，浪费了很多时间，所以考试不及格，你应该受罚吗？"这是针对孩子的行为作出的批评，属于合理的管教。而在管教孩子时，我们必须选择正确的方式，避免正常的管教歪曲成对孩子的精神伤害。在这个过程中，最核心的是尊重孩子的人格。

【法条指引】

中华人民共和国未成年人保护法

第十五条　未成年人的父母或者其他监护人应当学习家庭教育知识，接受家庭教育指导，创造良好、和睦、文明的家庭环境。

共同生活的其他成年家庭成员应当协助未成年人的父母或者其他监护人抚养、教育和保护未成年人。

第十七条　未成年人的父母或者其他监护人不得实施下列行为：

（一）虐待、遗弃、非法送养未成年人或者对未成年人实施家庭暴力；

（二）放任、教唆或者利用未成年人实施违法犯罪行为；

（三）放任、唆使未成年人参与邪教、迷信活动或者接受恐怖主义、分裂主义、极端主义等侵害；

（四）放任、唆使未成年人吸烟（含电子烟，下同）、饮酒、赌博、流浪乞讨或者欺凌他人；

（五）放任或者迫使应当接受义务教育的未成年人失学、辍学；

（六）放任未成年人沉迷网络，接触危害或者可能影响其身心健康的图书、报刊、电影、广播电视节目、音像制品、电子出版物和网络信息等；

（七）放任未成年人进入营业性娱乐场所、酒吧、互联网上网服务营业场所等不适宜未成年人活动的场所；

（八）允许或者迫使未成年人从事国家规定以外的劳动；

（九）允许、迫使未成年人结婚或者为未成年人订立婚约；

（十）违法处分、侵吞未成年人的财产或者利用未成年人牟取不正当利益；

（十一）其他侵犯未成年人身心健康、财产权益或者不依法履行未成年人保护义务的行为。

7. 学生受教师体罚，如何确定被诉主体？

【维权要点】

学生受教师体罚，应由学校作为被告，教师以第三人的身份参与诉讼。

【典型案例】

原告张某，11岁，原系被告某市师范附属小学学生，第三人苗某曾任原告所在班级体育教师。苗某在任教期间，曾因原告违反课堂纪律对其进行过两次体罚（用脚踢及橡皮筋崩脸）。2021年4月，上体育课时，原告私自到其他年级军训场地玩耍，苗某追过去用手拽住张某的红领巾推搡，并杵其一拳。张某当时感到胸部发闷，中午回家后全身抽搐。经送医院诊断，被确诊为植物神经功能紊乱，先后共花医药费5655.6元，去外地治疗住宿费146元、交通费39.2元等。事后，原告父亲多次要求学校处理未果，代理原告向人民法院提起诉讼，要求某市师范附属小学赔偿医疗费、交通费、护理费等共计8038.68元。

被告某市师范附属小学及第三人苗某辩称：原告所述与事实不符。因原告扰乱课堂秩序，第三人只拽其红领巾推搡两下，有在场同学及其他教师证实。原告患有先天性癫痫病，就学期间一直治疗。

人民法院受理案件后，委托有资质的鉴定机构鉴定，结论为：原告在治疗期间用药基本合理，可以去外地治疗；无法认定原告被打前是否有心脏病存在；解除精神刺激因素后，不会出现后遗症等。人民法院经审理认为：第三人苗某在任课期间先后三次对原告张某进行体罚，致原告植物神经功能紊乱。苗某的行为属职务行为，故全部责任应由学校承担，第三人的责任由学校按有关规定自行处理。依照民法典的规定，判决被告赔偿原告医药费、营养费、住院伙食补助费、护理费、外出治疗住宿费、交通费等各项经济损失。

【法官讲法】

一、确定被诉主体的争议

本案应由学校作为被告，教师以第三人的身份参与诉讼。理由如下。

（一）教师体罚学生属法人侵权行为

某市师范附属小学作为事业单位法人，其民事行为能力主要通过两种途径实施。其一，学校的重要民事活动由校长作为法定代表人，以学校的名义进行；其二，教师按学校安排从事日常的教学活动，学校从事教学活动的法人行为分解成教师直接开展教学活动的职务行为。苗某为维护教学管理秩序对学生进行体罚，学校应当对教师的职务行为承担民事责任。

（二）教师体罚学生，学校应承担特殊侵权损害赔偿责任，由此引起的人身损害赔偿诉讼，应由学校作为被告

侵权损害赔偿责任包括损害事实、违法行为、主观过错和因果关系四个构成要件。本案从损害事实看，苗某在行使职务过程中的体罚行为导致了张某的人身伤害；从违法行为看，教师的体罚行为违反了未成年人保护法、教师法及民法典的有关规定；从主观过错看，教师体罚学生存在主观上的故意，也体现了主管学校对教师监督管理的疏忽和懈怠；从因果关系

看，学生受到人身损害是由于教师在执行职务过程中造成的，其最终原因是学校对学生未尽到保护责任。综上所述，学校由于教师的体罚行为而应承担特殊侵权损害赔偿责任，学生可以对学校提出人身损害赔偿诉讼，学校作为侵权方，理应以被告身份参与诉讼。

（三）教师体罚学生，在学校和教师之间不形成连带责任，教师只能以无独立请求权的第三人身份参与诉讼

连带责任是指在共同责任中，每一个责任人都有义务承担全部的民事责任，全部承担了连带责任的人，有权向其他共同责任人追偿超过自己应承担的部分。本案中，因教师的体罚行为，学校承担侵权损害赔偿责任，但教师与学校不负同一侵权损害赔偿之债，不形成连带责任，更不能作为共同被告参与诉讼。学校作为侵权的法人主体，因其没有尽到监管职责而作为被告参与诉讼。实施体罚的教师，因案件的处理结果同他有法律上的利害关系，只能作为无独立请求权的第三人参与诉讼。如果可以证实学校已尽到了监管职责，教师是因教学活动以外的原因实施侵害行为，方可由教师作为被告承担民事责任。教师法规定了教师应承担的法律责任，即体罚学生，经教育不改的，由所在学校、其他教育机构或教育行政部门给予行政处分或解聘；情节严重，构成犯罪的，依法追究刑事责任。

二、学校工作人员致学生损害责任的认定

关于学校工作人员致学生损害的责任问题，是未成年人学校人身安全保护的一个重要方面，这种责任的认定，需要从以下方面把握。

（一）学校对其工作人员承担赔偿责任的性质

学校工作人员致学生损害的责任，是指工作人员在执行职务时，造成学生损害的，依法由学校承担赔偿责任。学校作为一个社会组织，其宗旨是通过其工作人员的行为来实现，它的任务也是通过其工作人员来完成的。学校依法具有任命、委托其工作人员从事某种职务并对其工作人员的职务行为进行管理的职权。因此，学校工作人员的职务行为应当被认为是代表学校的意思，学校工作人员职务行为应当被认为是学校的行为，其行为的后果，包括侵犯他人合法权益而产生的赔偿责任，也应当由学校来承受。这种责任在民法理论中被称为替代责任。就是说，对于行为人的侵权后果，法律规定由对行为人负有管理责任的组织或个人承担赔偿责任。在

民法理论中，承担替代责任的情况主要包括法人的替代责任；国家机关的替代责任；雇佣人的替代责任；监护人的替代责任。其中，法人的替代责任是指法人对其工作人员执行职务时，致人损害的后果，依法承担赔偿责任。

我国教育法第32条第1款规定："学校及其他教育机构具备法人条件的，自批准设立或者登记注册之日起取得法人资格。"所以，学校对其工作人员的侵权行为承担赔偿责任的情形，属于法人的替代责任的范畴。

（二）学校承担替代民事责任的法律依据

我国现行的民法典侵权责任编第三章"责任主体的特殊规定"，是侵权责任中的特殊责任形态，主要规定的是对人的替代责任。民法典第1191条第1款规定："用人单位的工作人员因执行工作任务造成他人损害的，由用人单位承担侵权责任。用人单位承担侵权责任后，可以向有故意或者重大过失的工作人员追偿。"本条规定所称的用人单位，是从劳动法和劳动合同法中借鉴而来，但其内涵和外延更广，除个人、家庭、农村承包经营户等外，民法典总则编所规定的营利法人、非营利法人（事业单位、社会团体等）、特别法人（机关法人、农村集体经济组织法人等）以及不具有法人资格的非法人组织，统称用人单位。

（三）学校承担工作人员致害责任的归责原则

关于用人单位的归责原则，存在两种观点：一种观点认为，用人单位责任属于无过错责任。对工作人员因执行工作任务致人损害的，用人单位本身虽然没有任何过失，仍应负赔偿责任；用人单位不得主张尽到选任、用人的相当注意义务而免责。另一种观点认为，用人单位责任属于过错推定责任。在用人者责任中实际存在两个行为：一个是造成损害的工作人员的行为，另一个是用人单位监督管理不力、管理不当的行为。这两种观点都能合理解释用人单位责任的归责原则。但根据对立法机关立法原意的解读，用人单位责任属于无过错责任，其目的是适用无过错责任原则，有利于减少或者避免用人单位侵权行为的发生，促进用人单位提高技术及管理水平，有利于保护受害人的合法权益，使得受害人的损害赔偿请求权更容易实现，受到损害的权利能够及时得到救济。

（四）学校承担工作人员致害责任的构成要件

从理论上讲，学校对其工作人员的职务行为承担民事责任，应当具备以下几个条件。

1. 行为人与学校存在着聘任和职务委托关系

根据我国教育法第29条第1款的规定，学校具有组织实施教育教学活动的权利，聘任教师及其他职工的权利。聘任教师和其他职工并对受聘人员的工作进行规范、管理和约束，甚至有权在必要的时候，对不称职的受聘人员进行处罚，直至依法解除聘任关系。这些行为正是学校组织实施教育教学活动的一部分。所以，只有当行为人与学校存在着实际上的聘任关系，学校才应当对受聘人员的行为负责。

所谓实际上的聘任关系，是指某人在客观上受学校委托，从事该学校的教学或其他的管理工作，就认定某人与学校之间存在聘任关系。至于这种聘任关系是以书面聘任合同形式表现，还是任命的形式表现，都不影响聘任关系的成立。这种聘任关系，既包括长期的聘任关系，也包括临时的聘任关系，如有的学校临时聘任代课老师等。聘任关系的成立与受聘人员工作报酬的高低没有关系，即使是没有工作报酬，只要是经过学校的同意，并指派一定的工作，法律上就认定聘任关系的存在。譬如，学校接受了师范学院等大学的实习学生，并安排实习学生担任一定的教学工作，包括担任临时的班主任工作，那么，学校不仅应当为这些实习学生指定有工作经验的指导老师，还应当对实习学生的教学行为进行监督，在这种情况下，学校与该实习学生之间实际上也就产生了聘任关系。只要是受学校聘任的人员，我们都称之为学校的工作人员。

2. 必须是学校工作人员在执行职务所造成的损害

学校是一个组织，一个法律拟制的人，学校的一切活动都必须通过其工作人员的行为来进行，学校的意志只能通过其法定代表人和工作人员的行为来表达。所以，学校工作人员只有在执行学校委托的任务或接受学校的授权从事一定的管理行为时，才被认为是代表学校的意志。只有工作人员的职务行为才被认为是学校的行为，当学校的工作人员在执行职务的过程中，给学生的合法权利造成了损害，那么，也就被认为是学校的行为给学生的合法利益造成了损害，由学校来承担赔偿责任自然是合乎逻辑的事。反之，如果学校工作人员的行为，给学生的合法权益造成损害，但与工作人员的职务行为无关，则应当由该工作人员自己承担民事责任，而不是由学校承担赔偿责任。

在审判实践中，教师的职务行为造成学生伤害，由学校承担民事责任的主要有以下几种情况。

（1）学校教师对学生进行体罚或变相体罚，造成学生损害的，学校应当承担赔偿责任

在学生管理工作中，许多老师认为，面对未成年学生，说服教育不起作用的时候，惩罚，包括用武力制止不服管理的学生是十分有效的手段，教师的用心是好的，是为了教育学生服从管理。但是教育法和教师法在确认教师有对学生进行管理、教育的权利的同时，也明确禁止教师体罚学生或者变相体罚学生。在这种情况下，教师对学生的体罚行为就具有了违法性。

体罚与惩戒不同，惩戒是指对有不良行为的学生，责令其纠正不良行为。譬如，学生不能按时完成作业，教师令其在教室或办公室完成作业，并将此情况通知家长；学生殴打其他学生，教师将其带到办公室进行批评教育，并责令其写检查。这些行为都是教师为完成教学任务所采取的正当的管理手段。而体罚则是指教师为了让学生服从管理，而采取用武力征服或强制的手段，迫使学生服从管理的行为，或者教师对有不良行为的学生采取惩罚措施，其程度超出了法律所能接受的范围，给学生的合法权利造成侵害的行为。构成体罚应当具备以下特点：体罚是教师针对学生的惩罚行为；体罚是教师在对学生进行管理过程中实施的行为；体罚的结果是侵害学生的健康权和人格尊严权。

教师实施体罚行为，视具体情节，构成不同的法律责任：一是学校对教师进行批评教育，包括进行行政处分。二是体罚学生，构成犯罪的，依法承担刑事责任，刑事责任是最严厉的法律责任。在我国，因故意伤害他人，致受害人受伤，达到轻伤标准的，即构成犯罪；因过失致他人受伤，达到重伤标准或者死亡的，也构成犯罪。教师对学生进行体罚，在违反教师执业规范方面是故意的，但对学生造成人身伤害的结果方面一般是过失。所以，教师对学生进行体罚，造成学生重伤或者死亡的，则可能构成过失致人重伤罪或过失致人死亡罪。确定教师的体罚行为是否构成犯罪的问题，最关键的条件是教师的体罚行为必须是导致学生受重伤或死亡的直接原因。三是体罚学生，造成学生人身损害的，承担赔偿责任。在这三种法律责任中，行政责任和刑事责任都由教师本人承担，但民事赔偿责任则由学校承担。体罚是典型的学校工作人员的职务侵权行为，对于侵权行为

的后果，学校应当承担赔偿责任，在学校承担了赔偿责任后，有权向有过错的工作人员进行追偿。

（2）教师在工作时间，负有管理学生的义务，但教师没有履行应尽的义务，导致学生受伤的，学校应当承担赔偿责任

这种情况属于不作为的侵权行为，直接导致学生受伤的情形。因教师的不作为导致学校承担侵权责任的前提是，该教师负有积极履行一定行为的义务。

另外，当教师组织学生进行野外活动时，有义务保障学生的人身安全。体育课教师，在对学生进行游泳、单杠、双杠等训练时，有义务对学生采取必要的保护措施，等等。如果教师没有履行上述义务，导致学生受到伤害，则教师不履行义务的行为，构成职务侵权行为，学校应当向受害学生承担民事赔偿责任。

3. 执行职务的行为构成侵权

即学校工作人员在执行职务中的行为构成了侵权。就学校工作人员的职务行为而言，针对学生的管教行为，其目的是教育学生。但如果学校工作人员因教育、管理学生的方法欠妥当，使学生的合法权益受到侵害，或者当教师负有必要的注意义务防止学生受到伤害，而不履行相应的义务，致使学生在学习或活动中受到伤害，那么，这样的执行职务违反了我国法律关于"国家保护公民的合法权益不受非法侵犯"的规定。以法律的价值判断来讲，当一个履行职责的行为或者不履行职责的行为结果是他人的合法权益受到侵害，那么，这个行为在性质上就转变为侵权的行为，就失去了被法律承认的合理性。所以，教师对学生的管教行为是否受到法律的承认，其前提是尊重学生的合法权利，教师执行职务行为的手段或方式必须符合学校授予教师教育职责的宗旨。反之，则可能导致执行职务行为转化为违法行为的结果。

4. 工作人员的行为客观上造成了对学生的损害后果

无损害则无赔偿，有损害事实，始发生赔偿责任。学校工作人员的职务行为必须是给学生造成了实际损害，才产生民事责任的问题。从民法上讲，损害包括财产损失和人身损害、精神损害。学校工作人员在执行职务中，如果造成了学生的上述损害，就存在承担民事责任的可能。在一般情况下，一种行为之所以被法律认定为违法行为，其原因就是实施这种行为

的结果是他人的合法权利受到损害。

5. 学校工作人员在主观上存在过错

在学校工作人员的致害责任中，工作人员的行为是否存在过错，是法律推论的问题，即不能证明工作人员行为的正当性、合法性，就推定工作人员在执行职务时存在主观过错。

所谓主观过错，包含两个方面：（1）工作人员在执行职务过程中，违反了职责所要求的注意义务，即工作人员应当考虑到自己行为的方式，可能会造成对学生的损害，但由于疏忽大意而没有考虑到，以致发生了学生受到损害的结果。或者工作人员已经考虑到自己行为的方式，可能会造成对学生的损害，但是自己认为可以避免，结果事实上发生了学生受到损害的情形。通常学校工作人员在执行职务时，对于学生损害事实的发生，其主观过错的形态一般都是过失，但对于自己所选择的教育学生的行为方式是明确的。当然，也不排除教师故意使学生受到伤害，以此来警告其他同学的情况，但这种情况毕竟是极少数的。（2）学校的过错主要是对其工作人员的选任、监督、管理方面存在过错。我国教育法第29条规定："学校及其他教育机构行使下列权利：……（六）聘任教师及其他职工，实施奖励或者处分；……"第30条规定："学校及其他教育机构应当履行下列义务：（一）遵守法律、法规；（二）贯彻国家的教育方针，执行国家教育教学标准，保证教育教学质量；（三）维护受教育者、教师及其他职工的合法权益；……"因此，可以认为学校对其工作人员的职务行为负有指导、约束并保证正确实施的义务。学校应当选择符合教师资格的人承担教育学生的职责，应当对选任的教师的工作方式进行经常性的教育、帮助和指导；应当对教师等执行职务的情况进行检查，发现问题，及时纠正，以保证工作人员能够正确地履行职责。

（五）学校免除替代责任的抗辩事由

我们不能认为，只要是教师所进行的行为，都要由学校来承担民事责任。在有些情况下，尽管教师的行为与教师的身份有关，但与学校的利益和学校委托教师的职责没有必然的联系。那么，在造成学生的伤害时，应当由教师本人承担全部责任，而学校则不承担民事责任。

教育部在《学生伤害事故处理办法》第14条规定："因学校教师或者其他工作人员与其职务无关的个人行为，或者因学生、教师及其他个人故意实施的违法犯罪行为，造成学生人身损害的，由致害人依法承担相应的责任。"这条规定可以作为参考，但在处理个别案件时，应当结合其他的因素综合分析。

【法条指引】

中华人民共和国民法典

第一千一百九十一条　用人单位的工作人员因执行工作任务造成他人损害的，由用人单位承担侵权责任。用人单位承担侵权责任后，可以向有故意或者重大过失的工作人员追偿。

劳务派遣期间，被派遣的工作人员因执行工作任务造成他人损害的，由接受劳务派遣的用工单位承担侵权责任；劳务派遣单位有过错的，承担相应的责任。

中华人民共和国教师法

第十条　国家实行教师资格制度。

中国公民凡遵守宪法和法律，热爱教育事业，具有良好的思想品德，具备本法规定的学历或者经国家教师资格考试合格，有教育教学能力，经认定合格的，可以取得教师资格。

第十四条　受到剥夺政治权利或者故意犯罪受到有期徒刑以上刑事处罚的，不能取得教师资格；已经取得教师资格的，丧失教师资格。

学生伤害事故处理办法

第十四条　因学校教师或者其他工作人员与其职务无关的个人行为，或者因学生、教师及其他个人故意实施的违法犯罪行为，造成学生人身损害的，由致害人依法承担相应的责任。

8. 幼儿被煎饼摊铁板烫伤，责任应由谁承担？

【维权要点】

二人以上分别实施侵权行为造成同一损害，能够确定责任大小的，各自承担相应的责任；难以确定责任大小的，平均承担责任。

【典型案例】

王某现年仅 3 岁，父母工作繁忙，平常都由保姆李某照顾。2021 年 3 月的一天，李某带着王某在居住小区附近的停车场玩耍，恰好张某在此流动摆摊。因需换煤，张某将摊煎饼用的铁板放置在身后右侧的小板凳上。李某抱着王某在煎饼摊前稍作停留，并将王某放在地上休息。王某正是活泼好动的年龄，看到铁板非常好奇，上前触摸铁板导致双上肢被烫伤。经鉴定，王某的伤情达到十级伤残。因协商未果，王某的监护人将张某诉到法院，要求赔偿各项经济损失。法院经审理认为，李某作为王某的临时监护人应当对王某承担看管保护的主要义务，但其将王某放在地上后目光移转他处，注意力及视线脱离了王某，导致王某在无人看护的情况下自行向前步行数步不慎触碰铁板烫伤双手及双臂，故李某存在较大过错，其应当对王某的受伤承担主要的责任。张某在附近存在行人儿童的情况下，未采取相应防范措施，且将存在安全隐患的高温铁板放置在儿童可能触及的地方，未尽到安全谨慎的注意义务，亦存在一定过错，应当承担次要的责任。最终，法院根据双方的过错程度及原因力比例大小认定各侵权人应当承担的责任比例。

【法官讲法】

实践中，数个行为互相结合造成同一损害的行为非常常见，是否将其归于共同侵权行为直接关系到行为人是否应承担连带责任。本案的争议焦点在于，被告张某与案外人李某是构成共同侵权还是无意思联络数人侵权，需承担连带责任还是按份责任。

民法典第 1168 条对共同侵权行为作出了规定："二人以上共同实施侵权行为，造成他人损害的，应当承担连带责任。"第 1172 条则对无意思联络的数人侵权行为作出了规定："二人以上分别实施侵权行为造成同一损害，能够确定责任大小的，各自承担相应的责任；难以确定责任大小的，平均承担责任。"笔者认为，被告张某与案外人李某属于无意思联络数人侵权，需要承担按份责任。原因如下。

一、双方在主观状态上无共同过错

各行为人主观上是否具有共同过错是能否构成共同侵权的基础。没有共同过错，数人的行为不可能联结成一个整体，也不能使数人致人损害的行为人负连带责任。本案中，被告张某与案外人李某并不存在共同故意或共同过失。根据查明事实，在本案涉及的两个侵权行为发生前，侵权人之间并没有进行意思联络，且对于自己的行为与别人的行为是否会结合，结合后会产生怎样的结果也根本无法预见，因此双方并不具备主观上的共同过错。故被告张某与案外人李某之间既不存在共同伤害王某的故意，也不存在共同的过失。

二、两人的行为造成了同一损害结果

无意思联络数人侵权行为，也被称为多因一果行为，此类侵权的特点可以概括为"分别实施、结合造成"。因此，同一损害结果，是此类侵权行为的重要特征。所谓同一损害，是指数人实施的行为仅造成了一个结果，而不是数个结果。如果数个行为人的数个无意思联络行为造成的损害后果不止一个，则应由数个行为人分别就不同的损害结果承担不同的责任，即按照两个独立的侵权行为来处理。同一损害结果，是将数人行为并作一个侵权行为处理的重要理由。本案中，被告张某与案外人李某虽然各自实施了独立的侵权行为，但两个行为互为中介，属于行为的间接结合，最终造成了原告王某受伤的同一损害结果。

三、各个行为均不足以单独导致损害结果的发生

在无意思联络的数人侵权中，各个行为人并不存在共同过错，从因果关系上看，各个行为也不足以单独导致损害结果的发生，而只是行为的间接、偶然结合造成损害。在此类侵权行为中，每个侵权行为均构成独立的侵权行为，各侵权行为偶然结合在一起，但并未凝结成同一行为。正是鉴于数人行为的独立性，对因偶然的情况导致的同一损害后果，各个行为人应依据各自的过错程度承担自己应负的责任。本案中，案外人李某在临时监护王某的过程中，因低头站立没有看护好王某与被告张某将摊煎饼用的铁板置于小区门口的行为都是造成损害的原因，两者的结合造成了王某受伤的结果，但双方的过错程度不同，应根据原因力、过错等因素确定双方的责任份额。

四、各个行为人应承担按份责任

由于各个行为均不足以单独导致损害结果的发生，从为自己行为负责的侵权责任法上的基本原则出发，无意思联络的侵权人只能对自己的行为

后果负责，即按照各自的份额来承担按份责任。本案中，案外人李某作为王某的临时监护人应当对王某承担看管保护的主要义务，但其将王某放在地上后目光移转他处，注意力及视线脱离了王某，导致王某此时无人看护自行向前步行数步不慎触碰铁板烫伤双手及双臂，故李某存在较大过错，其应当对王某的受伤承担主要的责任。张某在附近存在行人儿童的情况下，未采取相应防范措施，且将存在安全隐患的高温铁板放置在儿童可能触及的地方，未尽到安全谨慎的注意义务，亦存在一定过错，应当承担次要的责任。

【法条指引】

中华人民共和国民法典

第一千一百七十二条　二人以上分别实施侵权行为造成同一损害，能够确定责任大小的，各自承担相应的责任；难以确定责任大小的，平均承担责任。

9. 开学典礼结束后到河道戏水身亡，学校应否承担责任？

【维权要点】

开学典礼结束后学生到河道戏水身亡，纯属个人行为所致，且在学校管理职责范围以外，不属于学校责任事故，学校不负法律责任。

【典型案例】

陈某是某县第一中学高中部学生。9 月 1 日开学日正好是周六，该中学根据当地教育委员会的安排，当日上午进行开学典礼等活动，下午与次日全天正常休息。当日上午放学后，陈某给母亲发送短信，内容为跟同学在外吃饭，结束后回家，随后与一名同学到辖区河道坡面处戏水，河道管理处的工作人员发现后多次通过广播进行劝阻，二人不听劝阻仍继续在坡面处逗留，逗留中二人不慎先后滑入水中。工作人员发现有人落水后马上报警并赶到现场施救。救援人员将二人抢救上岸后，陈某及同学经抢救无效后死亡。陈某父母将学校诉至法院要求赔偿。法院经审查后认为学校在日常教学活动中多次开展预防溺水教育并通知家长，已尽到相应的教育、管理义务，对陈某的死亡不存在过错。

【法官讲法】

对于在校生活、学习的未成年学生，由于其缺乏必要的判断是非、自我保护的能力，因而法律规定学校有教育、管理与保护学生合法权益的法律义务。教育法第30条规定："学校及其他教育机构应当履行下列义务：（一）遵守法律、法规；（二）贯彻国家的教育方针，执行国家教育教学标准，保证教育教学质量；（三）维护受教育者、教师及其他职工的合法权益；（四）以适当方式为受教育者及其监护人了解受教育者的学业成绩及其他有关情况提供便利；（五）遵照国家有关规定收取费用并公开收费项目；（六）依法接受监督。"对此，未成年人保护法第25条规定："学校应当全面贯彻国家教育方针，坚持立德树人，实施素质教育，提高教育质量，注重培养未成年学生认知能力、合作能力、创新能力和实践能力，促进未成年学生全面发展。学校应当建立未成年学生保护工作制度，健全学生行为规范，培养未成年学生遵纪守法的良好行为习惯。"但在本案中，中学生陈某溺水身亡，纯属个人行为所致，且在学校管理职责范围以外，不属于学校责任事故，学校不负法律责任。

本案显然不属于学校责任事故，学校对陈某溺水身亡事故的发生，不存在管理上的过错。因为学校以明令禁止的方式已经尽到了管理与保护在校学生的人身安全的义务。然而，学生陈某在学校开学典礼结束后自行前往河道戏水，对由此发生的溺水身亡的后果，学校不负相应责任，一切后果由行为人自负。

【法条指引】

中华人民共和国教育法

第三十条　学校及其他教育机构应当履行下列义务：

（一）遵守法律、法规；

（二）贯彻国家的教育方针，执行国家教育教学标准，保证教育教学质量；

（三）维护受教育者、教师及其他职工的合法权益；

（四）以适当方式为受教育者及其监护人了解受教育者的学业成绩及其他有关情况提供便利；

（五）遵照国家有关规定收取费用并公开收费项目；

（六）依法接受监督。

中华人民共和国未成年人保护法

第二十五条　学校应当全面贯彻国家教育方针，坚持立德树人，实施素质教育，提高教育质量，注重培养未成年学生认知能力、合作能力、创新能力和实践能力，促进未成年学生全面发展。

学校应当建立未成年学生保护工作制度，健全学生行为规范，培养未成年学生遵纪守法的良好行为习惯。

10. 体育器材质量不合格致学生受伤，学校应否承担赔偿责任？

【维权要点】

教师在使用教学用具过程中，如果是操作程序方面的失误导致学生受伤，则属于教师执行职务不当的责任问题，与产品质量无关。如果不是操作程序的问题，而是教学用具本身质量存在一定的缺陷，导致学生在观摩教学实验或亲自动手操作实验时受到伤害，属于产品质量责任问题。

【典型案例】

某市一重点高中体育课上，马某等五名学生在教学楼前空地上打羽毛球。在马某挥拍劈杀时，羽毛球拍的拍柄与拍头突然脱节，球拍的上半部分正好击中一旁的同学成某的左眼，造成成某左眼球破裂，后送医院实施手术将受伤眼球摘除。成某的父母认为学校应承担主要赔偿责任，而学校认为马某是造成这次事故的直接原因，应由马某承担主要赔偿责任。因双方协商未果，成某父母向人民法院提起诉讼。

【法官讲法】

本案涉及教学用具的产品质量责任。我国民法典第 1203 条规定：“因产品存在缺陷造成他人损害的，被侵权人可以向产品的生产者请求赔偿，也可以向产品的销售者请求赔偿。产品缺陷由生产者造成的，销售者赔偿后，有权向生产者追偿。因销售者的过错使产品存在缺陷的，生产者赔偿后，有权向销售者追偿。"民法理论上将民法典的上述规定称为产品质量责任。此种责任是指因产品质量存在缺陷，导致使用人的其他财产、人身损害的发生而产生的赔偿责任。产品质量责任的归责原则是过错推定，即产品的销售者、制造者不能证明自己没有过错的，就推定其有过错。《最高人民法院关于民事诉讼证据的若干意见》中规定："产品的销售者、制造者应当就产品的质量不存在缺陷承担证明责任。"

产品质量责任的构成要件包括：（1）产品本身存在一定的缺陷；（2）给使用者的其他财产、人身造成了损害；（3）产品的缺陷与受害人的损害存在因果关系。产品质量责任的免责条件主要是：其一，产品的缺陷是当时的科技水平所不能达到的；其二，产品的缺陷与受害人的损害不具有因果关系。

在学校教学用具使用过程中，教师和学生都是使用者。教师在教学时，为了向学生说明一个原理，利用一些教学模具进行实验和操作演示，教师是教学用具的直接使用者，教师还可以指导学生自己使用教学模具进行实验，这是教师教学中必然要进行的一项内容，实际上是教师使用教学用具的另一种形式。所以，教师在使用教学用具过程中，如果是操作程序方面的失误导致学生受害，则属于教师执行职务不当的责任问题，与产品质量无关。如果不是操作程序的问题，而是教学用具本身质量存在一定的缺陷，导致学生在观摩教学实验或亲自动手操作实验时受到伤害，属于产品质量责任问题。

在教学用具质量责任事故中，学生是直接的受害者，但从法律关系上讲，学校是教学用具的购买者和使用者，所以，在处理此类纠纷时，应当把握三点：（1）学校作为适格的诉讼主体，有权就自己使用教学用具时，因产品质量存在缺陷给学生造成的实际损害，要求产品的销售者或制造者承担赔偿责任。（2）学校可以先向受害的学生承担赔偿责任，然后再由学校向产品的销售者或制造者请求赔偿损失。（3）因产品存放时间长，超过了有效使用的期限，或者学校购买三无产品等原因，无法找到产品的销售者或制造者的，应当由学校向受害的学生承担赔偿责任。

其法律理由是，教师在使用或指导学生使用教学模具时，有义务保障学生的人身安全。学校履行此项义务就必须在采购教学仪器的过程中，注意购买合格产品，保证在产品的有效使用期内使用产品，如果学校不履行上述义务，导致学生在学习实验中受到伤害，从法律上可以推定学校有过错，那么，学校就应当为自己的过错所导致的损害结果承担赔偿责任。

教育法第 45 条规定："教育、体育、卫生行政部门和学校及其他教育机构应当完善体育、卫生保健设施，保护学生的身心健康。"民法典第 1201 条规定："无民事行为能力人或者限制民事行为能力人在幼儿园、学校或者其他教育机构学习、生活期间，受到幼儿园、学校或者其他教育机构以外的第三人人身损害的，由第三人承担侵权责任；幼儿园、学校或者其他教育机构未尽到管理职责的，承担相应的补充责任。幼儿园、学校或者其他教育机构承担补充责任后，可以向第三人追偿。"本案中，学校未能履行好相应的义务。因为羽毛球拍是从学校体育器材室中借出的，学校有义务保证借出的体育器材安全使用，在本案中正是由于学校借出的羽毛球拍有严重的质量问题，致使在使用过程中羽毛球拍拍头与拍柄突然分离造成成某左眼受伤。因此，本次事故的发生与学校借出的羽毛球拍有质量问题存在直接的因果关系，所以学校对此事应负全部责任，赔偿成某的全部损失。在学校履行赔偿责任后，如果确实是由于羽毛球拍的质量问题则有权向羽毛球拍的销售者或生产厂家行使追偿权，民法典第 1204 条规定："因运输者、仓储者等第三人的过错使产品存在缺陷，造成他人损害的，产品的生产者、销售者赔偿后，有权向第三人追偿。"所以，学校在承担赔偿责任后，可向有关有过错的责任主体行使追偿权，要求赔偿学校的损失。

本案中，马某并没有过错，他对羽毛球拍的拍头与拍柄的突然分离无法预测，也不可能预测到，当羽毛球拍拍头与拍柄分离后，马某也无法阻止事态的继续发展。因此，尽管马某打羽毛球与成某的受伤存在一定的因果关系，但马某不存在任何过错，这次事故的发生是无法预见的，也不可能预见到，对马某来说这次事故的发生属于意外事件。因此，马某对本次事故不应承担法律责任。

【法条指引】

中华人民共和国民法典

第一千二百零一条 无民事行为能力人或者限制民事行为能力人在幼儿园、学校或者其他教育机构学习、生活期间，受到幼儿园、学校或者其他教育机构以外的第三人人身损害的，由第三人承担侵权责任；幼儿园、学校或者其他教育机构未尽到管理职责的，承担相应的补充责任。幼儿园、学校或者其他教育机构承担补充责任后，可以向第三人追偿。

第一千二百零三条 因产品存在缺陷造成他人损害的，被侵权人可以向产品的生产者请求赔偿，也可以向产品的销售者请求赔偿。

产品缺陷由生产者造成的，销售者赔偿后，有权向生产者追偿。因销售者的过错使产品存在缺陷的，生产者赔偿后，有权向销售者追偿。

第一千二百零四条 因运输者、仓储者等第三人的过错使产品存在缺陷，造成他人损害的，产品的生产者、销售者赔偿后，有权向第三人追偿。

11. 学校发放食品不卫生导致学生中毒，是否应当承担赔偿责任？

【维权要点】

学校向学生提供的食品不符合卫生标准，造成学生中毒，已经构成了对小学生人身健康的伤害，学校应对学生进行损害赔偿。

【典型案例】

某日，一所镇小学的学生集体发生中毒事件。事后据师生介绍，自5月中旬以来，该校每半个月向每个学生收冰棍钱5元，每天从该镇某食品厂购进30盒共750根冰棍，分上、下午各给每个学生一根。事故发生当日上午9点半，当学生们吃冰棍时，感到冰棍有异味，吃后便出现了肚子痛、胸憋、头晕、发烧等症状，严重的出现了喉头红肿、心律不齐、高烧、口鼻出血等症状。206名学生因吃冰棍中毒，经过9天抢救，中毒学生最终全部脱险出院。事后，206名学生集体提起诉讼，要求学校与食品厂共同承担赔偿责任。

【法官讲法】

学校向学生收取费用，每天向学生提供冰棍，就必须保障所提供的冰棍是合乎卫生标准的，不会对学生的身体健康造成危害，否则应对其行为产生的后果负责。在此案中，学校向学生提供的冰棍不符合卫生标准，造成了大批小学生食用冰棍后发生中毒症状，这已经构成了对小学生人身健康的伤害，学校应对学生进行损害赔偿。未成年人保护法第90条规定："各级人民政府及其有关部门应当对未成年人进行卫生保健和营养指导，提供卫生保健服务。卫生健康部门应当依法对未成年人的疫苗预防接种进行规范，防治未成年人常见病、多发病，加强传染病防治和监督管理，做好伤害预防和干预，指导和监督学校、幼儿园、婴幼儿照护服务机构开展卫生保健工作。教育行政部门应当加强未成年人的心理健康教育，建立未成年人心理问题的早期发现和及时干预机制。卫生健康部门应当做好未成年人心理治疗、心理危机干预以及精神障碍早期识别和诊断治疗等工作。"在本案中，虽然冰棍不是学校生产的，但是学校在采购订货时没有能够尽到足够的注意义务，没有进行必要的卫生检验，导致了不符合卫生标准的产品最终进到了学生们的口中，因此学校在此事件中要依法对自己的过失行为承担责任。

根据食品卫生法第9条规定："禁止生产经营下列食品：（一）腐败变质、油脂酸败、霉变、生虫、污秽不洁、混有异物或者其他感官性状异常，可能对人体健康有害的；（二）含有毒、有害物质或者被有毒、有害物质污染，可能对人体健康有害的……"产品质量法第42条规定："由于销售者的过错使产品存在缺陷，造成人身、他人财产损害的，销售者应当承担赔偿责任。销售者不能指明缺陷产品的生产者也不能指明缺陷产品的供货者的，销售者应当承担赔偿责任。"该食品厂的行为违反了食品卫生法和产品质量法的规定，已构成了对消费者的侵权，严重危害了小学生的身体健康，应当承担赔偿责任。

以上案件表明，学校应当加强学校卫生工作。学校卫生工作的主要任务是：监测学生健康状况；对学生进行健康教育，培养学生良好的卫生习惯；改善学校卫生环境和教育卫生条件；加强对传染病、学生常见病的预防和治疗。为了加强学校卫生工作，提高学生的健康水平，1990年4月25

日国务院批准，1990年6月4日国家教育委员会令第10号、原卫生部令第1号发布了《学校卫生工作条例》，对学校加强卫生工作提出了具体要求。

第一，学校应当合理安排学生的学习时间。学生每日学习时间（包括自习），小学不超过6小时，中学不超过8小时，大学不超过10小时。学校或者教师不得以任何理由和方式，增加授课时间和作业量，加重学生学习负担。

第二，学校教学建筑、环境噪声、室内微小气候、采光、照明等环境质量以及黑板、课桌椅的设置应当符合国家有关标准。新建、改建、扩建校舍，其选址、设计应当符合国家的卫生标准，并取得当地卫生行政部门的许可，竣工验收应当有当地卫生行政部门参加。

第三，学校应当按照有关规定为学生设置厕所和洗手设施。寄宿制学校应当为学生提供相应的洗漱、洗澡等卫生设施。学校应当为学生提供充足的符合卫生标准的饮用水。

第四，学校应当建立卫生制度，加强对学生个人卫生、环境卫生以及教室、宿舍卫生的管理。

第五，学校应当认真贯彻执行食品卫生法律、法规，加强饮食卫生管理，提供好学生膳食，加强营养指导。

第六，学校体育场地和器材应当符合卫生和安全要求。运动项目和运动强度应当适合学生的生理承受能力和体质健康状况，防止发生伤害事故。

第七，供学生使用的文具、娱乐器具、保健用品，必须符合国家有关卫生标准。

第八，学校应当根据学生的年龄，组织学生参加适当的劳动，并对参加劳动的学生，进行安全教育，提供必要的安全和卫生防护措施。普通中小学校组织学生参加劳动，不得让学生接触有毒有害物质或者从事不安全工种的作业，不得让学生参加夜班劳动。普通高等学校、中等专业学校、技工学校、农业中学、职业中学组织学生参加生产劳动，接触有毒有害物质的，按照国家有关规定，提供保健待遇。学校应当定期对他们进行体格检查，加强卫生防护。学校在安排体育课及劳动等体力活动时，应当注意女学生的生理特点，给予必要的照顾。

第九，学校应当把健康教育纳入教学计划。普通中小学校必须开设健康教育课，普通高等学校、中等专业学校、技工学校、农业中学、职业中学应当开设健康教育选修课或者讲座。学校应当开展学生健康咨询活动。

第十，学校应当建立学生健康管理制度。根据条件定期对学生进行体格检查，建立学生体质健康卡片，纳入学生档案。对体格检查中发现学生有器质性疾病的，应当配合学生家长做好转诊治疗。对残疾、体弱学生，应当加强医学照顾和心理卫生工作。

第十一，学校应当积极做好近视眼、弱视、沙眼、寄生虫、营养不良、贫血、脊柱弯曲、神经衰弱等学生常见疾病的群体预防和矫治工作。

第十二，学校应当认真贯彻执行传染病防治法律、法规，做好急、慢性传染病的预防和控制管理工作，同时做好地方病的预防和控制管理工作。并且应当配备可以处理一般伤病事故的医疗用品。

学校的卫生工作由教育行政部门负责管理，卫生行政部门负责对学校卫生工作的监督指导。对在学校卫生工作中成绩显著的单位或者个人，各级教育、卫生行政部门和学校应当给予表彰、奖励。对未达到上述要求的学校，各级教育、卫生行政部门和学校有权对直接责任单位或者个人给予处罚。

综上所述，学校有义务采取措施，使学校的卫生工作达到上述要求，以满足未成年学生健康成长的需要。

【法条指引】

中华人民共和国民法典

第一千一百九十九条　无民事行为能力人在幼儿园、学校或者其他教育机构学习、生活期间受到人身损害的，幼儿园、学校或者其他教育机构应当承担侵权责任；但是，能够证明尽到教育、管理职责的，不承担侵权责任。

第一千二百条　限制民事行为能力人在学校或者其他教育机构学习、生活期间受到人身损害，学校或者其他教育机构未尽到教育、管理职责的，应当承担侵权责任。

第一千二百零一条　无民事行为能力人或者限制民事行为能力人在幼儿园、学校或者其他教育机构学习、生活期间，受到幼儿园、学校或者其他教育机构以外的第三人人身损害的，由第三人承担侵权责任；幼儿园、学校或者其他教育机构未尽到管理职责的，承担相应的补充责任。幼儿园、学校或者其他教育机构承担补充责任后，可以向第三人追偿。

中华人民共和国未成年人保护法

第九十条　各级人民政府及其有关部门应当对未成年人进行卫生保健和营养指导，提供卫生保健服务。

卫生健康部门应当依法对未成年人的疫苗预防接种进行规范，防治未成年人常见病、多发病，加强传染病防治和监督管理，做好伤害预防和干预，指导和监督学校、幼儿园、婴幼儿照护服务机构开展卫生保健工作。

教育行政部门应当加强未成年人的心理健康教育，建立未成年人心理问题的早期发现和及时干预机制。卫生健康部门应当做好未成年人心理治疗、心理危机干预以及精神障碍早期识别和诊断治疗等工作。

中华人民共和国产品质量法

第四十二条　由于销售者的过错使产品存在缺陷，造成人身、他人财产损害的，销售者应当承担赔偿责任。

销售者不能指明缺陷产品的生产者也不能指明缺陷产品的供货者的，销售者应当承担赔偿责任。

12. 参加夏令营的学生坠崖身亡，学校应否承担赔偿责任？

【维权要点】

如果学校在组织学生外出活动期间，未进行安全教育或者在可预见的范围内采取防范措施，从而造成学生伤亡等人身伤害事故的，属于学校责任事故。对于学校责任事故，由于学校在履行教育、管理与保护学生的职责过程中存在疏忽或过失，学校应当承担法律责任。

【典型案例】

某中学生物老师以学校的名义组织学生参加某名山生物夏令营的活动。在出发前及在活动过程中，老师都一再要求学生注意安全。有两名学生因好奇，擅自脱离队伍自行攀岩探险，从而导致滑入山涧深潭中，两人死亡。两人父母认为这是一起学校责任事故，要求学校给予赔偿。

【法官讲法】

无论学生在校正常的生活学习期间，还是在学校组织下外出活动的过程中，学校都有义务保障学生的人身安全。对侵犯未成年人合法权益的行为，任何组织和个人都有权予以劝阻、制止或者向有关部门控告。国家、社会、学校和家庭应当教育和帮助未成年人运用法律手段，维护自己的合法权益。学校对学生的合法权益的保护，不仅体现在日常的学校生活、学习中提供安全的教育设施、建立完整的学校秩序管理制度上，还体现在学校的教育、管理与保护的职责范围内的集体活动和外出活动当中。所谓学校意外事故，是由于不可预见、不可避免的情形造成的学生伤害事故。学校意外事故的构成要件是：有学生受伤害的后果发生；这种伤害是由于不可预见、不可避免的情形造成的；校方对伤害的发生没有任何主观过错，即没有任何故意或者过失，尽到了自己的管理义务。

在本案中，学校尽管已经采取了一些防范措施，在学生出发之前，学校就嘱咐过学生注意安全，要听从带队老师的安排；在游玩的过程中，老师也不断要求学生注意安全，听从指挥。但这些都不能成为学校推卸责任的理由，因为老师对于在校学生有管理的责任。特别是对带领他们出去旅游的老师来说，在这方面的责任就更重一些，因为对于这些无民事行为能力人或限制民事行为能力人来说，他们远离监护人，而且远离他们熟悉的校园环境，来到了一个陌生的地方，只有直接监管他们的老师才能给他们带来安全保障。而带队老师仅仅是口头上不断重复要求，而未采取有力的措施约束学生，使其统一行动，避免学生脱离队伍而遭受伤害。所以，对于两个学生滑入山涧深潭的损害后果，学校是没有尽到全面监管义务的。因此，可以推断出校方对这一事故的发生存在过错，所以本案属于学校责任事故的范围，对于学校及其老师要求学生们注意安全的口头行为，只能减轻其民事责任，并不能改变本案的定性。

民法典第 1165 条第 1 款规定："行为人因过错侵害他人民事权益造成损害的，应当承担侵权责任。"第 1173 条规定："被侵权人对同一损害的发生或者扩大有过错的，可以减轻侵害人的责任。"在本案中，学校组织学生出游，发生了学生死亡的事故，没有尽到管理义务，应当承担民事责任。但两个学生因擅自离队从事危险活动而导致死亡的结果，他们也应该承担部分不利的后果。所以应根据具体的情况来考虑，确定各自责任的大小。由于教师带队出游是履行职务的行为，所以对学生的民事赔偿责任应该由学校承担。对发生学生伤害事故负有责任者，应负责赔偿由此给受害之学生本人及其家庭造成的直接经济损失。民法典第1179条规定："侵害他人造成人身损害的，应当赔偿医疗费、护理费、交通费、营养费、住院伙食补助费等为治疗和康复支出的合理费用，以及因误工减少的收入。造成残疾的，还应当赔偿辅助器具费和残疾赔偿金；造成死亡的，还应当赔偿丧葬费和死亡赔偿金。"对于赔偿金额应依据《最高人民法院关于审理人身损害赔偿案件适用法律若干问题的解释》处理。本案中两名被侵权人都是未成年人，且已经死亡。因此，作为监护人的父母可以与学校协商解决赔偿问题，也可以书面申请教育行政部门主持调解或者向人民法院直接起诉。

【法条指引】

中华人民共和国民法典

第一千一百六十五条第一款　行为人因过错侵害他人民事权益造成损害的，应当承担侵权责任。

第一千一百七十三条　被侵权人对同一损害的发生或者扩大有过错的，可以减轻侵害人的责任。

第一千一百七十九条　侵害他人造成人身损害的，应当赔偿医疗费、护理费、交通费、营养费、住院伙食补助费等为治疗和康复支出的合理费用，以及因误工减少的收入。造成残疾的，还应当赔偿辅助器具费和残疾赔偿金；造成死亡的，还应当赔偿丧葬费和死亡赔偿金。

13. 楼梯拥挤致学生伤亡，学校应否承担责任？

【维权要点】

由于学校的过错，致使发生学生死伤的重大恶性事故，对此，学校应赔偿伤亡学生的损失。有关责任人若构成犯罪的，还应追究刑事责任。

【典型案例】

某小学按照惯例在每周一早晨7点要求全校学生集中举行周会。周一某小学照常举行周会，教学楼内上千名学生争相下楼到操场集合。但由于教学楼两侧的楼梯栅门只开一个，所以学生全部涌向开着的东侧楼梯。当学生来到一楼和二楼的拐角处时，因为楼道电灯未开，楼道里人群又非常拥挤混乱，下楼的学生与一些上楼放书包的学生挤到一起，致使拥挤越来越严重，最终造成学生死亡5人，受伤30人的重大事故。事后查明，事故发生时没有老师在现场维持秩序。

受害者家属向人民法院提起诉讼，要求学校承担赔偿责任。

【法官讲法】

我国法律对未成年人的生命健康保护有着详细而完备的规定。民法典第1002条规定："自然人享有生命权。自然人的生命安全和生命尊严受法律保护。任何组织或者个人不得侵害他人的生命权。"第1179条规定："侵害他人造成人身损害的，应当赔偿医疗费、护理费、交通费、营养费、住院伙食补助费等为治疗和康复支出的合理费用，以及因误工减少的收入。造成残疾的，还应当赔偿辅助器具费和残疾赔偿金；造成死亡的，还应当赔偿丧葬费和死亡赔偿金。"教育法第45条规定："教育、体育、卫生行政部门和学校及其他教育机构应当完善体育、卫生保健设施，保护学生的身心健康。"

因学校的教育设施的设计、施工质量等原因发生学生伤害事故，学校承担赔偿责任应当具备的条件是：（1）学生在学校学习期间受到伤害；（2）学校的教育设施在设计、施工方面存在明显的不安全因素，或者不符合国家规定的相关标准；（3）学生的伤害与学校教育设施存在的设计、施工等缺陷具有因果关系；（4）学校在安全管理方面存在过错。只要符合上述四个条件之一，学校就应当承担与过错相应的赔偿责任。

根据上述法律规定，学校有责任保护在校学生的生命健康安全。学校的义务不仅体现在平时的监管方面，也体现在确保校舍和其他教育设施的安全方面。具体到本案中，学校应在以下几个方面保证学生的安全：首先，学校的校舍和通道、楼道应尽可能在设计施工时就考虑到学生的规模和容纳能力，这是保持通道的基本条件；其次，学校应尤其注意通道及楼道的路面是否平整、照明设备是否正常，并尽可能不要在这些地方的拐角处设置商店、电话书报、信息栏等容易造成学生汇集的设施，以免因此而使正常和安全的通道秩序发生混乱以致发生事故；最后，在发生拥挤的时刻，应该有老师在现场维持秩序。如果有教师在场的话，即使有一些拥挤，也不会发生特别重大的事故；而如果教师不在场，由于小学生不能意识到拥挤可能造成的严重后果，再加上很多学生喜欢凑热闹，认为挤来挤去有意思，所以很有可能前面的学生被挤倒了，后面的学生因为看不见还会继续拥挤，学校应视情况安排教师值班维持秩序。在本案中，由于教学楼两侧楼梯的栅门只开一个，且没有老师维持秩序，致使拥挤越来越严重，因此该学校对此次教育设施重大安全事故负有责任。

民法典第 1199 条规定："无民事行为能力人在幼儿园、学校或者其他教育机构学习、生活期间受到人身损害的，幼儿园、学校或者其他教育机构应当承担侵权责任；但是，能够证明尽到教育、管理职责的，不承担侵权责任。"第 1200 条规定："限制民事行为能力人在学校或者其他教育机构学习、生活期间受到人身损害，学校或者其他教育机构未尽到教育、管理职责的，应当承担侵权责任。"在本案中，由于学校的过错，致使发生学生死伤的重大恶性事故，对此，学校应赔偿伤亡学生的损失。有关责任人若构成犯罪的，还应追究刑事责任。

【法条指引】

中华人民共和国民法典

第一千一百九十九条　无民事行为能力人在幼儿园、学校或者其他教育机构学习、生活期间受到人身损害的，幼儿园、学校或者其他教育机构应当承担侵权责任；但是，能够证明尽到教育、管理职责的，不承担侵权责任。

第一千二百条　限制民事行为能力人在学校或者其他教育机构学习、生活期间受到人身损害，学校或者其他教育机构未尽到教育、管理职责的，应当承担侵权责任。

学生伤害事故处理办法

第三十二条　发生学生伤害事故，学校负有责任且情节严重的，教育行政部门应当根据有关规定，对学校的直接负责的主管人员和其他直接责任人员，分别给予相应的行政处分；有关责任人的行为触犯刑律的，应当移送司法机关依法追究刑事责任。

14. 学生携带管制刀具进入校园捅伤同学，学校是否需要承担赔偿责任？

【维权要点】

学校未及时发现并制止学生携带管制刀具进入学校，导致捅伤同学，其未尽到教育管理职责，应当承担相应责任。

【典型案例】

鲁某系某中学学生，其因在晚自习上说话与纪律委员周某发生争吵，晚自习下课后，周某和徐某请同学就此事对鲁某进行劝解。交谈过程中，鲁某和周某再次发生争吵并引起厮打。在厮打过程中，鲁某持刀将徐某右肺下叶捅破。徐某受伤后被送往医院治疗，产生医疗费等各项经济损失。在刑事诉讼过程中，鲁某与徐某达成刑事和解协议，鲁某一次性赔偿徐某各项经济损失 7 万元。庭审中，徐某明确表示不追究鲁某的民事赔偿责任，要求学校承担相应的赔偿责任。

法院经审理认为，限制民事行为能力人在学校学习、生活期间受到人身损害，学校未尽到教育、管理职责的，应当承担责任。本案中，学校未及时发现并制止鲁某携带管制刀具进入校园，且在事件发生后未能迅速采取有效措施，防止事件扩大，未尽到安全管理义务，对于徐某的合理损失应当承担一定的民事赔偿责任。

【法官讲法】

学校的安全保障义务是指学校除了履行教育的职责以外，还应尽到合理注意义务，在发现学生正在遭受或者即将遭受来自学校、第三人的侵权行为时，应采取相应合理、合法的方式预防侵害行为的发生，避免学生遭受人身和财产损失的义务。所谓教育机构责任，是指无民事行为能力人和限制民事行为能力人在幼儿园、学校等教育机构学习、生活期间，因教育机构未尽到相应的教育管理职责，导致其遭受人身伤害或者致他人损害时，教育机构应当承担的赔偿责任。

学生之间的伤害是比较常见的一类校园伤害事故。学校对此是否承担责任主要看学校是否采取了充分措施，尽到了义务。如果学校没有尽到安全保障义务，则需要承担相应责任。为了避免学生之间的伤害，学校应依法采取以下措施：在课间，午休以及晚自习学生没有离校前，安排老师巡视值班，发现学生有危险行为时及时制止，加强对学生随身携带的危险物品，比如管制刀具等的巡查，加强对学生的安全教育。对于学生自身，要强化自我保护的意识，遵守校规校纪，和同学之间发生纠纷要用理智的方式去解决，可及时向老师报告，请求老师处理，不能采取极端的方式解决。

具体到本案中，鲁某作为限制民事行为能力人，将管制刀具带入校园，作为教育机构的学校，应对学生做好相关的安全教育管理工作，学校应当预见到学生携带管制刀具进入校园可能会对他人的人身安全造成威胁，学校却未及时发现并制止鲁某携带管制刀具进入校园，学校未尽到安全保障义务和相当的注意义务，未能预防侵害行为的发生，主观上存在过错，应对其过错承担相应的民事责任。

【法条指引】

中华人民共和国民法典

第一千一百九十九条　无民事行为能力人在幼儿园、学校或者其他教育机构学习、生活期间受到人身损害的，幼儿园、学校或者其他教育机构应当承担侵权责任；但是，能够证明尽到教育、管理职责的，不承担侵权责任。

第一千二百条　限制民事行为能力人在学校或者其他教育机构学习、生活期间受到人身损害，学校或者其他教育机构未尽到教育、管理职责的，应当承担侵权责任。

15. 未成年学生被商场保安非法搜身，应当如何处理？

【维权要点】

在我国，根据刑事诉讼法的规定，拥有搜查权的机关只有公安机关和人民检察院，其他任何机关、团体和个人无权对公民的人身、住宅进行搜查。非法搜查他人身体的，构成非法搜查罪，处三年以下有期徒刑或者拘役。

【典型案例】

罗某（男，15 周岁）是某中学初三年级学生。某日，罗某到某大型超市购买文具。在去超市的路上，罗某发现路边有一家文具商店，就进去看了看，在里面购买了一支毛笔并顺手放在了裤兜里。到超市后，罗某在文具区选购了铅笔、本子等文具，并到出口处付款。罗某刚刚走出来，就被商场的保安赶上并拦住，保安质问罗某："裤兜里的毛笔为什么不付款?"罗某见保安误会自己偷东西，十分气愤，当即将毛笔拿了出来，反问保安："毛笔是你们商场的吗? 这是我在外面买的。"保安见罗某口气强硬，就夺过毛笔，拿到商场内查验，证实不是商场的东西，但保安不肯善罢甘休，将罗某带到了值班室，要对罗某进行搜身。罗某予以拒绝，指出保安无权对自己搜身，并要求保安就刚才的行为向自己道歉。罗某想冲出去，却被几个身强体壮的保安按住，动弹不得。在与罗某发生争吵的保安的怂恿下，几个保安剥去了罗某的外衣。保安从罗某身上没有搜出任何商场的物品，只好将罗某放走。由于被保安搜身，罗某精神上受了很大的刺激，一回家就放声大哭。罗某的父母在获悉真相后，当即带着罗某来到了某超市。超市的经理接待了罗某和他的父母，并对保安的行为表示了道歉。但罗某的父母认为，仅仅是简单的道歉并不能弥补罗某因保安非法搜身而受到的损害，要求某超市给予罗某精神损害赔偿，并对肇事的保安作出处理。超市的经理认为，在本次事件中，罗某自身也有过错，其不应该将从别处购买的商品带进超市，这是造成误会的直接原因，因此不同意罗某父母要求经济赔偿的要求。因双方无法达成一致，罗某向人民法院提起诉讼，认为某超市保安的行为侵犯了罗某的人身自由和名誉权，要求某超市公开赔礼道歉，同时给予罗某 1000 元的精神损害赔偿。

【法官讲法】

非法搜查未成年人的身体，是指具有搜查权的人未经批准，滥用职权，或没有搜查权的人对未成年人的身体进行搜查、检查的行为。搜查是刑事诉讼中一种重要的侦查手段，其任务在于发现犯罪证据和查获犯罪嫌疑人。在我国，根据刑事诉讼法的规定，拥有搜查权的机关只有公安机关和人民检察院，其他任何机关、团体和个人无权对公民的人身、住宅进行搜查。公安机关、人民检察院搜查时也要依法进行，即办理搜查的手续，由有关领导批准后，填写搜查证，在搜查时向被搜查人出示搜查证。只有在执行拘留、逮捕任务时，遇到紧急情况，侦查人员才可以不用搜查证进行搜查。其他任何无证搜查，被搜查人都可以拒绝，并有权向人民检察院提出控告。

由于搜查直接涉及公民的人身权利，因此我国法律对搜查有明确的规定。我国宪法规定："禁止非法搜查公民的身体。"根据刑法第 245 条的规定，非法搜查他人身体的，处三年以下有期徒刑或者拘役。司法工作人员滥用职权，犯非法搜查罪的，从重处罚。未成年人在生活、学习和工作中遇到有人要搜查自己时，首先要让对方出示搜查证，如果对方声明情况紧急，属无证搜查时，要让对方出示表明其身份的司法机关的工作证。否则，可以拒绝搜查。如果被人非法搜查身体，应当记住搜查人的姓名、特征、身上佩戴的标志、编号、被搜查的地点、当时在场目睹非法搜查自己的人，要求检察机关追究其刑事责任。未成年人及其父母也可以向当地人民法院提起民事诉讼，以未成年人名誉受到侵犯为由，要求侵权人向未成年人赔礼道歉，消除影响，恢复名誉，并赔偿合理数额的精神损失。

在本案中，对某超市的保安非法搜查罗某身体的行为，罗某提起民事诉讼，要求精神损害赔偿，应当予以支持。我国民法典第 1024 条第 1 款规定："民事主体享有名誉权。任何组织或者个人不得以侮辱、诽谤等方式侵害他人的名誉权。"第 995 条规定："人格权受到侵害的，受害人有权依照本法和其他法律的规定请求行为人承担民事责任。受害人的停止侵害、排除妨碍、消除危险、消除影响、恢复名誉、赔礼道歉请求权，不适用诉讼时效的规定。"《最高人民法院关于确定民事侵权精神损害赔偿责任若干问题的解释》（以下简称《民事侵权精神赔偿司法解释》）第 1 条规定："因人身权益或者具有人身意义的特定物受到侵害，自然人或者其近亲属向人民法院提起诉讼请求精神损害赔偿的，人民法院应当依法予以受理。"在本案中，某商场的保安非法搜查罗某的身体，侵犯了罗某的人格尊严，同时对罗某的名誉也造成了负面影响。由于罗某是未成年人，非法搜身的行为对其造成的心理伤害是巨大的，事实也证明，罗某因此而受到了较大的精神刺激。从保护未成年人合法权益的立场出发，某超市保安的侵权行为造成的精神损害可以认定为后果严重，罗某要求精神损害赔偿的诉讼请求应当予以支持。

关于在本案中，罗某自身有无过错的问题，一般超市对顾客携带的包、袋等要求寄存，并设立了专门的存包处，但诸如罗某随身携带的毛笔之类的小件物品，通常不需要寄存。所以，罗某将在别处购买的毛笔带进商场，不能认为其有过错。本次纠纷完全是由于某超市的保安态度蛮横，行为粗暴造成的。其在查明罗某随身携带的毛笔非超市所有的情况下，仍然无故对罗某进行搜身，显然属于有意为难罗某，具有侵犯他人身体和人格尊严的主观故意，应当承担全部责任。《民事侵权精神赔偿司法解释》第5条规定："精神损害的赔偿数额根据以下因素确定：（一）侵权人的过错程度，但是法律另有规定的除外；（二）侵权行为的目的、方式、场合等具体情节；（三）侵权行为所造成的后果；（四）侵权人的获利情况；（五）侵权人承担责任的经济能力；（六）受理诉讼法院所在地的平均生活水平。"罗某应当获得的精神损害赔偿数额应由人民法院根据上述司法解释的规定予以核定。

【法条指引】

中华人民共和国刑法

第二百四十五条 非法搜查他人身体、住宅，或者非法侵入他人住宅的，处三年以下有期徒刑或者拘役。

司法工作人员滥用职权，犯前款罪的，从重处罚。

中华人民共和国民法典

第九百九十五条 人格权受到侵害的，受害人有权依照本法和其他法律的规定请求行为人承担民事责任。受害人的停止侵害、排除妨碍、消除危险、消除影响、恢复名誉、赔礼道歉请求权，不适用诉讼时效的规定。

第一千零二十四条第一款　民事主体享有名誉权。任何组织或者个人不得以侮辱、诽谤等方式侵害他人的名誉权。

最高人民法院关于确定民事侵权精神损害
赔偿责任若干问题的解释

第一条　因人身权益或者具有人身意义的特定物受到侵害，自然人或者其近亲属向人民法院提起诉讼请求精神损害赔偿的，人民法院应当依法予以受理。

第五条　精神损害的赔偿数额根据以下因素确定：

（一）侵权人的过错程度，但是法律另有规定的除外；

（二）侵权行为的目的、方式、场合等具体情节；

（三）侵权行为所造成的后果；

（四）侵权人的获利情况；

（五）侵权人承担责任的经济能力；

（六）受理诉讼法院所在地的平均生活水平。

16. 学校公开播放男女生亲热镜头，是否侵犯学生隐私权？

【维权要点】

任何公民或组织对公共场所的监视或拍摄等行为，应当遵循一定的规则，否则，也可能构成侵犯个人隐私权的行为。

【典型案例】

某日晚自修，魏某和小云（化名）在有 20 多名学生上自修课的情况下，在教室后排发生的亲吻亲昵举止被学校监控摄影镜头摄下。后该中学以《校园不文明现象》为题，集中播放摄录的包括以上行为片段在内的校园不文明现象。虽然画面打上了马赛克，但熟悉的同学还是立即认出了他们，当场哄堂大笑。事后，二人走到校园里，总有同学指指点点，或说三道四。二人感到极大的羞辱，在校园里抬不起头，这对二人的生活和学习造成极大的影响，甚至影响到二人的高考成绩及今后一生的道路。对此，魏某和小云正式向法院起诉，要求学校公开道歉，并在校园布告栏公开张贴书面道歉声明 7 天以上，赔偿精神损失费 5000 元等。

【法官讲法】

公共场所是指公众进行活动的地方。但公共场所是一个相对的概念，旅馆是公共场所，但某个顾客所居住的房间却不属于公共场所，学校的集体宿舍楼是公共场所，但每个具体的宿舍又不属于公共场所。一般认为，公民在公共场所的行为不具有隐私的性质，但这并不意味着公民在公共场所不存在隐私问题，公民在公共场所的行为可以被随意监视、曝光或拍摄等。任何公民或组织对公共场所的监视或拍摄等行为，应当遵循一定的规则，否则，也可能构成侵犯个人隐私权的行为。

一、在公共场所安装监视设备问题

随着科学技术的发展，关于公共安全的保卫工作也越来越多地运用一些高科技产品，如监视设备。学校出于安全的考虑，在重要的教学设备场所，在学生宿舍楼的进口等公共场所安装监视设备，这使得个人在公共场所的行为受到一定程度的监视，所以，学校在安装监视设备的时候，应当注意把握：其一，安装监视设备的目的只能是出于安全的考虑，安装设备经过公安部门的许可。其二，监视的范围仅限于公共场所。其三，通过监视所获得的信息，必须合法使用，只有在出现案情的情况下，才能被作为证据使用，并注意保护个人的隐私，不得将一些不文明的行为进行曝光。对于没有异常情况的监视信息，经过一定的期限必须销毁。

二、在公共场所的拍摄行为

一般认为，在公共场所进行拍摄应当遵循一些规则：第一，出于娱乐、休闲的目的进行拍摄不受限制；第二，原则上禁止未经他人许可拍摄他人；第三，记录发生在公共场所的社会事件，原则上不属于隐私；第四，新闻拍摄应当遵循新闻工作的相关规则；第五，基于商业目的、研究目的在公共场所拍摄，不得以特定人为对象；第六，未经本人同意不得将受隐私权保护的内容加以公开、传播；第七，对发生在公共场所的不文明行为进行拍摄应当注意分寸。公民在公共场所享有充分的自由，一般情况下，一个成年人知道自己在公共场所的行为应当把握的分寸，但是，也会有一些人在公共场所我行我素，出现一些不文明的行为，比如，随地吐痰、随地乱扔垃圾、不爱护公物等，这些行为的确是不文明的，这是宣传教育问题，可以当面制止，也可以责令行为人纠正自己行为的后果，如清理垃圾、修复公物等。对公共场所进行拍摄，一般不能针对具体的、特定的人物，不应当在对方不知情的情况下进行拍摄，即使是一些习惯行为，特定人的肖像不应当成为曝光的内容。即使是学校出于教育的目的，对在公共场所实施不文明行为的人物肖像进行拍照，在本人不知情的情况下在学校公开展览，这种做法也是欠妥当，也应当被认为是侵害他人隐私的行为。实际上，拍摄人完全可以通过技术处理，使图片主要呈现行为的后果，而尽可能地将人物肖像模糊化。

本案中，学校的做法严重侵犯了学生的隐私权。学校把学生的活动都置于监视器的监视之下，一方面忽视和侵犯了学生的尊严和隐私，另一方面也暴露出学校管理中存在的问题。需要说明的是，不论教师与学生、父母与子女，人与人之间都应当是一律平等的，学校不能因为对学生享有教育、管理的权利，就可以采用任何手段行使自己的教育管理权，学校对学生的教育和管理必须建立在尊重学生合法权利的基础之上。

【法条指引】

最高人民法院关于确定民事侵权精神损害赔偿责任若干问题的解释

第一条　因人身权益或者具有人身意义的特定物受到侵害，自然人或者其近亲属向人民法院提起诉讼请求精神损害赔偿的，人民法院应当依法予以受理。

17. 教师侮辱女生致其自杀，侵犯了学生的何种权利？

【维权要点】

老师对学生的批评教育，应当考虑评价的方式问题，不能以侮辱人格的方式或者不顾及作为人起码应当具有的尊严的方式进行评价。老师以当众羞辱的方式来教育学生，其行为本身属于暴力侮辱人格的行为，构成侵犯名誉权的行为。

【典型案例】

按照学校的要求，丁某应于上午 8 时到校补课，但其未按时到校，其班主任汪某询问她迟到的原因，用木板打了她，并当着某同学的面对她讲："你学习不好，长得也不漂亮，连坐台都没有资格。"12 时 29 分左右，丁某从该校中学部教学楼 8 层跳下，经抢救无效，于当天中午 12 时 50 分死亡。

法院经审理认为，被告人汪某的行为符合侮辱罪的主客观构成要件。纵观全案，丁某之所以跳楼自杀，除来自家庭和社会的各种压力外，被告人汪某的言行是引发丁某跳楼自杀的直接诱因。被告人汪某的行为不仅贬损了丁某的人格尊严和名誉，而且产生了严重的后果，造成恶劣的社会影响，具有一定的社会危害性，应当受到刑事制裁。鉴于被告人汪某是在对学生进行教育时实施的侮辱犯罪行为，其主观恶性不深，庭审中有一定悔罪表现，且丁某跳楼自杀确系多因一果，加之被告人汪某又具备缓刑的管教条件，可适用缓刑。故被判处有期徒刑一年，缓刑一年。

【法官讲法】

本案被告汪某的行为在刑事上构成侮辱罪，理应受到刑法惩罚，在民事上，汪某侵犯了丁某的名誉权，还应当承担民事赔偿责任。本案涉及维护学生名誉权与学校评价学生的方式问题。

名誉是指特定的自然人的品行、才能等人格价值的一种社会评价。作为社会评价，首先应当是客观的社会评价，即应当实事求是，不允许依据虚假的事实对某人进行评价。其次，作为社会评价，应当是以公正的、适当的方式进行评价，不能以侮辱人格的方式或者不顾及作为人起码应当具有的尊严的方式进行评价。因此，所谓名誉权，是指自然人依法享有的，要求对自己的名誉给予客观、公正的社会评价，并维护自己的名誉不受他人非法贬低的权利。我国民法典第 1024 条第 1 款规定："民事主体享有名誉权。任何组织或者个人不得以侮辱、诽谤等方式侵害他人的名誉权。"

一、侵犯名誉权的行为及承担责任的条件

侵犯名誉权的行为主要是采取侮辱和诽谤的方式实施，但在判断侵权人的行为是否构成侵犯名誉权并应当承担侵权责任时，还要注意以下几个方面的问题。

（一）损害他人名誉权的行为的认定

损害他人名誉的行为主要有三种情况：一是侮辱；二是诽谤；三是其

他损害他人名誉的行为。其中，侮辱和诽谤是两种典型的侵犯名誉权的行为。

所谓侮辱，是指故意以暴力、语言、文字等方式贬低他人的人格，损坏他人的名誉。而诽谤，则是指行为人故意捏造虚假事实向第三人等散布，或者由于过失散布道听途说的虚假事实，损害他人名誉的行为。所谓其他损害他人名誉权的行为包括：第一，因新闻报道严重失实，导致他人名誉受到损害的行为。第二，在公众场合对他人所作的严重不当的评价，导致他人名誉受到损害。第三，不适当地宣扬他人的隐私，导致他人名誉受损的行为。这种情况属于一个行为侵犯两种权利，既侵犯了他人的名誉权，也侵犯了他人的隐私权。

（二）侵犯名誉权的行为必须指向特定的人

因为每个人的名誉只属于本人，只有当贬低人格的行为针对特定的人，才会导致社会对某个具体的人的评价降低，从而使某个具体的人受到不公正的评价。如果只是针对某一类的人进行贬损，则不属于侵犯某个具体的人的名誉权的行为。所以，学校的领导、教师针对学生中存在的某些现象进行公开的批评和谴责，只要不针对某个具体的学生而进行，就不属于侵犯学生名誉权的行为。

（三）对某人名誉造成损害的事实必须是客观存在的

所谓名誉受到损害的事实，包括两个方面。其一，由于侵权人的行为使第三人或公众对受害人的品行、才能等产生了轻视、指责、不信任等后果，这种损害事实，虽然不具有明显的外在表现形式，但按照当时社会通常的对人的评价标准，行为人的侵权行为在客观上导致了公众对受害人的轻视和指责。名誉是一种观念，他存在于公众的心里，虽然公众不一定将自己对某人的看法表达出来，但如果不进行及时的更正，必然会产生降低受害人在公众心里受尊重程度的后果。所以，在判定侵权人的行为是否侵害了某人的名誉，主要以侵犯名誉权的行为是否被受害人以外的第三人知道为标准，只要证明侵犯名誉权的行为被第三人知道，就可以推定名誉损害的客观存在。而第三人的人数并不重要，因为这只是表明行为影响的范围。其二，侵权行为造成了受害人的精神损害。精神损害是受害人因侵权人的行为而遭受的心理、感情方面的伤害，包括心理上的悲伤、怨恨、忧郁、气愤、失望、自卑等痛苦的折磨。精神损害是侵犯他人名誉权的间接后果。每个人的心理承受能力不同，所表现出来的痛苦程度也不同，造成精神损害的程度主要从侵权行为的手段、行为内容的恶劣程度、影响范围的大小等综合判断。

另外，侵犯名誉权也会在一定程度上产生财产方面的损失。比如，因名誉受损，精神痛苦而导致的精神疾病的医疗费用；对于成年人来讲，名誉受到损害，会对受害人的晋升、职位的提升造成一定的影响，在一定程度上产生财产利益的损失。

二、维护学生名誉权与学校评价学生的冲突与协调

在学校，教师侵犯学生的名誉权，主要是批评教育方式不当造成的。常见的主要包括如下。

（一）当众羞辱有偷盗行为的学生

例如，某甲，9周岁，是某小学三年级的学生，在第一次偷同桌学生的铅笔时，班主任对其进行了严肃的批评。事隔两周，某甲的同桌又向班主任报告，自己的钢笔丢了，班主任当场对某甲的书包进行搜查，确实搜出了同桌丢失的钢笔。这时，班主任老师让某甲站在讲台上，对着全班同学自己打自己的耳光，并说："我是三只手，我保证今后再也不偷东西了。"这样持续10分钟后，班主任才让某甲停下，宣布放学。某甲回家后，就再也不愿意上学了。在本案中，某甲存在不良行为是事实，学生的行为也应当受到老师的批评，但不能认为某甲就因此丧失了基本的人格尊严。老师以当众羞辱的方式来教育学生，其行为本身属于暴力侮辱人格的行为，构成侵犯名誉权的行为，最终，不但不能使某甲认识错误，反而会使某甲对老师和教育行为产生仇视的心理。

（二）当众侮辱考试作弊的学生

例如，王某是某中学初中二年级的女学生，一次在考英语的时候，王某将与考试有关的资料抄在自己的大腿上，被当时监考的老师发现，监考老师立即让学生停止考试，将王某带至讲台上，当众掀起王某的裙子，引起学生哄堂大笑。王某挣扎着跑出考场，竟纠集家人将监考老师打伤。打伤老师的人固然要受到惩罚，但监考老师的做法的确属于侮辱学生人格的行为，同样也被法院责令承担侵权的民事责任。

（三）公开批评早恋的未成年学生

在中学，男女学生之间以书信互相表达爱慕之意的情况确实存在，

但问题是教师应当如何对待早恋的学生。如果教师采取当众宣读学生情书的方式对学生进行羞辱，同样属于批评教育方式严重不当的行为，属于侮辱学生人格的行为，既侵犯了学生的名誉权，也侵犯了学生的隐私权。

（四）当众羞辱衣着打扮不得体的学生

例如，李某是某中学高中一年级的学生，在自己17周岁生日的那天下午，没有穿校服，而是穿上了自己喜欢的吊带裙，脸部也确实化妆较明显，进入教室。班主任发现后，对李某进行批评，要求其回家换了服装再到教室上课。李某不服，又嘟囔了几句，班主任十分气愤，将李某拉到讲台上，对全班同学说："你们看，李某像不像坐台小姐?"引起学生哄堂大笑。李某哭着离开教室，回到家里吃了一把安眠药，因发现及时，未发生严重后果。

的确，从教师的角度讲，老师是"恨铁不成钢"，希望用强烈的手段，让学生"永不再犯"。但是，面对有不良行为的学生，是个别教育批评，还是当众曝光甚至当众羞辱，这是文明教育和"粗暴管教"的原则问题。法律保护一切公民的名誉权，包括学生这个群体。不论学生的年龄怎样，也不论学生本人是否意识到自己的尊严问题，作为教师，在管教学生时不得侵犯学生的名誉权。法律之所以严格保护每一个公民的名誉权，就是因为，保证公民的名誉权是维护个人的人格尊严的需要，通过保护个人希望维护自己名誉的精神利益，实现个人之间，个人与社会之间的基本和谐；也通过对个人名誉的保护，树立良好的社会道德风尚。

总之，学生从小学到大学，是一个成长的过程，在这个过程中，学生犯这样或那样的错误是正常的，教师在开班级会议时公开点名批评某个学生，或者学校领导在学生大会上批评个别学生，这都是学校和教师的正当权利，是教育的一种方式。但学校在行使正当的批评教育权时，也应当注意：（1）在决定是否应当对某个学生进行公开的批评时，应当考虑学生所犯错误的性质，学生的年龄和心理承受能力；（2）教师及学校领导在公开批评学生的同时，应当对其他学生如何对待犯错误的同学提出明确的指导，为犯错误的学生改正错误创造良好的氛围；（3）原则上，对于未成年学生的轻微的错误，不宜采取在年级大会或者全校大会上公开点名批评的方式，应当对犯错误的学生进行个别批评教育，而对其他学生主要是针对某种行为教育学生分清是非，明白事理；（4）对于涉及性侵害、性骚扰、不正当性行为等方面的违纪行为，不宜公开点名批评，应当特别注意保护无辜的受害人的隐私权利；（5）批评学生不应使用侮辱性的语言。

【法条指引】

中华人民共和国民法典

第一千零二十四条第一款　民事主体享有名誉权。任何组织或者个人不得以侮辱、诽谤等方式侵害他人的名誉权。

18. 在校办产品包装上擅自使用学生肖像，是否构成侵权？

【维权要点】

学校将学生的肖像用作校办产品的包装，系营利性的行为，如未经学生的监护人同意，也不具备侵犯肖像权的阻却违法事由，则构成侵犯肖像权，需承担赔偿责任。

【典型案例】

某小学附属食品加工厂生产一种豆奶，为了美观和便于识别，加工厂在食品的包装上印上了一个正在喝豆奶的小女孩的照片。这个小女孩是该校三年级的一名学生刘某，照片是在一次课间加餐时学校为了制作生活纪录片时拍摄的，至于何时用到豆奶的包装上，该学生并不知晓。刘某的家长得知这一情况后，向学校提出抗议，并要求学校停止使用肖像，赔偿损失。

【法官讲法】

该学校的做法是否侵犯了学生的肖像权？让我们首先来了解一下什么是肖像和肖像权。

一、肖像

肖像，是大家非常熟悉的概念，但也是一个内涵非常模糊的概念。日常生活意义的肖像，通常是指以相片、绘画等表现出来的人的容貌。《辞海》对肖像的定义为："以图像以肖人者，为之肖像。即将其人之姿态、容貌、表情等特征，精确表出之也。如绘画、雕刻、塑像、摄影、刺绣等为表出之方法。"根据学界通说，法律意义上的肖像，是指以摄影、雕塑等平面或者立体方式，表现自然人容貌、姿态、外观等主要特征，并使熟知的人据此特征认定该特定自然人的再现图像。据此，肖像具有以下特征。

第一，肖像应当是自然人所具有的人格标志因素。肖像是自然人人格的外在表现，包含了伦理及法律意义；法人等社会组织体的外观（比如企业的厂房、厂容）仅仅具有物理意义，表明了该组织体的客观外形，没有伦理和法律意义，不能成为肖像权的载体和对象。

第二，肖像应当是自然人外部特征的视觉形象和客观再现。在认定某个形象是否就是肖像时，不要求该形象与本人完全一致，只要其在客观上能使他人根据通常标准认出其具有本人的形神特征，就可以认定为是本人的肖像。因此，只要表现出特定人的形体特征，并足以使他人知道所反映的形象就是该特定人，则无论该形象是一幅寥寥数笔的漫画，还是只有身体而没有图像的图片，均应认定为是该人的肖像。反之，不能反映人之外部形象和特征，而且他人也不能辨认具体人物的形象，就不是法律意义上的肖像。强调这一点在实践中具有重要意义，因为在很多场合下，他人可能会将某人作为景观的陪衬而摄入镜头，并进而使用该相片，只要出现在相片中的此人没有特定清晰的面貌，没有其他明显的人物特征，就不能认为该相片是此人的肖像作品。在这种前提下，摄影人就能够自由地使用该图片，而不受此种人物意志的制约。

第三，肖像应当固定在物质载体上。肖像的载体可以是相片、绘画、录像、雕刻等，其应当具有固定性和稳定性，只是暂时出现在水面、镜面上的人物形象，不是人物的肖像。这也说明，肖像具有物的属性，可以脱离本人而独立存在，其物质载体也可以作为物而为人所支配。

肖像作为法律上的概念，具有以下特征。

1. 肖像是公民外部形象的客观真实反映，即自然人肖像的客观真实性。不管公民肖像用什么手段和什么方式再现出来，都必须以某特定的公民为对象，因而该肖像是客观存在的，自然人及人物（包括历史人物），而不是虚构的、想象的、梦想中的"人"，也不是在社会生活中客观存在的法人等组织"形象",而且,该肖像能真实地反映出该公民的外貌形象,该外貌形象能体现出该公民外在人格特征(容貌、身材和其他特征),其中主要以面部容貌为基本内容,但不要求所有人体(面部)的细节特征。通过公民与肖像进行比较鉴别,能以一般人的视觉清楚地辨别该公民为标准。

2. 肖像是公民外貌所展现的视觉主题形象,即肖像视觉主题性。该特征反映出肖像两个内容:一是该肖像所展现的特定公民的外貌形象,可以通过视觉(眼睛)来感知,非触觉、听觉等其他感觉所能感受的;二是对该肖像必须以特定人物(公民)作为"画面"的中心内容,即主题形象,而不是像风景画、事件画等作品中人物形象只是作为点缀、修饰之用,这样才能使人视觉一看便知该幅作品的主题是肖像,这种肖像主题使个人肖像与"集体肖像"区别开来,法律上肖像以个人肖像为论题,集体肖像一般不在论题之内。

3. 肖像必须是通过照相、绘画、雕塑、影视等技术手段(造型艺术、摄影技术、电影电视拍摄、电脑绘制等)将公民的外貌再现出来,即肖像再现性。如果采取其他手段不能将公民肖像再现出来,如公民在镜中和水里的映像,语言艺术、表演艺术对某特定人物的详细描绘、塑造,难以再现出公民的视觉形象,就不能称为"人物肖像"。

4. 肖像能用技术手段和人力将公民的外部形象固定在某种物质载体上,即肖像的物质性。肖像能通过照相、绘画、雕塑等造型艺术固定在某物质载体上,形成照片、画像、雕像、塑像等使公民本人与肖像(作品)在客观上互相脱离,各自独立存在。至于影视作品、全录像等,表面上似乎肖像没有再现在像照片、画像、雕塑那样静态的物质载体上,虽然该人物形象是活动、变化、动态的样子,但实际上,这些人物形象仍以某物质载体(电影拷贝、录像带、电脑软片)为依托,而且可以通过人为和某种技术手段(如复制技术)再现并固定下来,使人的视觉再辨认其客观真实存在着。肖像的这种物质性,使得肖像可以为人力所支配,并能发挥其社会价值、艺术价值和收藏价值,产生了社会影响和财产利益,体现了肖像的人格特征。

二、肖像权

肖像权是指自然人对于以照片、画像、录像及其他载体表现出来的自己的视觉影像，依法享有的受法律保护的权利。

肖像权的内容包括：（1）肖像制作专有权。即肖像权主体可以根据自己的意愿，以任何合法的方式由自己或他人制作自己的肖像。既然是专有权，就意味着他人未经本人许可不得制作其肖像。（2）专有使用权。即自然人有权按照自己的意志以合法的方式利用自己的肖像，并获得财产利益。（3）利益维护权。即自然人对侵犯自己肖像权的行为，有权请求司法救济。

侵害肖像权的行为主要表现为以下几种形态。

（一）擅自创制他人的肖像

肖像是自然人人格的外在表现，体现了自然人的人格利益，只有自然人本人有权决定是否在客观上再现自己的形象、采用何种方式再现自己的形象、何时再现自己的形象等。未经本人同意，擅自创制本人的肖像，例如，偷拍他人的生活照片、秘密摄制他人的形体录像带等，就是侵害肖像权的行为。

（二）擅自拥有他人的肖像

未经本人同意而占有本人的照片，即使没有公开展示、发表或者采用其他方式使用，也是侵犯肖像权的行为。这对于职业制作他人肖像的营业者来说，尤其应该注意，比如，在合同关系消灭后，照相馆不能私自保留顾客照片的底片，也不能未经许可私自复制他人照片予以保存，否则就侵害了他人肖像权。

（三）擅自处分他人的肖像

肖像是自然人人格形象的客观再现，反映了形象主体对自己外形或者个性特征的关注，如何通过肖像更美好地反映自己的形象，如何通过肖像更长久地保护自己的形象，是理性的肖像权人所关心的问题，这就要求他人不能违背肖像权人的意志而采用物理上的处分方式改变肖像的外观和内容，比如涂抹他人肖像，撕毁他人照片，均是擅自处分他人肖像的行为，这些行为不仅侵害了他人的肖像权，而且往往也会侵害肖像人的名誉权。

（四）擅自使用他人的肖像

未经他人同意就使用其肖像，是实践中最为常见的侵害肖像权行为的表现形态，其可以分为以下几种类型。

1. 营利性非法使用。即未经他人同意以营利为目的使用他人肖像。这种行为发生的场合多在商业活动中，可使非法使用者直接或间接地获取财产利益。

2. 侮辱性非法使用即使用者恶意丑化、玷污他人肖像，其目的在于贬低肖像权人的人格尊严，给权利人造成精神上、人格上的损害。这种行为往往同时侵害权利人的名誉权。

3. 不当使用。即在合法使用的前提下，使用人对肖像的使用在方式、范围、时间上明显不当，侵害了肖像人的权益。

在学校涉及学生肖像权的，主要包括两种情况：一是在有关学校的新闻报道中，涉及学生的肖像；二是在学校的宣传广告中涉及学生的肖像。对于第一种情况，民法理论上认为，在新闻报道中，未经本人同意使用公民肖像的，不构成侵权行为。对于第二种情况，首先，学校不是以营利为目的的组织，属于公益事业单位，民法理论上认为，为了公益事业而使用公民肖像的，也不构成侵权。所以，学校为了提高自己的知名度，或者教育发展问题，在招生宣传广告中，可以使用学生的肖像，也不必向学生支付报酬，但应当征得学生本人或其监护人的同意。其次，学校在自己研究、生产、经营的商品广告中，使用学生的肖像，属于营利的行为，应当征得学生本人或学生监护人的同意才能使用，否则，同样构成侵犯学生肖像权的行为，依照民法典的规定应当承担民事责任。

三、肖像的合理使用

要区别被告的行为是否侵犯肖像权，需要弄清楚肖像使用行为的阻却违法事由，即肖像的合理使用。肖像的合理使用包括以下几种情形。

（一）为国家和社会公共利益而合法使用公民肖像

常见的是国家机关为执行公务而强制使用公民的肖像：（1）执法机关为侦查工作需要发出通缉令而未经同意使用公民的肖像；（2）司法机关在诉讼活动中作为证据而使用当事人的肖像；（3）报道已判决的重大案件而使用罪犯的肖像。这些使用肖像行为都是为了国家和公共利益。

（二）为开展舆论监督而正当使用公民肖像

常见的情况有：（1）将先进、模范人物照片予以公开展览，以弘扬正气，树立楷模，规范社会光明行为；（2）对公民违法行为和不文明行为进行拍摄和录像予以公布进行善意批评，以纠正歪风，矫正不法，教育广大公民遵纪守法，维护社会公众利益；（3）在新闻报道中需要正面和反面人物的肖像，以履行正当的舆论监督功能。

（三）为公众利益和公秩良俗而合理利用公民肖像

所谓公秩良俗，是指公共秩序、社会公德和善良风俗等。常见的情况有：（1）具有新闻价值的人物，如党和国家人物、政治活动家及国家工作人员，参加各种社会活动和接待外宾活动，新闻部门一般未经同意而使用他们的肖像，这些活动都是为国家和公众利益；（2）为宣传报道需要未经同意而使用社会知名人物、影视人物、各界明星等公开出头露面的肖像；（3）任何人在特定场合中，如参加游行、集会、庆典、阅兵、公开讲演、祭祀、游园、纪实拍摄，或其他公众活动被拍摄作为宣传报道的肖像，或一晃而过的人物镜头；（4）发生重大事件的当事人和在场人，因调查、作证需要使用他们的肖像（如交通肇事、水灾火灾、房屋倒塌等事件）。

（四）为公民本身利益使用肖像或公民自愿放弃自己肖像专用权

常见的情形有：（1）维护公民自身利益使用其肖像，如制作身份证、寻人启事等使用公民的照片；（2）公民允许自己肖像供他人或第三人使用，此时产生了肖像作品的著作权或影视作品版权归属问题，不管是明示或默示形式，一般只允许一次使用权，而两次以上使用公民肖像，还须另行约定。

（五）其他以正当目的使用公民肖像的情形

主要包括：（1）善意使用历史上知名人物形象，而没有损害该人物肖像权或其亲属的声誉的；（2）在风景区创作风景画或拍摄风景照，将他人作为点缀而画入纸内或拍入镜头，在这样场合，只要不以他人的形象为主题，不构成侵犯该公民的肖像，亦属正当使用范围；（3）仅依记忆而制作他人真实肖像，用作有益的资料保存或正当使用。

由上述理论可知，本案某小学使用该校学生刘某的肖像用作校办产品的包装，系营利性的行为，且未经刘某的监护人同意，也不具备侵犯肖像权的阻却违法事由，故构成侵犯肖像权，应当承担赔偿责任。

【法条指引】

中华人民共和国民法典

第九百九十条　人格权是民事主体享有的生命权、身体权、健康权、姓名权、名称权、肖像权、名誉权、荣誉权、隐私权等权利。

除前款规定的人格权外，自然人享有基于人身自由、人格尊严产生的其他人格权益。

第九百九十九条　为公共利益实施新闻报道、舆论监督等行为的，可以合理使用民事主体的姓名、名称、肖像、个人信息等；使用不合理侵害民事主体人格权的，应当依法承担民事责任。

19. 父母为未成年人订立婚约有效吗？

【维权要点】

父母为未成年人订立婚约是一种违法行为，这种行为侵害了未成年人的合法权益。对此可视情节轻重，给予相应的法律制裁。

【典型案例】

中学生郑某（女）与杨某（男）同在一个村，又在同一中学读书。平时两家关系很好，经常走动，郑某与杨某经常在一起玩。两家的母亲决定给他们定亲，于是摆了几桌酒席向同村人宣布这一消息。后郑某考入县里的高中，而杨某却没有考上，在家务农。杨家怕郑某考上大学后会解除婚约，于是提出让两人先圆房的要求。郑某坚决反对，而且要退掉这门亲事。杨某则认为自己在郑某身上已经花了很多钱，并且双方有约在先，违约就要赔偿。郑某于是向法院提起诉讼，请求确认婚约无效。

【法官讲法】

所谓婚约，是指父母为子女预定婚事的行为。它分两种，一种是"娃娃亲"，即为未成年子女订立婚约；另一种为成年子女订立的婚约。在封建社会中，父母一旦为子女订立了婚约，子女到了年龄以后，不管愿不愿意都要履行婚约。但在现代社会，婚约通常不具法律上的拘束力。民法典既不禁止成年两性为婚姻预约，也不保护婚约。也就是说，如果一方决定解除婚约，无须征得对方同意，也不需要经过任何法定机关的准许。如果一方以婚约为由，强迫对方与自己结婚，则会构成对对方的侵权行为。民法典对婚约持中立态度，主要是针对成年人而言。而未成年人保护法则明文禁止父母为未成年人订婚。该法第17条规定："未成年人的父母或者其他监护人不得实施下列行为：……（九）允许、迫使未成年人结婚或者为未成年人订立婚约……"可见，父母为未成年人订立婚约实际上是一种违法行为，这种行为侵害了未成年人的合法权益。对此可视情节轻重，给予相应的法律制裁。

我国法律之所以将父母为未成年人订立婚约的行为界定为违法行为，是因为未成年人订婚有着许多不符合社会行为规范的弊端：（1）父母为未成年子女订立婚约，剥夺了未成年人将来恋爱自由和婚姻自主的权利。结婚必须是男女双方完全自愿的结合，订婚是为结婚而做准备的，也理应是双方完全自愿。父母为未成年人订立婚约实质上是父母把自己的意愿强加在子女身上。在未成年人身心尚未发育完全，对恋爱婚姻问题认识尚不深刻的情形下，由父母或者其他监护人按照自己的意愿为未成年人订婚，根本谈不上未成年人对婚姻的自由和自愿，是一种违反婚姻自由原则的包办婚姻行为。（2）导致早婚、非法同居和未婚先孕的不良社会现象及违法婚姻行为的发生。十六七岁的未成年人正处于青春期，过早地体验性生活不仅影响其正常生长发育，还将对其成年后的幸福生活带来障碍，甚至有的还会变成性随便者，对人生持不负责任的态度，这对家庭、对社会都可能构成不稳定因素。（3）父母为未成年人订婚直接影响未成年人的学习和进步。未成年人正处于求学求知的重要阶段，他们应当和同龄人一样快乐而无忧无虑地生活学习。但父母为他们订立婚约会给未成年人的学习投下阴影，影响他们学习积极性和自觉性的发挥，阻碍未成年人的成长。（4）导致民事纠纷增多。婚约一经形成，男女双方通常就开始不断地向对方家庭赠送各种财物。一旦撕毁婚约，势必会造成民事纠纷。

综上所述，未成年人的父母不得为未成年人订立婚约。如果未成年人订立了婚约或者未成年人父母代替其订立婚约，这种婚约是没有法律效力的，任何一方均有权不承认或解除这种婚约，无须征得对方同意。在本案中，郑某完全有权解除婚约，无须征得对方和父母的同意，同时无须因婚约的解除承担任何责任。

【法条指引】

中华人民共和国未成年人保护法

第十七条　未成年人的父母或者其他监护人不得实施下列行为：

……

（九）允许、迫使未成年人结婚或者为未成年人订立婚约。

……

附　录

中华人民共和国民法典（节录）

（2020 年 5 月 28 日第十三届全国人民代表大会第三次会议通过）

第五编　婚姻家庭

第一章　一般规定

第一千零四十条　本编调整因婚姻家庭产生的民事关系。

第一千零四十一条　婚姻家庭受国家保护。

实行婚姻自由、一夫一妻、男女平等的婚姻制度。

保护妇女、未成年人、老年人、残疾人的合法权益。

第一千零四十二条　禁止包办、买卖婚姻和其他干涉婚姻自由的行为。禁止借婚姻索取财物。

禁止重婚。禁止有配偶者与他人同居。

禁止家庭暴力。禁止家庭成员间的虐待和遗弃。

第一千零四十三条　家庭应当树立优良家风，弘扬家庭美德，重视家庭文明建设。

夫妻应当互相忠实，互相尊重，互相关爱；家庭成员应当敬老爱幼，互相帮助，维护平等、和睦、文明的婚姻家庭关系。

第一千零四十四条　收养应当遵循最有利于被收养人的原则，保障被收养人和收养人的合法权益。

禁止借收养名义买卖未成年人。

第一千零四十五条 亲属包括配偶、血亲和姻亲。

配偶、父母、子女、兄弟姐妹、祖父母、外祖父母、孙子女、外孙子女为近亲属。

配偶、父母、子女和其他共同生活的近亲属为家庭成员。

第二章 结 婚

第一千零四十六条 结婚应当男女双方完全自愿，禁止任何一方对另一方加以强迫，禁止任何组织或者个人加以干涉。

第一千零四十七条 结婚年龄，男不得早于二十二周岁，女不得早于二十周岁。

第一千零四十八条 直系血亲或者三代以内的旁系血亲禁止结婚。

第一千零四十九条 要求结婚的男女双方应当亲自到婚姻登记机关申请结婚登记。符合本法规定的，予以登记，发给结婚证。完成结婚登记，即确立婚姻关系。未办理结婚登记的，应当补办登记。

第一千零五十条 登记结婚后，按照男女双方约定，女方可以成为男方家庭的成员，男方可以成为女方家庭的成员。

第一千零五十一条 有下列情形之一的，婚姻无效：

（一）重婚；

（二）有禁止结婚的亲属关系；

（三）未到法定婚龄。

第一千零五十二条 因胁迫结婚的，受胁迫的一方可以向人民法院请求撤销婚姻。

请求撤销婚姻的，应当自胁迫行为终止之日起一年内提出。

被非法限制人身自由的当事人请求撤销婚姻的，应当自恢复人身自由之日起一年内提出。

第一千零五十三条 一方患有重大疾病的，应当在结婚登记前如实告知另一方；不如实告知的，另一方可以向人民法院请求撤销婚姻。

请求撤销婚姻的，应当自知道或者应当知道撤销事由之日起一年内提出。

第一千零五十四条 无效的或者被撤销的婚姻自始没有法律约束力，

当事人不具有夫妻的权利和义务。同居期间所得的财产，由当事人协议处理；协议不成的，由人民法院根据照顾无过错方的原则判决。对重婚导致的无效婚姻的财产处理，不得侵害合法婚姻当事人的财产权益。当事人所生的子女，适用本法关于父母子女的规定。

婚姻无效或者被撤销的，无过错方有权请求损害赔偿。

第三章　家庭关系

第一节　夫妻关系

第一千零五十五条　夫妻在婚姻家庭中地位平等。

第一千零五十六条　夫妻双方都有各自使用自己姓名的权利。

第一千零五十七条　夫妻双方都有参加生产、工作、学习和社会活动的自由，一方不得对另一方加以限制或者干涉。

第一千零五十八条　夫妻双方平等享有对未成年子女抚养、教育和保护的权利，共同承担对未成年子女抚养、教育和保护的义务。

第一千零五十九条　夫妻有相互扶养的义务。

需要扶养的一方，在另一方不履行扶养义务时，有要求其给付扶养费的权利。

第一千零六十条　夫妻一方因家庭日常生活需要而实施的民事法律行为，对夫妻双方发生效力，但是夫妻一方与相对人另有约定的除外。

夫妻之间对一方可以实施的民事法律行为范围的限制，不得对抗善意相对人。

第一千零六十一条　夫妻有相互继承遗产的权利。

第一千零六十二条　夫妻在婚姻关系存续期间所得的下列财产，为夫妻的共同财产，归夫妻共同所有：

（一）工资、奖金、劳务报酬；

（二）生产、经营、投资的收益；

（三）知识产权的收益；

（四）继承或者受赠的财产，但是本法第一千零六十三条第三项规定的除外；

（五）其他应当归共同所有的财产。

夫妻对共同财产，有平等的处理权。

第一千零六十三条 下列财产为夫妻一方的个人财产：

（一）一方的婚前财产；

（二）一方因受到人身损害获得的赔偿或者补偿；

（三）遗嘱或者赠与合同中确定只归一方的财产；

（四）一方专用的生活用品；

（五）其他应当归一方的财产。

第一千零六十四条 夫妻双方共同签名或者夫妻一方事后追认等共同意思表示所负的债务，以及夫妻一方在婚姻关系存续期间以个人名义为家庭日常生活需要所负的债务，属于夫妻共同债务。

夫妻一方在婚姻关系存续期间以个人名义超出家庭日常生活需要所负的债务，不属于夫妻共同债务；但是，债权人能够证明该债务用于夫妻共同生活、共同生产经营或者基于夫妻双方共同意思表示的除外。

第一千零六十五条 男女双方可以约定婚姻关系存续期间所得的财产以及婚前财产归各自所有、共同所有或者部分各自所有、部分共同所有。约定应当采用书面形式。没有约定或者约定不明确的，适用本法第一千零六十二条、第一千零六十三条的规定。

夫妻对婚姻关系存续期间所得的财产以及婚前财产的约定，对双方具有法律约束力。

夫妻对婚姻关系存续期间所得的财产约定归各自所有，夫或者妻一方对外所负的债务，相对人知道该约定的，以夫或者妻一方的个人财产清偿。

第一千零六十六条 婚姻关系存续期间，有下列情形之一的，夫妻一方可以向人民法院请求分割共同财产：

（一）一方有隐藏、转移、变卖、毁损、挥霍夫妻共同财产或者伪造夫妻共同债务等严重损害夫妻共同财产利益的行为；

（二）一方负有法定扶养义务的人患重大疾病需要医治，另一方不同意支付相关医疗费用。

第二节 父母子女关系和其他近亲属关系

第一千零六十七条 父母不履行抚养义务的，未成年子女或者不能独立生活的成年子女，有要求父母给付抚养费的权利。

成年子女不履行赡养义务的，缺乏劳动能力或者生活困难的父母，有要求成年子女给付赡养费的权利。

第一千零六十八条　父母有教育、保护未成年子女的权利和义务。未成年子女造成他人损害的，父母应当依法承担民事责任。

第一千零六十九条　子女应当尊重父母的婚姻权利，不得干涉父母离婚、再婚以及婚后的生活。子女对父母的赡养义务，不因父母的婚姻关系变化而终止。

第一千零七十条　父母和子女有相互继承遗产的权利。

第一千零七十一条　非婚生子女享有与婚生子女同等的权利，任何组织或者个人不得加以危害和歧视。

不直接抚养非婚生子女的生父或者生母，应当负担未成年子女或者不能独立生活的成年子女的抚养费。

第一千零七十二条　继父母与继子女间，不得虐待或者歧视。

继父或者继母和受其抚养教育的继子女间的权利义务关系，适用本法关于父母子女关系的规定。

第一千零七十三条　对亲子关系有异议且有正当理由的，父或者母可以向人民法院提起诉讼，请求确认或者否认亲子关系。

对亲子关系有异议且有正当理由的，成年子女可以向人民法院提起诉讼，请求确认亲子关系。

第一千零七十四条　有负担能力的祖父母、外祖父母，对于父母已经死亡或者父母无力抚养的未成年孙子女、外孙子女，有抚养的义务。

有负担能力的孙子女、外孙子女，对于子女已经死亡或者子女无力赡养的祖父母、外祖父母，有赡养的义务。

第一千零七十五条　有负担能力的兄、姐，对于父母已经死亡或者父母无力抚养的未成年弟、妹，有扶养的义务。

由兄、姐扶养长大的有负担能力的弟、妹，对于缺乏劳动能力又缺乏生活来源的兄、姐，有扶养的义务。

第四章　离　　婚

第一千零七十六条　夫妻双方自愿离婚的，应当签订书面离婚协议，并亲自到婚姻登记机关申请离婚登记。

离婚协议应当载明双方自愿离婚的意思表示和对子女抚养、财产以及债务处理等事项协商一致的意见。

第一千零七十七条 自婚姻登记机关收到离婚登记申请之日起三十日内，任何一方不愿意离婚的，可以向婚姻登记机关撤回离婚登记申请。

前款规定期限届满后三十日内，双方应当亲自到婚姻登记机关申请发给离婚证；未申请的，视为撤回离婚登记申请。

第一千零七十八条 婚姻登记机关查明双方确实是自愿离婚，并已经对子女抚养、财产以及债务处理等事项协商一致的，予以登记，发给离婚证。

第一千零七十九条 夫妻一方要求离婚的，可以由有关组织进行调解或者直接向人民法院提起离婚诉讼。

人民法院审理离婚案件，应当进行调解；如果感情确已破裂，调解无效的，应当准予离婚。

有下列情形之一，调解无效的，应当准予离婚：

（一）重婚或者与他人同居；

（二）实施家庭暴力或者虐待、遗弃家庭成员；

（三）有赌博、吸毒等恶习屡教不改；

（四）因感情不和分居满二年；

（五）其他导致夫妻感情破裂的情形。

一方被宣告失踪，另一方提起离婚诉讼的，应当准予离婚。

经人民法院判决不准离婚后，双方又分居满一年，一方再次提起离婚诉讼的，应当准予离婚。

第一千零八十条 完成离婚登记，或者离婚判决书、调解书生效，即解除婚姻关系。

第一千零八十一条 现役军人的配偶要求离婚，应当征得军人同意，但是军人一方有重大过错的除外。

第一千零八十二条 女方在怀孕期间、分娩后一年内或者终止妊娠后六个月内，男方不得提出离婚；但是，女方提出离婚或者人民法院认为确有必要受理男方离婚请求的除外。

第一千零八十三条 离婚后，男女双方自愿恢复婚姻关系的，应当到婚姻登记机关重新进行结婚登记。

第一千零八十四条　父母与子女间的关系，不因父母离婚而消除。离婚后，子女无论由父或者母直接抚养，仍是父母双方的子女。

离婚后，父母对于子女仍有抚养、教育、保护的权利和义务。

离婚后，不满两周岁的子女，以由母亲直接抚养为原则。已满两周岁的子女，父母双方对抚养问题协议不成的，由人民法院根据双方的具体情况，按照最有利于未成年子女的原则判决。子女已满八周岁的，应当尊重其真实意愿。

第一千零八十五条　离婚后，子女由一方直接抚养的，另一方应当负担部分或者全部抚养费。负担费用的多少和期限的长短，由双方协议；协议不成的，由人民法院判决。

前款规定的协议或者判决，不妨碍子女在必要时向父母任何一方提出超过协议或者判决原定数额的合理要求。

第一千零八十六条　离婚后，不直接抚养子女的父或者母，有探望子女的权利，另一方有协助的义务。

行使探望权利的方式、时间由当事人协议；协议不成的，由人民法院判决。

父或者母探望子女，不利于子女身心健康的，由人民法院依法中止探望；中止的事由消失后，应当恢复探望。

第一千零八十七条　离婚时，夫妻的共同财产由双方协议处理；协议不成的，由人民法院根据财产的具体情况，按照照顾子女、女方和无过错方权益的原则判决。

对夫或者妻在家庭土地承包经营中享有的权益等，应当依法予以保护。

第一千零八十八条　夫妻一方因抚育子女、照料老年人、协助另一方工作等负担较多义务的，离婚时有权向另一方请求补偿，另一方应当给予补偿。具体办法由双方协议；协议不成的，由人民法院判决。

第一千零八十九条　离婚时，夫妻共同债务应当共同偿还。共同财产不足清偿或者财产归各自所有的，由双方协议清偿；协议不成的，由人民法院判决。

第一千零九十条　离婚时，如果一方生活困难，有负担能力的另一方应当给予适当帮助。具体办法由双方协议；协议不成的，由人民法院判决。

第一千零九十一条 有下列情形之一，导致离婚的，无过错方有权请求损害赔偿：

（一）重婚；

（二）与他人同居；

（三）实施家庭暴力；

（四）虐待、遗弃家庭成员；

（五）有其他重大过错。

第一千零九十二条 夫妻一方隐藏、转移、变卖、毁损、挥霍夫妻共同财产，或者伪造夫妻共同债务企图侵占另一方财产的，在离婚分割夫妻共同财产时，对该方可以少分或者不分。离婚后，另一方发现有上述行为的，可以向人民法院提起诉讼，请求再次分割夫妻共同财产。

第五章 收 养

第一节 收养关系的成立

第一千零九十三条 下列未成年人，可以被收养：

（一）丧失父母的孤儿；

（二）查找不到生父母的未成年人；

（三）生父母有特殊困难无力抚养的子女。

第一千零九十四条 下列个人、组织可以作送养人：

（一）孤儿的监护人；

（二）儿童福利机构；

（三）有特殊困难无力抚养子女的生父母。

第一千零九十五条 未成年人的父母均不具备完全民事行为能力且可能严重危害该未成年人的，该未成年人的监护人可以将其送养。

第一千零九十六条 监护人送养孤儿的，应当征得有抚养义务的人同意。有抚养义务的人不同意送养、监护人不愿意继续履行监护职责的，应当依照本法第一编的规定另行确定监护人。

第一千零九十七条 生父母送养子女，应当双方共同送养。生父母一方不明或者查找不到的，可以单方送养。

第一千零九十八条 收养人应当同时具备下列条件：

（一）无子女或者只有一名子女；

（二）有抚养、教育和保护被收养人的能力；

（三）未患有在医学上认为不应当收养子女的疾病；

（四）无不利于被收养人健康成长的违法犯罪记录；

（五）年满三十周岁。

第一千零九十九条 收养三代以内旁系同辈血亲的子女，可以不受本法第一千零九十三条第三项、第一千零九十四条第三项和第一千一百零二条规定的限制。

华侨收养三代以内旁系同辈血亲的子女，还可以不受本法第一千零九十八条第一项规定的限制。

第一千一百条 无子女的收养人可以收养两名子女；有子女的收养人只能收养一名子女。

收养孤儿、残疾未成年人或者儿童福利机构抚养的查找不到生父母的未成年人，可以不受前款和本法第一千零九十八条第一项规定的限制。

第一千一百零一条 有配偶者收养子女，应当夫妻共同收养。

第一千一百零二条 无配偶者收养异性子女的，收养人与被收养人的年龄应当相差四十周岁以上。

第一千一百零三条 继父或者继母经继子女的生父母同意，可以收养继子女，并可以不受本法第一千零九十三条第三项、第一千零九十四条第三项、第一千零九十八条和第一千一百条第一款规定的限制。

第一千一百零四条 收养人收养与送养人送养，应当双方自愿。收养八周岁以上未成年人的，应当征得被收养人的同意。

第一千一百零五条 收养应当向县级以上人民政府民政部门登记。收养关系自登记之日起成立。

收养查找不到生父母的未成年人的，办理登记的民政部门应当在登记前予以公告。

收养关系当事人愿意签订收养协议的，可以签订收养协议。

收养关系当事人各方或者一方要求办理收养公证的，应当办理收养公证。

县级以上人民政府民政部门应当依法进行收养评估。

第一千一百零六条 收养关系成立后，公安机关应当按照国家有关规定为被收养人办理户口登记。

第一千一百零七条 孤儿或者生父母无力抚养的子女，可以由生父母的亲属、朋友抚养；抚养人与被抚养人的关系不适用本章规定。

第一千一百零八条 配偶一方死亡，另一方送养未成年子女的，死亡一方的父母有优先抚养的权利。

第一千一百零九条 外国人依法可以在中华人民共和国收养子女。

外国人在中华人民共和国收养子女，应当经其所在国主管机关依照该国法律审查同意。收养人应当提供由其所在国有权机构出具的有关其年龄、婚姻、职业、财产、健康、有无受过刑事处罚等状况的证明材料，并与送养人签订书面协议，亲自向省、自治区、直辖市人民政府民政部门登记。

前款规定的证明材料应当经收养人所在国外交机关或者外交机关授权的机构认证，并经中华人民共和国驻该国使领馆认证，但是国家另有规定的除外。

第一千一百一十条 收养人、送养人要求保守收养秘密的，其他人应当尊重其意愿，不得泄露。

第二节 收养的效力

第一千一百一十一条 自收养关系成立之日起，养父母与养子女间的权利义务关系，适用本法关于父母子女关系的规定；养子女与养父母的近亲属间的权利义务关系，适用本法关于子女与父母的近亲属关系的规定。

养子女与生父母以及其他近亲属间的权利义务关系，因收养关系的成立而消除。

第一千一百一十二条 养子女可以随养父或者养母的姓氏，经当事人协商一致，也可以保留原姓氏。

第一千一百一十三条 有本法第一编关于民事法律行为无效规定情形或者违反本编规定的收养行为无效。

无效的收养行为自始没有法律约束力。

第三节 收养关系的解除

第一千一百一十四条 收养人在被收养人成年以前，不得解除收养关系，但是收养人、送养人双方协议解除的除外。养子女八周岁以上的，应当征得本人同意。

　　收养人不履行抚养义务，有虐待、遗弃等侵害未成年养子女合法权益行为的，送养人有权要求解除养父母与养子女间的收养关系。送养人、收养人不能达成解除收养关系协议的，可以向人民法院提起诉讼。

　　第一千一百一十五条　养父母与成年养子女关系恶化、无法共同生活的，可以协议解除收养关系。不能达成协议的，可以向人民法院提起诉讼。

　　第一千一百一十六条　当事人协议解除收养关系的，应当到民政部门办理解除收养关系登记。

　　第一千一百一十七条　收养关系解除后，养子女与养父母以及其他近亲属间的权利义务关系即行消除，与生父母以及其他近亲属间的权利义务关系自行恢复。但是，成年养子女与生父母以及其他近亲属间的权利义务关系是否恢复，可以协商确定。

　　第一千一百一十八条　收养关系解除后，经养父母抚养的成年养子女，对缺乏劳动能力又缺乏生活来源的养父母，应当给付生活费。因养子女成年后虐待、遗弃养父母而解除收养关系的，养父母可以要求养子女补偿收养期间支出的抚养费。

　　生父母要求解除收养关系的，养父母可以要求生父母适当补偿收养期间支出的抚养费；但是，因养父母虐待、遗弃养子女而解除收养关系的除外。

第六编　继　　承

第一章　一般规定

第一千一百一十九条　本编调整因继承产生的民事关系。

第一千一百二十条　国家保护自然人的继承权。

第一千一百二十一条　继承从被继承人死亡时开始。

　　相互有继承关系的数人在同一事件中死亡，难以确定死亡时间的，推定没有其他继承人的人先死亡。都有其他继承人，辈份不同的，推定长辈先死亡；辈份相同的，推定同时死亡，相互不发生继承。

第一千一百二十二条　遗产是自然人死亡时遗留的个人合法财产。

依照法律规定或者根据其性质不得继承的遗产，不得继承。

第一千一百二十三条 继承开始后，按照法定继承办理；有遗嘱的，按照遗嘱继承或者遗赠办理；有遗赠扶养协议的，按照协议办理。

第一千一百二十四条 继承开始后，继承人放弃继承的，应当在遗产处理前，以书面形式作出放弃继承的表示；没有表示的，视为接受继承。

受遗赠人应当在知道受遗赠后六十日内，作出接受或者放弃受遗赠地表示；到期没有表示的，视为放弃受遗赠。

第一千一百二十五条 继承人有下列行为之一的，丧失继承权：

（一）故意杀害被继承人；

（二）为争夺遗产而杀害其他继承人；

（三）遗弃被继承人，或者虐待被继承人情节严重；

（四）伪造、篡改、隐匿或者销毁遗嘱，情节严重；

（五）以欺诈、胁迫手段迫使或者妨碍被继承人设立、变更或者撤回遗嘱，情节严重。

继承人有前款第三项至第五项行为，确有悔改表现，被继承人表示宽恕或者事后在遗嘱中将其列为继承人的，该继承人不丧失继承权。

受遗赠人有本条第一款规定行为的，丧失受遗赠权。

第二章　法定继承

第一千一百二十六条 继承权男女平等。

第一千一百二十七条 遗产按照下列顺序继承：

（一）第一顺序：配偶、子女、父母；

（二）第二顺序：兄弟姐妹、祖父母、外祖父母。

继承开始后，由第一顺序继承人继承，第二顺序继承人不继承；没有第一顺序继承人继承的，由第二顺序继承人继承。

本编所称子女，包括婚生子女、非婚生子女、养子女和有扶养关系的继子女。

本编所称父母，包括生父母、养父母和有扶养关系的继父母。

本编所称兄弟姐妹，包括同父母的兄弟姐妹、同父异母或者同母异父的兄弟姐妹、养兄弟姐妹、有扶养关系的继兄弟姐妹。

第一千一百二十八条　被继承人的子女先于被继承人死亡的，由被继承人的子女的直系晚辈血亲代位继承。

被继承人的兄弟姐妹先于被继承人死亡的，由被继承人的兄弟姐妹的子女代位继承。

代位继承人一般只能继承被代位继承人有权继承的遗产份额。

第一千一百二十九条　丧偶儿媳对公婆，丧偶女婿对岳父母，尽了主要赡养义务的，作为第一顺序继承人。

第一千一百三十条　同一顺序继承人继承遗产的份额，一般应当均等。

对生活有特殊困难又缺乏劳动能力的继承人，分配遗产时，应当予以照顾。

对被继承人尽了主要扶养义务或者与被继承人共同生活的继承人，分配遗产时，可以多分。

有扶养能力和有扶养条件的继承人，不尽扶养义务的，分配遗产时，应当不分或者少分。

继承人协商同意的，也可以不均等。

第一千一百三十一条　对继承人以外的依靠被继承人扶养的人，或者继承人以外的对被继承人扶养较多的人，可以分给适当的遗产。

第一千一百三十二条　继承人应当本着互谅互让、和睦团结的精神，协商处理继承问题。遗产分割的时间、办法和份额，由继承人协商确定；协商不成的，可以由人民调解委员会调解或者向人民法院提起诉讼。

第三章　遗嘱继承和遗赠

第一千一百三十三条　自然人可以依照本法规定立遗嘱处分个人财产，并可以指定遗嘱执行人。

自然人可以立遗嘱将个人财产指定由法定继承人中的一人或者数人继承。

自然人可以立遗嘱将个人财产赠与国家、集体或者法定继承人以外的组织、个人。

自然人可以依法设立遗嘱信托。

第一千一百三十四条　自书遗嘱由遗嘱人亲笔书写，签名，注明年、月、日。

第一千一百三十五条 代书遗嘱应当有两个以上见证人在场见证,由其中一人代书,并由遗嘱人、代书人和其他见证人签名,注明年、月、日。

第一千一百三十六条 打印遗嘱应当有两个以上见证人在场见证。遗嘱人和见证人应当在遗嘱每一页签名,注明年、月、日。

第一千一百三十七条 以录音录像形式立的遗嘱,应当有两个以上见证人在场见证。遗嘱人和见证人应当在录音录像中记录其姓名或者肖像,以及年、月、日。

第一千一百三十八条 遗嘱人在危急情况下,可以立口头遗嘱。口头遗嘱应当有两个以上见证人在场见证。危急情况消除后,遗嘱人能够以书面或者录音录像形式立遗嘱的,所立的口头遗嘱无效。

第一千一百三十九条 公证遗嘱由遗嘱人经公证机构办理。

第一千一百四十条 下列人员不能作为遗嘱见证人:

(一)无民事行为能力人、限制民事行为能力人以及其他不具有见证能力的人;

(二)继承人、受遗赠人;

(三)与继承人、受遗赠人有利害关系的人。

第一千一百四十一条 遗嘱应当为缺乏劳动能力又没有生活来源的继承人保留必要的遗产份额。

第一千一百四十二条 遗嘱人可以撤回、变更自己所立的遗嘱。

立遗嘱后,遗嘱人实施与遗嘱内容相反的民事法律行为的,视为对遗嘱相关内容的撤回。

立有数份遗嘱,内容相抵触的,以最后的遗嘱为准。

第一千一百四十三条 无民事行为能力人或者限制民事行为能力人所立的遗嘱无效。

遗嘱必须表示遗嘱人的真实意思,受欺诈、胁迫所立的遗嘱无效。

伪造的遗嘱无效。

遗嘱被篡改的,篡改的内容无效。

第一千一百四十四条 遗嘱继承或者遗赠附有义务的,继承人或者受遗赠人应当履行义务。没有正当理由不履行义务的,经利害关系人或者有关组织请求,人民法院可以取消其接受附义务部分遗产的权利。

第四章　遗产的处理

第一千一百四十五条　继承开始后，遗嘱执行人为遗产管理人；没有遗嘱执行人的，继承人应当及时推选遗产管理人；继承人未推选的，由继承人共同担任遗产管理人；没有继承人或者继承人均放弃继承的，由被继承人生前住所地的民政部门或者村民委员会担任遗产管理人。

第一千一百四十六条　对遗产管理人的确定有争议的，利害关系人可以向人民法院申请指定遗产管理人。

第一千一百四十七条　遗产管理人应当履行下列职责：

（一）清理遗产并制作遗产清单；

（二）向继承人报告遗产情况；

（三）采取必要措施防止遗产毁损、灭失；

（四）处理被继承人的债权债务；

（五）按照遗嘱或者依照法律规定分割遗产；

（六）实施与管理遗产有关的其他必要行为。

第一千一百四十八条　遗产管理人应当依法履行职责，因故意或者重大过失造成继承人、受遗赠人、债权人损害的，应当承担民事责任。

第一千一百四十九条　遗产管理人可以依照法律规定或者按照约定获得报酬。

第一千一百五十条　继承开始后，知道被继承人死亡的继承人应当及时通知其他继承人和遗嘱执行人。继承人中无人知道被继承人死亡或者知道被继承人死亡而不能通知的，由被继承人生前所在单位或者住所地的居民委员会、村民委员会负责通知。

第一千一百五十一条　存有遗产的人，应当妥善保管遗产，任何组织或者个人不得侵吞或者争抢。

第一千一百五十二条　继承开始后，继承人于遗产分割前死亡，并没有放弃继承的，该继承人应当继承的遗产转给其继承人，但是遗嘱另有安排的除外。

第一千一百五十三条　夫妻共同所有的财产，除有约定的外，遗产分割时，应当先将共同所有的财产的一半分出为配偶所有，其余的为被继承人的遗产。

遗产在家庭共有财产之中的，遗产分割时，应当先分出他人的财产。

第一千一百五十四条 有下列情形之一的，遗产中的有关部分按照法定继承办理：

（一）遗嘱继承人放弃继承或者受遗赠人放弃受遗赠；

（二）遗嘱继承人丧失继承权或者受遗赠人丧失受遗赠权；

（三）遗嘱继承人、受遗赠人先于遗嘱人死亡或者终止；

（四）遗嘱无效部分所涉及的遗产；

（五）遗嘱未处分的遗产。

第一千一百五十五条 遗产分割时，应当保留胎儿的继承份额。胎儿娩出时是死体的，保留的份额按照法定继承办理。

第一千一百五十六条 遗产分割应当有利于生产和生活需要，不损害遗产的效用。

不宜分割的遗产，可以采取折价、适当补偿或者共有等方法处理。

第一千一百五十七条 夫妻一方死亡后另一方再婚的，有权处分所继承的财产，任何组织或者个人不得干涉。

第一千一百五十八条 自然人可以与继承人以外的组织或者个人签订遗赠扶养协议。按照协议，该组织或者个人承担该自然人生养死葬的义务，享有受遗赠的权利。

第一千一百五十九条 分割遗产，应当清偿被继承人依法应当缴纳的税款和债务；但是，应当为缺乏劳动能力又没有生活来源的继承人保留必要的遗产。

第一千一百六十条 无人继承又无人受遗赠的遗产，归国家所有，用于公益事业；死者生前是集体所有制组织成员的，归所在集体所有制组织所有。

第一千一百六十一条 继承人以所得遗产实际价值为限清偿被继承人依法应当缴纳的税款和债务。超过遗产实际价值部分，继承人自愿偿还的不在此限。

继承人放弃继承的，对被继承人依法应当缴纳的税款和债务可以不负清偿责任。

第一千一百六十二条 执行遗赠不得妨碍清偿遗赠人依法应当缴纳的

税款和债务。

　　第一千一百六十三条　既有法定继承又有遗嘱继承、遗赠的，由法定继承人清偿被继承人依法应当缴纳的税款和债务；超过法定继承遗产实际价值部分，由遗嘱继承人和受遗赠人按比例以所得遗产清偿。

中华人民共和国妇女权益保障法

(1992 年 4 月 3 日第七届全国人民代表大会第五次会议通过 根据 2005 年 8 月 28 日第十届全国人民代表大会常务委员会第十七次会议《关于修改〈中华人民共和国妇女权益保障法〉的决定》第一次修正 根据 2018 年 10 月 26 日第十三届全国人民代表大会常务委员会第六次会议《关于修改〈中华人民共和国野生动物保护法〉等十五部法律的决定》第二次修正 2022 年 10 月 30 日第十三届全国人民代表大会常务委员会第三十七次会议修订)

目　　录

第一章　总　　则

第一条　为了保障妇女的合法权益，促进男女平等和妇女全面发展，充分发挥妇女在全面建设社会主义现代化国家中的作用，弘扬社会主义核心价值观，根据宪法，制定本法。

第二条　男女平等是国家的基本国策。妇女在政治的、经济的、文化的、社会的和家庭的生活等各方面享有同男子平等的权利。

国家采取必要措施，促进男女平等，消除对妇女一切形式的歧视，禁止排斥、限制妇女依法享有和行使各项权益。

国家保护妇女依法享有的特殊权益。

第三条 坚持中国共产党对妇女权益保障工作的领导，建立政府主导、各方协同、社会参与的保障妇女权益工作机制。

各级人民政府应当重视和加强妇女权益的保障工作。

县级以上人民政府负责妇女儿童工作的机构，负责组织、协调、指导、督促有关部门做好妇女权益的保障工作。

县级以上人民政府有关部门在各自的职责范围内做好妇女权益的保障工作。

第四条 保障妇女的合法权益是全社会的共同责任。国家机关、社会团体、企业事业单位、基层群众性自治组织以及其他组织和个人，应当依法保障妇女的权益。

国家采取有效措施，为妇女依法行使权利提供必要的条件。

第五条 国务院制定和组织实施中国妇女发展纲要，将其纳入国民经济和社会发展规划，保障和促进妇女在各领域的全面发展。

县级以上地方各级人民政府根据中国妇女发展纲要，制定和组织实施本行政区域的妇女发展规划，将其纳入国民经济和社会发展规划。

县级以上人民政府应当将妇女权益保障所需经费列入本级预算。

第六条 中华全国妇女联合会和地方各级妇女联合会依照法律和中华全国妇女联合会章程，代表和维护各族各界妇女的利益，做好维护妇女权益、促进男女平等和妇女全面发展的工作。

工会、共产主义青年团、残疾人联合会等群团组织应当在各自的工作范围内，做好维护妇女权益的工作。

第七条 国家鼓励妇女自尊、自信、自立、自强，运用法律维护自身合法权益。

妇女应当遵守国家法律，尊重社会公德、职业道德和家庭美德，履行法律所规定的义务。

第八条 有关机关制定或者修改涉及妇女权益的法律、法规、规章和其他规范性文件，应当听取妇女联合会的意见，充分考虑妇女的特殊权益，必要时开展男女平等评估。

第九条 国家建立健全妇女发展状况统计调查制度，完善性别统计监测指标体系，定期开展妇女发展状况和权益保障统计调查和分析，发布有关信息。

第十条　国家将男女平等基本国策纳入国民教育体系，开展宣传教育，增强全社会的男女平等意识，培育尊重和关爱妇女的社会风尚。

第十一条　国家对保障妇女合法权益成绩显著的组织和个人，按照有关规定给予表彰和奖励。

第二章　政治权利

第十二条　国家保障妇女享有与男子平等的政治权利。

第十三条　妇女有权通过各种途径和形式，依法参与管理国家事务、管理经济和文化事业、管理社会事务。

妇女和妇女组织有权向各级国家机关提出妇女权益保障方面的意见和建议。

第十四条　妇女享有与男子平等的选举权和被选举权。

全国人民代表大会和地方各级人民代表大会的代表中，应当保证有适当数量的妇女代表。国家采取措施，逐步提高全国人民代表大会和地方各级人民代表大会的妇女代表的比例。

居民委员会、村民委员会成员中，应当保证有适当数量的妇女成员。

第十五条　国家积极培养和选拔女干部，重视培养和选拔少数民族女干部。

国家机关、群团组织、企业事业单位培养、选拔和任用干部，应当坚持男女平等的原则，并有适当数量的妇女担任领导成员。

妇女联合会及其团体会员，可以向国家机关、群团组织、企业事业单位推荐女干部。

国家采取措施支持女性人才成长。

第十六条　妇女联合会代表妇女积极参与国家和社会事务的民主协商、民主决策、民主管理和民主监督。

第十七条　对于有关妇女权益保障工作的批评或者合理可行的建议，有关部门应当听取和采纳；对于有关侵害妇女权益的申诉、控告和检举，有关部门应当查清事实，负责处理，任何组织和个人不得压制或者打击报复。

第三章　人身和人格权益

第十八条　国家保障妇女享有与男子平等的人身和人格权益。

第十九条　妇女的人身自由不受侵犯。禁止非法拘禁和以其他非法手段剥夺或者限制妇女的人身自由；禁止非法搜查妇女的身体。

第二十条　妇女的人格尊严不受侵犯。禁止用侮辱、诽谤等方式损害妇女的人格尊严。

第二十一条　妇女的生命权、身体权、健康权不受侵犯。禁止虐待、遗弃、残害、买卖以及其他侵害女性生命健康权益的行为。

禁止进行非医学需要的胎儿性别鉴定和选择性别的人工终止妊娠。

医疗机构施行生育手术、特殊检查或者特殊治疗时，应当征得妇女本人同意；在妇女与其家属或者关系人意见不一致时，应当尊重妇女本人意愿。

第二十二条　禁止拐卖、绑架妇女；禁止收买被拐卖、绑架的妇女；禁止阻碍解救被拐卖、绑架的妇女。

各级人民政府和公安、民政、人力资源和社会保障、卫生健康等部门及村民委员会、居民委员会按照各自的职责及时发现报告，并采取措施解救被拐卖、绑架的妇女，做好被解救妇女的安置、救助和关爱等工作。妇女联合会协助和配合做好有关工作。任何组织和个人不得歧视被拐卖、绑架的妇女。

第二十三条　禁止违背妇女意愿，以言语、文字、图像、肢体行为等方式对其实施性骚扰。

受害妇女可以向有关单位和国家机关投诉。接到投诉的有关单位和国家机关应当及时处理，并书面告知处理结果。

受害妇女可以向公安机关报案，也可以向人民法院提起民事诉讼，依法请求行为人承担民事责任。

第二十四条　学校应当根据女学生的年龄阶段，进行生理卫生、心理健康和自我保护教育，在教育、管理、设施等方面采取措施，提高其防范性侵害、性骚扰的自我保护意识和能力，保障女学生的人身安全和身心健康发展。

学校应当建立有效预防和科学处置性侵害、性骚扰的工作制度。对性侵害、性骚扰女学生的违法犯罪行为，学校不得隐瞒，应当及时通知受害未成年女学生的父母或者其他监护人，向公安机关、教育行政部门报告，并配合相关部门依法处理。

对遭受性侵害、性骚扰的女学生，学校、公安机关、教育行政部门等相关单位和人员应当保护其隐私和个人信息，并提供必要的保护措施。

第二十五条 用人单位应当采取下列措施预防和制止对妇女的性骚扰：

（一）制定禁止性骚扰的规章制度；

（二）明确负责机构或者人员；

（三）开展预防和制止性骚扰的教育培训活动；

（四）采取必要的安全保卫措施；

（五）设置投诉电话、信箱等，畅通投诉渠道；

（六）建立和完善调查处置程序，及时处置纠纷并保护当事人隐私和个人信息；

（七）支持、协助受害妇女依法维权，必要时为受害妇女提供心理疏导；

（八）其他合理的预防和制止性骚扰措施。

第二十六条 住宿经营者应当及时准确登记住宿人员信息，健全住宿服务规章制度，加强安全保障措施；发现可能侵害妇女权益的违法犯罪行为，应当及时向公安机关报告。

第二十七条 禁止卖淫、嫖娼；禁止组织、强迫、引诱、容留、介绍妇女卖淫或者对妇女进行猥亵活动；禁止组织、强迫、引诱、容留、介绍妇女在任何场所或者利用网络进行淫秽表演活动。

第二十八条 妇女的姓名权、肖像权、名誉权、荣誉权、隐私权和个人信息等人格权益受法律保护。

媒体报道涉及妇女事件应当客观、适度，不得通过夸大事实、过度渲染等方式侵害妇女的人格权益。

禁止通过大众传播媒介或者其他方式贬低损害妇女人格。未经本人同意，不得通过广告、商标、展览橱窗、报纸、期刊、图书、音像制品、电子出版物、网络等形式使用妇女肖像，但法律另有规定的除外。

第二十九条　禁止以恋爱、交友为由或者在终止恋爱关系、离婚之后，纠缠、骚扰妇女，泄露、传播妇女隐私和个人信息。

妇女遭受上述侵害或者面临上述侵害现实危险的，可以向人民法院申请人身安全保护令。

第三十条　国家建立健全妇女健康服务体系，保障妇女享有基本医疗卫生服务，开展妇女常见病、多发病的预防、筛查和诊疗，提高妇女健康水平。

国家采取必要措施，开展经期、孕期、产期、哺乳期和更年期的健康知识普及、卫生保健和疾病防治，保障妇女特殊生理时期的健康需求，为有需要的妇女提供心理健康服务支持。

第三十一条　县级以上地方人民政府应当设立妇幼保健机构，为妇女提供保健以及常见病防治服务。

国家鼓励和支持社会力量通过依法捐赠、资助或者提供志愿服务等方式，参与妇女卫生健康事业，提供安全的生理健康用品或者服务，满足妇女多样化、差异化的健康需求。

用人单位应当定期为女职工安排妇科疾病、乳腺疾病检查以及妇女特殊需要的其他健康检查。

第三十二条　妇女依法享有生育子女的权利，也有不生育子女的自由。

第三十三条　国家实行婚前、孕前、孕产期和产后保健制度，逐步建立妇女全生育周期系统保健制度。医疗保健机构应当提供安全、有效的医疗保健服务，保障妇女生育安全和健康。

有关部门应当提供安全、有效的避孕药具和技术，保障妇女的健康和安全。

第三十四条　各级人民政府在规划、建设基础设施时，应当考虑妇女的特殊需求，配备满足妇女需要的公共厕所和母婴室等公共设施。

第四章　文化教育权益

第三十五条　国家保障妇女享有与男子平等的文化教育权利。

第三十六条　父母或者其他监护人应当履行保障适龄女性未成年人接

受并完成义务教育的义务。

对无正当理由不送适龄女性未成年人入学的父母或者其他监护人，由当地乡镇人民政府或者县级人民政府教育行政部门给予批评教育，依法责令其限期改正。居民委员会、村民委员会应当协助政府做好相关工作。

政府、学校应当采取有效措施，解决适龄女性未成年人就学存在的实际困难，并创造条件，保证适龄女性未成年人完成义务教育。

第三十七条　学校和有关部门应当执行国家有关规定，保障妇女在入学、升学、授予学位、派出留学、就业指导和服务等方面享有与男子平等的权利。

学校在录取学生时，除国家规定的特殊专业外，不得以性别为由拒绝录取女性或者提高对女性的录取标准。

各级人民政府应当采取措施，保障女性平等享有接受中高等教育的权利和机会。

第三十八条　各级人民政府应当依照规定把扫除妇女中的文盲、半文盲工作，纳入扫盲和扫盲后继续教育规划，采取符合妇女特点的组织形式和工作方法，组织、监督有关部门具体实施。

第三十九条　国家健全全民终身学习体系，为妇女终身学习创造条件。

各级人民政府和有关部门应当采取措施，根据城镇和农村妇女的需要，组织妇女接受职业教育和实用技术培训。

第四十条　国家机关、社会团体和企业事业单位应当执行国家有关规定，保障妇女从事科学、技术、文学、艺术和其他文化活动，享有与男子平等的权利。

第五章　劳动和社会保障权益

第四十一条　国家保障妇女享有与男子平等的劳动权利和社会保障权利。

第四十二条　各级人民政府和有关部门应当完善就业保障政策措施，防止和纠正就业性别歧视，为妇女创造公平的就业创业环境，为就业困难的妇女提供必要的扶持和援助。

第四十三条　用人单位在招录（聘）过程中，除国家另有规定外，不得实施下列行为：

（一）限定为男性或者规定男性优先；

（二）除个人基本信息外，进一步询问或者调查女性求职者的婚育情况；

（三）将妊娠测试作为入职体检项目；

（四）将限制结婚、生育或者婚姻、生育状况作为录（聘）用条件；

（五）其他以性别为由拒绝录（聘）用妇女或者差别化地提高对妇女录（聘）用标准的行为。

第四十四条 用人单位在录（聘）用女职工时，应当依法与其签订劳动（聘用）合同或者服务协议，劳动（聘用）合同或者服务协议中应当具备女职工特殊保护条款，并不得规定限制女职工结婚、生育等内容。

职工一方与用人单位订立的集体合同中应当包含男女平等和女职工权益保护相关内容，也可以就相关内容制定专章、附件或者单独订立女职工权益保护专项集体合同。

第四十五条 实行男女同工同酬。妇女在享受福利待遇方面享有与男子平等的权利。

第四十六条 在晋职、晋级、评聘专业技术职称和职务、培训等方面，应当坚持男女平等的原则，不得歧视妇女。

第四十七条 用人单位应当根据妇女的特点，依法保护妇女在工作和劳动时的安全、健康以及休息的权利。

妇女在经期、孕期、产期、哺乳期受特殊保护。

第四十八条 用人单位不得因结婚、怀孕、产假、哺乳等情形，降低女职工的工资和福利待遇，限制女职工晋职、晋级、评聘专业技术职称和职务，辞退女职工，单方解除劳动（聘用）合同或者服务协议。

女职工在怀孕以及依法享受产假期间，劳动（聘用）合同或者服务协议期满的，劳动（聘用）合同或者服务协议期限自动延续至产假结束。但是，用人单位依法解除、终止劳动（聘用）合同、服务协议，或者女职工依法要求解除、终止劳动（聘用）合同、服务协议的除外。

用人单位在执行国家退休制度时，不得以性别为由歧视妇女。

第四十九条 人力资源和社会保障部门应当将招聘、录取、晋职、晋级、评聘专业技术职称和职务、培训、辞退等过程中的性别歧视行为纳入劳动保障监察范围。

第五十条 国家发展社会保障事业，保障妇女享有社会保险、社会救助和社会福利等权益。

国家提倡和鼓励为帮助妇女而开展的社会公益活动。

第五十一条 国家实行生育保险制度，建立健全婴幼儿托育服务等与生育相关的其他保障制度。

国家建立健全职工生育休假制度，保障孕产期女职工依法享有休息休假权益。

地方各级人民政府和有关部门应当按照国家有关规定，为符合条件的困难妇女提供必要的生育救助。

第五十二条 各级人民政府和有关部门应当采取必要措施，加强贫困妇女、老龄妇女、残疾妇女等困难妇女的权益保障，按照有关规定为其提供生活帮扶、就业创业支持等关爱服务。

第六章　财产权益

第五十三条 国家保障妇女享有与男子平等的财产权利。

第五十四条 在夫妻共同财产、家庭共有财产关系中，不得侵害妇女依法享有的权益。

第五十五条 妇女在农村集体经济组织成员身份确认、土地承包经营、集体经济组织收益分配、土地征收补偿安置或者征用补偿以及宅基地使用等方面，享有与男子平等的权利。

申请农村土地承包经营权、宅基地使用权等不动产登记，应当在不动产登记簿和权属证书上将享有权利的妇女等家庭成员全部列明。征收补偿安置或者征用补偿协议应当将享有相关权益的妇女列入，并记载权益内容。

第五十六条 村民自治章程、村规民约，村民会议、村民代表会议的决定以及其他涉及村民利益事项的决定，不得以妇女未婚、结婚、离婚、丧偶、户无男性等为由，侵害妇女在农村集体经济组织中的各项权益。

因结婚男方到女方住所落户的，男方和子女享有与所在地农村集体经济组织成员平等的权益。

第五十七条　国家保护妇女在城镇集体所有财产关系中的权益。妇女依照法律、法规的规定享有相关权益。

第五十八条　妇女享有与男子平等的继承权。妇女依法行使继承权，不受歧视。

丧偶妇女有权依法处分继承的财产，任何组织和个人不得干涉。

第五十九条　丧偶儿媳对公婆尽了主要赡养义务的，作为第一顺序继承人，其继承权不受子女代位继承的影响。

第七章　婚姻家庭权益

第六十条　国家保障妇女享有与男子平等的婚姻家庭权利。

第六十一条　国家保护妇女的婚姻自主权。禁止干涉妇女的结婚、离婚自由。

第六十二条　国家鼓励男女双方在结婚登记前，共同进行医学检查或者相关健康体检。

第六十三条　婚姻登记机关应当提供婚姻家庭辅导服务，引导当事人建立平等、和睦、文明的婚姻家庭关系。

第六十四条　女方在怀孕期间、分娩后一年内或者终止妊娠后六个月内，男方不得提出离婚；但是，女方提出离婚或者人民法院认为确有必要受理男方离婚请求的除外。

第六十五条　禁止对妇女实施家庭暴力。

县级以上人民政府有关部门、司法机关、社会团体、企业事业单位、基层群众性自治组织以及其他组织，应当在各自的职责范围内预防和制止家庭暴力，依法为受害妇女提供救助。

第六十六条　妇女对夫妻共同财产享有与其配偶平等的占有、使用、收益和处分的权利，不受双方收入状况等情形的影响。

对夫妻共同所有的不动产以及可以联名登记的动产，女方有权要求在权属证书上记载其姓名；认为记载的权利人、标的物、权利比例等事项有错误的，有权依法申请更正登记或者异议登记，有关机构应当按照其申请依法办理相应登记手续。

第六十七条　离婚诉讼期间，夫妻一方申请查询登记在对方名下财产状况且确因客观原因不能自行收集的，人民法院应当进行调查取证，有关部门和单位应当予以协助。

离婚诉讼期间，夫妻双方均有向人民法院申报全部夫妻共同财产的义务。一方隐藏、转移、变卖、损毁、挥霍夫妻共同财产，或者伪造夫妻共同债务企图侵占另一方财产的，在离婚分割夫妻共同财产时，对该方可以少分或者不分财产。

第六十八条　夫妻双方应当共同负担家庭义务，共同照顾家庭生活。

女方因抚育子女、照料老人、协助男方工作等负担较多义务的，有权在离婚时要求男方予以补偿。补偿办法由双方协议确定；协议不成的，可以向人民法院提起诉讼。

第六十九条　离婚时，分割夫妻共有的房屋或者处理夫妻共同租住的房屋，由双方协议解决；协议不成的，可以向人民法院提起诉讼。

第七十条　父母双方对未成年子女享有平等的监护权。

父亲死亡、无监护能力或者有其他情形不能担任未成年子女的监护人的，母亲的监护权任何组织和个人不得干涉。

第七十一条　女方丧失生育能力的，在离婚处理子女抚养问题时，应当在最有利于未成年子女的条件下，优先考虑女方的抚养要求。

第八章　救济措施

第七十二条　对侵害妇女合法权益的行为，任何组织和个人都有权予以劝阻、制止或者向有关部门提出控告或者检举。有关部门接到控告或者检举后，应当依法及时处理，并为控告人、检举人保密。

妇女的合法权益受到侵害的，有权要求有关部门依法处理，或者依法申请调解、仲裁，或者向人民法院起诉。

对符合条件的妇女，当地法律援助机构或者司法机关应当给予帮助，依法为其提供法律援助或者司法救助。

第七十三条　妇女的合法权益受到侵害的，可以向妇女联合会等妇女组织求助。妇女联合会等妇女组织应当维护被侵害妇女的合法权益，有权要求并协助有关部门或者单位查处。有关部门或者单位应当依法查处，并予以答复；不予处理或者处理不当的，县级以上人民政府负责妇女儿童工作的机构、妇女联合会可以向其提出督促处理意见，必要时可以提请同级人民政府开展督查。

受害妇女进行诉讼需要帮助的，妇女联合会应当给予支持和帮助。

第七十四条　用人单位侵害妇女劳动和社会保障权益的，人力资源和社会保障部门可以联合工会、妇女联合会约谈用人单位，依法进行监督并要求其限期纠正。

第七十五条　妇女在农村集体经济组织成员身份确认等方面权益受到侵害的，可以申请乡镇人民政府等进行协调，或者向人民法院起诉。

乡镇人民政府应当对村民自治章程、村规民约，村民会议、村民代表会议的决定以及其他涉及村民利益事项的决定进行指导，对其中违反法律、法规和国家政策规定，侵害妇女合法权益的内容责令改正；受侵害妇女向农村土地承包仲裁机构申请仲裁或者向人民法院起诉的，农村土地承包仲裁机构或者人民法院应当依法受理。

第七十六条　县级以上人民政府应当开通全国统一的妇女权益保护服务热线，及时受理、移送有关侵害妇女合法权益的投诉、举报；有关部门或者单位接到投诉、举报后，应当及时予以处置。

鼓励和支持群团组织、企业事业单位、社会组织和个人参与建设妇女权益保护服务热线，提供妇女权益保护方面的咨询、帮助。

第七十七条　侵害妇女合法权益，导致社会公共利益受损的，检察机关可以发出检察建议；有下列情形之一的，检察机关可以依法提起公益诉讼：

（一）确认农村妇女集体经济组织成员身份时侵害妇女权益或者侵害妇女享有的农村土地承包和集体收益、土地征收征用补偿分配权益和宅基地使用权益；

（二）侵害妇女平等就业权益；

（三）相关单位未采取合理措施预防和制止性骚扰；

（四）通过大众传播媒介或者其他方式贬低损害妇女人格；

（五）其他严重侵害妇女权益的情形。

第七十八条　国家机关、社会团体、企业事业单位对侵害妇女权益的行为，可以支持受侵害的妇女向人民法院起诉。

第九章 法律责任

第七十九条 违反本法第二十二条第二款规定，未履行报告义务的，依法对直接负责的主管人员和其他直接责任人员给予处分。

第八十条 违反本法规定，对妇女实施性骚扰的，由公安机关给予批评教育或者出具告诫书，并由所在单位依法给予处分。

学校、用人单位违反本法规定，未采取必要措施预防和制止性骚扰，造成妇女权益受到侵害或者社会影响恶劣的，由上级机关或者主管部门责令改正；拒不改正或者情节严重的，依法对直接负责的主管人员和其他直接责任人员给予处分。

第八十一条 违反本法第二十六条规定，未履行报告等义务的，依法给予警告、责令停业整顿或者吊销营业执照、吊销相关许可证，并处一万元以上五万元以下罚款。

第八十二条 违反本法规定，通过大众传播媒介或者其他方式贬低损害妇女人格的，由公安、网信、文化旅游、广播电视、新闻出版或者其他有关部门依据各自的职权责令改正，并依法给予行政处罚。

第八十三条 用人单位违反本法第四十三条和第四十八条规定的，由人力资源和社会保障部门责令改正；拒不改正或者情节严重的，处一万元以上五万元以下罚款。

第八十四条 违反本法规定，对侵害妇女权益的申诉、控告、检举，推诿、拖延、压制不予查处，或者对提出申诉、控告、检举的人进行打击报复的，依法责令改正，并对直接负责的主管人员和其他直接责任人员给予处分。

国家机关及其工作人员未依法履行职责，对侵害妇女权益的行为未及时制止或者未给予受害妇女必要帮助，造成严重后果的，依法对直接负责的主管人员和其他直接责任人员给予处分。

违反本法规定，侵害妇女人身和人格权益、文化教育权益、劳动和社会保障权益、财产权益以及婚姻家庭权益的，依法责令改正，直接负责的主管人员和其他直接责任人员属于国家工作人员的，依法给予处分。

第八十五条 违反本法规定，侵害妇女的合法权益，其他法律、法规规定行政处罚的，从其规定；造成财产损失或者人身损害的，依法承担民事责任；构成犯罪的，依法追究刑事责任。

第十章　附　　则

第八十六条　本法自 2023 年 1 月 1 日起施行。

中华人民共和国未成年人保护法（节录）

（1991 年 9 月 4 日第七届全国人民代表大会常务委员会第二十一次会议通过　2006 年 12 月 29 日第十届全国人民代表大会常务委员会第二十五次会议第一次修订　根据 2012 年 10 月 26 日第十一届全国人民代表大会常务委员会第二十九次会议《关于修改〈中华人民共和国未成年人保护法〉的决定》修正　2020 年 10 月 17 日第十三届全国人民代表大会常务委员会第二十二次会议第二次修订）

第一章　总　　则

第五条　国家、社会、学校和家庭应当对未成年人进行理想教育、道德教育、科学教育、文化教育、法治教育、国家安全教育、健康教育、劳动教育，加强爱国主义、集体主义和中国特色社会主义的教育，培养爱祖国、爱人民、爱劳动、爱科学、爱社会主义的公德，抵制资本主义、封建主义和其他腐朽思想的侵蚀，引导未成年人树立和践行社会主义核心价值观。

第六条　保护未成年人，是国家机关、武装力量、政党、人民团体、企业事业单位、社会组织、城乡基层群众性自治组织、未成年人的监护人以及其他成年人的共同责任。

国家、社会、学校和家庭应当教育和帮助未成年人维护自身合法权益，增强自我保护的意识和能力。

第七条　未成年人的父母或者其他监护人依法对未成年人承担监护职责。

国家采取措施指导、支持、帮助和监督未成年人的父母或者其他监护人履行监护职责。

第八条　县级以上人民政府应当将未成年人保护工作纳入国民经济和社会发展规划，相关经费纳入本级政府预算。

第九条　县级以上人民政府应当建立未成年人保护工作协调机制，统筹、协调、督促和指导有关部门在各自职责范围内做好未成年人保护工作。协调机制具体工作由县级以上人民政府民政部门承担，省级人民政府也可以根据本地实际情况确定由其他有关部门承担。

第十条　共产主义青年团、妇女联合会、工会、残疾人联合会、关心下一代工作委员会、青年联合会、学生联合会、少年先锋队以及其他人民团体、有关社会组织，应当协助各级人民政府及其有关部门、人民检察院、人民法院做好未成年人保护工作，维护未成年人合法权益。

第十一条　任何组织或者个人发现不利于未成年人身心健康或者侵犯未成年人合法权益的情形，都有权劝阻、制止或者向公安、民政、教育等有关部门提出检举、控告。

国家机关、居民委员会、村民委员会、密切接触未成年人的单位及其工作人员，在工作中发现未成年人身心健康受到侵害、疑似受到侵害或者面临其他危险情形的，应当立即向公安、民政、教育等有关部门报告。

有关部门接到涉及未成年人的检举、控告或者报告，应当依法及时受理、处置，并以适当方式将处理结果告知相关单位和人员。

第十二条　国家鼓励和支持未成年人保护方面的科学研究，建设相关学科、设置相关专业，加强人才培养。

第十三条　国家建立健全未成年人统计调查制度，开展未成年人健康、受教育等状况的统计、调查和分析，发布未成年人保护的有关信息。

第十四条　国家对保护未成年人有显著成绩的组织和个人给予表彰和奖励。

第二章　家庭保护

第十五条　未成年人的父母或者其他监护人应当学习家庭教育知识，接受家庭教育指导，创造良好、和睦、文明的家庭环境。

共同生活的其他成年家庭成员应当协助未成年人的父母或者其他监护人抚养、教育和保护未成年人。

第十六条　未成年人的父母或者其他监护人应当履行下列监护职责：

（一）为未成年人提供生活、健康、安全等方面的保障；

（二）关注未成年人的生理、心理状况和情感需求；

（三）教育和引导未成年人遵纪守法、勤俭节约，养成良好的思想品德和行为习惯；

（四）对未成年人进行安全教育，提高未成年人的自我保护意识和能力；

（五）尊重未成年人受教育的权利，保障适龄未成年人依法接受并完成义务教育；

（六）保障未成年人休息、娱乐和体育锻炼的时间，引导未成年人进行有益身心健康的活动；

（七）妥善管理和保护未成年人的财产；

（八）依法代理未成年人实施民事法律行为；

（九）预防和制止未成年人的不良行为和违法犯罪行为，并进行合理管教；

（十）其他应当履行的监护职责。

第十七条 未成年人的父母或者其他监护人不得实施下列行为：

（一）虐待、遗弃、非法送养未成年人或者对未成年人实施家庭暴力；

（二）放任、教唆或者利用未成年人实施违法犯罪行为；

（三）放任、唆使未成年人参与邪教、迷信活动或者接受恐怖主义、分裂主义、极端主义等侵害；

（四）放任、唆使未成年人吸烟（含电子烟，下同）、饮酒、赌博、流浪乞讨或者欺凌他人；

（五）放任或者迫使应当接受义务教育的未成年人失学、辍学；

（六）放任未成年人沉迷网络，接触危害或者可能影响其身心健康的图书、报刊、电影、广播电视节目、音像制品、电子出版物和网络信息等；

（七）放任未成年人进入营业性娱乐场所、酒吧、互联网上网服务营业场所等不适宜未成年人活动的场所；

（八）允许或者迫使未成年人从事国家规定以外的劳动；

（九）允许、迫使未成年人结婚或者为未成年人订立婚约；

（十）违法处分、侵吞未成年人的财产或者利用未成年人牟取不正当利益；

（十一）其他侵犯未成年人身心健康、财产权益或者不依法履行未成年人保护义务的行为。

第十八条　未成年人的父母或者其他监护人应当为未成年人提供安全的家庭生活环境，及时排除引发触电、烫伤、跌落等伤害的安全隐患；采取配备儿童安全座椅、教育未成年人遵守交通规则等措施，防止未成年人受到交通事故的伤害；提高户外安全保护意识，避免未成年人发生溺水、动物伤害等事故。

第十九条　未成年人的父母或者其他监护人应当根据未成年人的年龄和智力发展状况，在作出与未成年人权益有关的决定前，听取未成年人的意见，充分考虑其真实意愿。

第二十条　未成年人的父母或者其他监护人发现未成年人身心健康受到侵害、疑似受到侵害或者其他合法权益受到侵犯的，应当及时了解情况并采取保护措施；情况严重的，应当立即向公安、民政、教育等部门报告。

第二十一条　未成年人的父母或者其他监护人不得使未满八周岁或者由于身体、心理原因需要特别照顾的未成年人处于无人看护状态，或者将其交由无民事行为能力、限制民事行为能力、患有严重传染性疾病或者其他不适宜的人员临时照护。

未成年人的父母或者其他监护人不得使未满十六周岁的未成年人脱离监护单独生活。

第二十二条　未成年人的父母或者其他监护人因外出务工等原因在一定期限内不能完全履行监护职责的，应当委托具有照护能力的完全民事行为能力人代为照护；无正当理由的，不得委托他人代为照护。

未成年人的父母或者其他监护人在确定被委托人时，应当综合考虑其道德品质、家庭状况、身心健康状况、与未成年人生活情感上的联系等情况，并听取有表达意愿能力未成年人的意见。

具有下列情形之一的，不得作为被委托人：

（一）曾实施性侵害、虐待、遗弃、拐卖、暴力伤害等违法犯罪行为；

（二）有吸毒、酗酒、赌博等恶习；

（三）曾拒不履行或者长期怠于履行监护、照护职责；

（四）其他不适宜担任被委托人的情形。

第二十三条 未成年人的父母或者其他监护人应当及时将委托照护情况书面告知未成年人所在学校、幼儿园和实际居住地的居民委员会、村民委员会，加强和未成年人所在学校、幼儿园的沟通；与未成年人、被委托人至少每周联系和交流一次，了解未成年人的生活、学习、心理等情况，并给予未成年人亲情关爱。

未成年人的父母或者其他监护人接到被委托人、居民委员会、村民委员会、学校、幼儿园等关于未成年人心理、行为异常的通知后，应当及时采取干预措施。

第二十四条 未成年人的父母离婚时，应当妥善处理未成年子女的抚养、教育、探望、财产等事宜，听取有表达意愿能力未成年人的意见。不得以抢夺、藏匿未成年子女等方式争夺抚养权。

未成年人的父母离婚后，不直接抚养未成年子女的一方应当依照协议、人民法院判决或者调解确定的时间和方式，在不影响未成年人学习、生活的情况下探望未成年子女，直接抚养的一方应当配合，但被人民法院依法中止探望权的除外。

第三章 学校保护

第二十五条 学校应当全面贯彻国家教育方针，坚持立德树人，实施素质教育，提高教育质量，注重培养未成年学生认知能力、合作能力、创新能力和实践能力，促进未成年学生全面发展。

学校应当建立未成年学生保护工作制度，健全学生行为规范，培养未成年学生遵纪守法的良好行为习惯。

第二十六条 幼儿园应当做好保育、教育工作，遵循幼儿身心发展规律，实施启蒙教育，促进幼儿在体质、智力、品德等方面和谐发展。

第二十七条 学校、幼儿园的教职员工应当尊重未成年人人格尊严，不得对未成年人实施体罚、变相体罚或者其他侮辱人格尊严的行为。

第二十八条 学校应当保障未成年学生受教育的权利，不得违反国家规定开除、变相开除未成年学生。

学校应当对尚未完成义务教育的辍学未成年学生进行登记并劝返复学；劝返无效的，应当及时向教育行政部门书面报告。

第二十九条 学校应当关心、爱护未成年学生，不得因家庭、身体、心理、学习能力等情况歧视学生。对家庭困难、身心有障碍的学生，应当提供关爱；对行为异常、学习有困难的学生，应当耐心帮助。

学校应当配合政府有关部门建立留守未成年学生、困境未成年学生的信息档案，开展关爱帮扶工作。

第三十条 学校应当根据未成年学生身心发展特点，进行社会生活指导、心理健康辅导、青春期教育和生命教育。

第三十一条 学校应当组织未成年学生参加与其年龄相适应的日常生活劳动、生产劳动和服务性劳动，帮助未成年学生掌握必要的劳动知识和技能，养成良好的劳动习惯。

第三十二条 学校、幼儿园应当开展勤俭节约、反对浪费、珍惜粮食、文明饮食等宣传教育活动，帮助未成年人树立浪费可耻、节约为荣的意识，养成文明健康、绿色环保的生活习惯。

第三十三条 学校应当与未成年学生的父母或者其他监护人互相配合，合理安排未成年学生的学习时间，保障其休息、娱乐和体育锻炼的时间。

学校不得占用国家法定节假日、休息日及寒暑假期，组织义务教育阶段的未成年学生集体补课，加重其学习负担。

幼儿园、校外培训机构不得对学龄前未成年人进行小学课程教育。

第三十四条 学校、幼儿园应当提供必要的卫生保健条件，协助卫生健康部门做好在校、在园未成年人的卫生保健工作。

第三十五条 学校、幼儿园应当建立安全管理制度，对未成年人进行安全教育，完善安保设施、配备安保人员，保障未成年人在校、在园期间的人身和财产安全。

学校、幼儿园不得在危及未成年人人身安全、身心健康的校舍和其他设施、场所中进行教育教学活动。

学校、幼儿园安排未成年人参加文化娱乐、社会实践等集体活动，应当保护未成年人的身心健康，防止发生人身伤害事故。

第三十六条 使用校车的学校、幼儿园应当建立健全校车安全管理制度，配备安全管理人员，定期对校车进行安全检查，对校车驾驶人进行安全教育，并向未成年人讲解校车安全乘坐知识，培养未成年人校车安全事故应急处理技能。

第三十七条 学校、幼儿园应当根据需要，制定应对自然灾害、事故灾难、公共卫生事件等突发事件和意外伤害的预案，配备相应设施并定期进行必要的演练。

未成年人在校内、园内或者本校、本园组织的校外、园外活动中发生人身伤害事故的，学校、幼儿园应当立即救护，妥善处理，及时通知未成年人的父母或者其他监护人，并向有关部门报告。

第三十八条 学校、幼儿园不得安排未成年人参加商业性活动，不得向未成年人及其父母或者其他监护人推销或者要求其购买指定的商品和服务。

学校、幼儿园不得与校外培训机构合作为未成年人提供有偿课程辅导。

第三十九条 学校应当建立学生欺凌防控工作制度，对教职员工、学生等开展防治学生欺凌的教育和培训。

学校对学生欺凌行为应当立即制止，通知实施欺凌和被欺凌未成年学生的父母或者其他监护人参与欺凌行为的认定和处理；对相关未成年学生及时给予心理辅导、教育和引导；对相关未成年学生的父母或者其他监护人给予必要的家庭教育指导。

对实施欺凌的未成年学生，学校应当根据欺凌行为的性质和程度，依法加强管教。对严重的欺凌行为，学校不得隐瞒，应当及时向公安机关、教育行政部门报告，并配合相关部门依法处理。

第四十条 学校、幼儿园应当建立预防性侵害、性骚扰未成年人工作制度。对性侵害、性骚扰未成年人等违法犯罪行为，学校、幼儿园不得隐瞒，应当及时向公安机关、教育行政部门报告，并配合相关部门依法处理。

学校、幼儿园应当对未成年人开展适合其年龄的性教育，提高未成年人防范性侵害、性骚扰的自我保护意识和能力。对遭受性侵害、性骚扰的未成年人，学校、幼儿园应当及时采取相关的保护措施。

第四十一条 婴幼儿照护服务机构、早期教育服务机构、校外培训机构、校外托管机构等应当参照本章有关规定，根据不同年龄阶段未成年人的成长特点和规律，做好未成年人保护工作。

第四章　社会保护

第四十二条　全社会应当树立关心、爱护未成年人的良好风尚。

国家鼓励、支持和引导人民团体、企业事业单位、社会组织以及其他组织和个人，开展有利于未成年人健康成长的社会活动和服务。

第四十三条　居民委员会、村民委员会应当设置专人专岗负责未成年人保护工作，协助政府有关部门宣传未成年人保护方面的法律法规，指导、帮助和监督未成年人的父母或者其他监护人依法履行监护职责，建立留守未成年人、困境未成年人的信息档案并给予关爱帮扶。

居民委员会、村民委员会应当协助政府有关部门监督未成年人委托照护情况，发现被委托人缺乏照护能力、怠于履行照护职责等情况，应当及时向政府有关部门报告，并告知未成年人的父母或者其他监护人，帮助、督促被委托人履行照护职责。

第四十四条　爱国主义教育基地、图书馆、青少年宫、儿童活动中心、儿童之家应当对未成年人免费开放；博物馆、纪念馆、科技馆、展览馆、美术馆、文化馆、社区公益性互联网上网服务场所以及影剧院、体育场馆、动物园、植物园、公园等场所，应当按照有关规定对未成年人免费或者优惠开放。

国家鼓励爱国主义教育基地、博物馆、科技馆、美术馆等公共场馆开设未成年人专场，为未成年人提供有针对性的服务。

国家鼓励国家机关、企业事业单位、部队等开发自身教育资源，设立未成年人开放日，为未成年人主题教育、社会实践、职业体验等提供支持。

国家鼓励科研机构和科技类社会组织对未成年人开展科学普及活动。

第四十五条　城市公共交通以及公路、铁路、水路、航空客运等应当按照有关规定对未成年人实施免费或者优惠票价。

第四十六条　国家鼓励大型公共场所、公共交通工具、旅游景区景点等设置母婴室、婴儿护理台以及方便幼儿使用的坐便器、洗手台等卫生设施，为未成年人提供便利。

第四十七条　任何组织或者个人不得违反有关规定，限制未成年人应当享有的照顾或者优惠。

第四十八条　国家鼓励创作、出版、制作和传播有利于未成年人健康成长的图书、报刊、电影、广播电视节目、舞台艺术作品、音像制品、电子出版物和网络信息等。

第四十九条　新闻媒体应当加强未成年人保护方面的宣传，对侵犯未成年人合法权益的行为进行舆论监督。新闻媒体采访报道涉及未成年人事件应当客观、审慎和适度，不得侵犯未成年人的名誉、隐私和其他合法权益。

第五十条　禁止制作、复制、出版、发布、传播含有宣扬淫秽、色情、暴力、邪教、迷信、赌博、引诱自杀、恐怖主义、分裂主义、极端主义等危害未成年人身心健康内容的图书、报刊、电影、广播电视节目、舞台艺术作品、音像制品、电子出版物和网络信息等。

第五十一条　任何组织或者个人出版、发布、传播的图书、报刊、电影、广播电视节目、舞台艺术作品、音像制品、电子出版物或者网络信息，包含可能影响未成年人身心健康内容的，应当以显著方式作出提示。

第五十二条　禁止制作、复制、发布、传播或者持有有关未成年人的淫秽色情物品和网络信息。

第五十三条　任何组织或者个人不得刊登、播放、张贴或者散发含有危害未成年人身心健康内容的广告；不得在学校、幼儿园播放、张贴或者散发商业广告；不得利用校服、教材等发布或者变相发布商业广告。

第五十四条　禁止拐卖、绑架、虐待、非法收养未成年人，禁止对未成年人实施性侵害、性骚扰。

禁止胁迫、引诱、教唆未成年人参加黑社会性质组织或者从事违法犯罪活动。

禁止胁迫、诱骗、利用未成年人乞讨。

第五十五条　生产、销售用于未成年人的食品、药品、玩具、用具和游戏游艺设备、游乐设施等，应当符合国家或者行业标准，不得危害未成年人的人身安全和身心健康。上述产品的生产者应当在显著位置标明注意事项，未标明注意事项的不得销售。

第五十六条　未成年人集中活动的公共场所应当符合国家或者行业安全标准，并采取相应安全保护措施。对可能存在安全风险的设施，应当定期进行维护，在显著位置设置安全警示标志并标明适龄范围和注意事项；必要时应当安排专门人员看管。

大型的商场、超市、医院、图书馆、博物馆、科技馆、游乐场、车站、码头、机场、旅游景区景点等场所运营单位应当设置搜寻走失未成年人的安全警报系统。场所运营单位接到求助后，应当立即启动安全警报系统，组织人员进行搜寻并向公安机关报告。

公共场所发生突发事件时，应当优先救护未成年人。

第五十七条　旅馆、宾馆、酒店等住宿经营者接待未成年人入住，或者接待未成年人和成年人共同入住时，应当询问父母或者其他监护人的联系方式、入住人员的身份关系等有关情况；发现有违法犯罪嫌疑的，应当立即向公安机关报告，并及时联系未成年人的父母或者其他监护人。

第五十八条　学校、幼儿园周边不得设置营业性娱乐场所、酒吧、互联网上网服务营业场所等不适宜未成年人活动的场所。营业性歌舞娱乐场所、酒吧、互联网上网服务营业场所等不适宜未成年人活动场所的经营者，不得允许未成年人进入；游艺娱乐场所设置的电子游戏设备，除国家法定节假日外，不得向未成年人提供。经营者应当在显著位置设置未成年人禁入、限入标志；对难以判明是否是未成年人的，应当要求其出示身份证件。

第五十九条　学校、幼儿园周边不得设置烟、酒、彩票销售网点。禁止向未成年人销售烟、酒、彩票或者兑付彩票奖金。烟、酒和彩票经营者应当在显著位置设置不向未成年人销售烟、酒或者彩票的标志；对难以判明是否是未成年人的，应当要求其出示身份证件。

任何人不得在学校、幼儿园和其他未成年人集中活动的公共场所吸烟、饮酒。

第六十条　禁止向未成年人提供、销售管制刀具或者其他可能致人严重伤害的器具等物品。经营者难以判明购买者是否是未成年人的，应当要求其出示身份证件。

第六十一条　任何组织或者个人不得招用未满十六周岁未成年人，国家另有规定的除外。

营业性娱乐场所、酒吧、互联网上网服务营业场所等不适宜未成年人活动的场所不得招用已满十六周岁的未成年人。

招用已满十六周岁未成年人的单位和个人应当执行国家在工种、劳动时间、劳动强度和保护措施等方面的规定，不得安排其从事过重、有毒、有害等危害未成年人身心健康的劳动或者危险作业。

任何组织或者个人不得组织未成年人进行危害其身心健康的表演等活动。经未成年人的父母或者其他监护人同意，未成年人参与演出、节目制作等活动，活动组织方应当根据国家有关规定，保障未成年人合法权益。

第六十二条　密切接触未成年人的单位招聘工作人员时，应当向公安机关、人民检察院查询应聘者是否具有性侵害、虐待、拐卖、暴力伤害等违法犯罪记录；发现其具有前述行为记录的，不得录用。

密切接触未成年人的单位应当每年定期对工作人员是否具有上述违法犯罪记录进行查询。通过查询或者其他方式发现其工作人员具有上述行为的，应当及时解聘。

第六十三条　任何组织或者个人不得隐匿、毁弃、非法删除未成年人的信件、日记、电子邮件或者其他网络通讯内容。

除下列情形外，任何组织或者个人不得开拆、查阅未成年人的信件、日记、电子邮件或者其他网络通讯内容：

（一）无民事行为能力未成年人的父母或者其他监护人代未成年人开拆、查阅；

（二）因国家安全或者追查刑事犯罪依法进行检查；

（三）紧急情况下为了保护未成年人本人的人身安全。

第五章　网络保护

第六十四条　国家、社会、学校和家庭应当加强未成年人网络素养宣传教育，培养和提高未成年人的网络素养，增强未成年人科学、文明、安全、合理使用网络的意识和能力，保障未成年人在网络空间的合法权益。

第六十五条　国家鼓励和支持有利于未成年人健康成长的网络内容的创作与传播，鼓励和支持专门以未成年人为服务对象、适合未成年人身心健康特点的网络技术、产品、服务的研发、生产和使用。

第六十六条　网信部门及其他有关部门应当加强对未成年人网络保护工作的监督检查，依法惩处利用网络从事危害未成年人身心健康的活动，为未成年人提供安全、健康的网络环境。

第六十七条　网信部门会同公安、文化和旅游、新闻出版、电影、广播电视等部门根据保护不同年龄阶段未成年人的需要，确定可能影响未成年人身心健康网络信息的种类、范围和判断标准。

第六十八条　新闻出版、教育、卫生健康、文化和旅游、网信等部门应当定期开展预防未成年人沉迷网络的宣传教育，监督网络产品和服务提供者履行预防未成年人沉迷网络的义务，指导家庭、学校、社会组织互相配合，采取科学、合理的方式对未成年人沉迷网络进行预防和干预。

任何组织或者个人不得以侵害未成年人身心健康的方式对未成年人沉迷网络进行干预。

第六十九条　学校、社区、图书馆、文化馆、青少年宫等场所为未成年人提供的互联网上网服务设施，应当安装未成年人网络保护软件或者采取其他安全保护技术措施。

智能终端产品的制造者、销售者应当在产品上安装未成年人网络保护软件，或者以显著方式告知用户未成年人网络保护软件的安装渠道和方法。

第七十条　学校应当合理使用网络开展教学活动。未经学校允许，未成年学生不得将手机等智能终端产品带入课堂，带入学校的应当统一管理。

学校发现未成年学生沉迷网络的，应当及时告知其父母或者其他监护人，共同对未成年学生进行教育和引导，帮助其恢复正常的学习生活。

第七十一条　未成年人的父母或者其他监护人应当提高网络素养，规范自身使用网络的行为，加强对未成年人使用网络行为的引导和监督。

未成年人的父母或者其他监护人应当通过在智能终端产品上安装未成年人网络保护软件、选择适合未成年人的服务模式和管理功能等方式，避免未成年人接触危害或者可能影响其身心健康的网络信息，合理安排未成年人使用网络的时间，有效预防未成年人沉迷网络。

第七十二条　信息处理者通过网络处理未成年人个人信息的，应当遵循合法、正当和必要的原则。处理不满十四周岁未成年人个人信息的，应当征得未成年人的父母或者其他监护人同意，但法律、行政法规另有规定的除外。

未成年人、父母或者其他监护人要求信息处理者更正、删除未成年人个人信息的，信息处理者应当及时采取措施予以更正、删除，但法律、行政法规另有规定的除外。

第七十三条 网络服务提供者发现未成年人通过网络发布私密信息的，应当及时提示，并采取必要的保护措施。

第七十四条 网络产品和服务提供者不得向未成年人提供诱导其沉迷的产品和服务。

网络游戏、网络直播、网络音视频、网络社交等网络服务提供者应当针对未成年人使用其服务设置相应的时间管理、权限管理、消费管理等功能。

以未成年人为服务对象的在线教育网络产品和服务，不得插入网络游戏链接，不得推送广告等与教学无关的信息。

第七十五条 网络游戏经依法审批后方可运营。

国家建立统一的未成年人网络游戏电子身份认证系统。网络游戏服务提供者应当要求未成年人以真实身份信息注册并登录网络游戏。

网络游戏服务提供者应当按照国家有关规定和标准，对游戏产品进行分类，作出适龄提示，并采取技术措施，不得让未成年人接触不适宜的游戏或者游戏功能。

网络游戏服务提供者不得在每日二十二时至次日八时向未成年人提供网络游戏服务。

第七十六条 网络直播服务提供者不得为未满十六周岁的未成年人提供网络直播发布者账号注册服务；为年满十六周岁的未成年人提供网络直播发布者账号注册服务时，应当对其身份信息进行认证，并征得其父母或者其他监护人同意。

第七十七条 任何组织或者个人不得通过网络以文字、图片、音视频等形式，对未成年人实施侮辱、诽谤、威胁或者恶意损害形象等网络欺凌行为。

遭受网络欺凌的未成年人及其父母或者其他监护人有权通知网络服务提供者采取删除、屏蔽、断开链接等措施。网络服务提供者接到通知后，应当及时采取必要的措施制止网络欺凌行为，防止信息扩散。

第七十八条 网络产品和服务提供者应当建立便捷、合理、有效的投诉和举报渠道，公开投诉、举报方式等信息，及时受理并处理涉及未成年人的投诉、举报。

第七十九条　任何组织或者个人发现网络产品、服务含有危害未成年人身心健康的信息，有权向网络产品和服务提供者或者网信、公安等部门投诉、举报。

第八十条　网络服务提供者发现用户发布、传播可能影响未成年人身心健康的信息且未作显著提示的，应当作出提示或者通知用户予以提示；未作出提示的，不得传输相关信息。

网络服务提供者发现用户发布、传播含有危害未成年人身心健康内容的信息的，应当立即停止传输相关信息，采取删除、屏蔽、断开链接等处置措施，保存有关记录，并向网信、公安等部门报告。

网络服务提供者发现用户利用其网络服务对未成年人实施违法犯罪行为的，应当立即停止向该用户提供网络服务，保存有关记录，并向公安机关报告。

第六章　政府保护

第八十一条　县级以上人民政府承担未成年人保护协调机制具体工作的职能部门应当明确相关内设机构或者专门人员，负责承担未成年人保护工作。

乡镇人民政府和街道办事处应当设立未成年人保护工作站或者指定专门人员，及时办理未成年人相关事务；支持、指导居民委员会、村民委员会设立专人专岗，做好未成年人保护工作。

第八十二条　各级人民政府应当将家庭教育指导服务纳入城乡公共服务体系，开展家庭教育知识宣传，鼓励和支持有关人民团体、企业事业单位、社会组织开展家庭教育指导服务。

第八十三条　各级人民政府应当保障未成年人受教育的权利，并采取措施保障留守未成年人、困境未成年人、残疾未成年人接受义务教育。

对尚未完成义务教育的辍学未成年学生，教育行政部门应当责令父母或者其他监护人将其送入学校接受义务教育。

第八十四条　各级人民政府应当发展托育、学前教育事业，办好婴幼儿照护服务机构、幼儿园，支持社会力量依法兴办母婴室、婴幼儿照护服务机构、幼儿园。

县级以上地方人民政府及其有关部门应当培养和培训婴幼儿照护服务机构、幼儿园的保教人员，提高其职业道德素质和业务能力。

第八十五条　各级人民政府应当发展职业教育，保障未成年人接受职业教育或者职业技能培训，鼓励和支持人民团体、企业事业单位、社会组织为未成年人提供职业技能培训服务。

第八十六条　各级人民政府应当保障具有接受普通教育能力、能适应校园生活的残疾未成年人就近在普通学校、幼儿园接受教育；保障不具有接受普通教育能力的残疾未成年人在特殊教育学校、幼儿园接受学前教育、义务教育和职业教育。

各级人民政府应当保障特殊教育学校、幼儿园的办学、办园条件，鼓励和支持社会力量举办特殊教育学校、幼儿园。

第八十七条　地方人民政府及其有关部门应当保障校园安全，监督、指导学校、幼儿园等单位落实校园安全责任，建立突发事件的报告、处置和协调机制。

第八十八条　公安机关和其他有关部门应当依法维护校园周边的治安和交通秩序，设置监控设备和交通安全设施，预防和制止侵害未成年人的违法犯罪行为。

第八十九条　地方人民政府应当建立和改善适合未成年人的活动场所和设施，支持公益性未成年人活动场所和设施的建设和运行，鼓励社会力量兴办适合未成年人的活动场所和设施，并加强管理。

地方人民政府应当采取措施，鼓励和支持学校在国家法定节假日、休息日及寒暑假期将文化体育设施对未成年人免费或者优惠开放。

地方人民政府应当采取措施，防止任何组织或者个人侵占、破坏学校、幼儿园、婴幼儿照护服务机构等未成年人活动场所的场地、房屋和设施。

第九十条　各级人民政府及其有关部门应当对未成年人进行卫生保健和营养指导，提供卫生保健服务。

卫生健康部门应当依法对未成年人的疫苗预防接种进行规范，防治未成年人常见病、多发病，加强传染病防治和监督管理，做好伤害预防和干预，指导和监督学校、幼儿园、婴幼儿照护服务机构开展卫生保健工作。

教育行政部门应当加强未成年人的心理健康教育，建立未成年人心理问题的早期发现和及时干预机制。卫生健康部门应当做好未成年人心理治疗、心理危机干预以及精神障碍早期识别和诊断治疗等工作。

第九十一条　各级人民政府及其有关部门对困境未成年人实施分类保障，采取措施满足其生活、教育、安全、医疗康复、住房等方面的基本需要。

第九十二条　具有下列情形之一的，民政部门应当依法对未成年人进行临时监护：

（一）未成年人流浪乞讨或者身份不明，暂时查找不到父母或者其他监护人；

（二）监护人下落不明且无其他人可以担任监护人；

（三）监护人因自身客观原因或者因发生自然灾害、事故灾难、公共卫生事件等突发事件不能履行监护职责，导致未成年人监护缺失；

（四）监护人拒绝或者怠于履行监护职责，导致未成年人处于无人照料的状态；

（五）监护人教唆、利用未成年人实施违法犯罪行为，未成年人需要被带离安置；

（六）未成年人遭受监护人严重伤害或者面临人身安全威胁，需要被紧急安置；

（七）法律规定的其他情形。

第九十三条　对临时监护的未成年人，民政部门可以采取委托亲属抚养、家庭寄养等方式进行安置，也可以交由未成年人救助保护机构或者儿童福利机构进行收留、抚养。

临时监护期间，经民政部门评估，监护人重新具备履行监护职责条件的，民政部门可以将未成年人送回监护人抚养。

第九十四条　具有下列情形之一的，民政部门应当依法对未成年人进行长期监护：

（一）查找不到未成年人的父母或者其他监护人；

（二）监护人死亡或者被宣告死亡且无其他人可以担任监护人；

（三）监护人丧失监护能力且无其他人可以担任监护人；

（四）人民法院判决撤销监护人资格并指定由民政部门担任监护人；

（五）法律规定的其他情形。

第九十五条　民政部门进行收养评估后，可以依法将其长期监护的未成年人交由符合条件的申请人收养。收养关系成立后，民政部门与未成年人的监护关系终止。

第九十六条　民政部门承担临时监护或者长期监护职责的，财政、教育、卫生健康、公安等部门应当根据各自职责予以配合。

县级以上人民政府及其民政部门应当根据需要设立未成年人救助保护机构、儿童福利机构，负责收留、抚养由民政部门监护的未成年人。

第九十七条　县级以上人民政府应当开通全国统一的未成年人保护热线，及时受理、转介侵犯未成年人合法权益的投诉、举报；鼓励和支持人民团体、企业事业单位、社会组织参与建设未成年人保护服务平台、服务热线、服务站点，提供未成年人保护方面的咨询、帮助。

第九十八条　国家建立性侵害、虐待、拐卖、暴力伤害等违法犯罪人员信息查询系统，向密切接触未成年人的单位提供免费查询服务。

第九十九条　地方人民政府应当培育、引导和规范有关社会组织、社会工作者参与未成年人保护工作，开展家庭教育指导服务，为未成年人的心理辅导、康复救助、监护及收养评估等提供专业服务。

第七章　司法保护

第一百条　公安机关、人民检察院、人民法院和司法行政部门应当依法履行职责，保障未成年人合法权益。

第一百零一条　公安机关、人民检察院、人民法院和司法行政部门应当确定专门机构或者指定专门人员，负责办理涉及未成年人案件。办理涉及未成年人案件的人员应当经过专门培训，熟悉未成年人身心特点。专门机构或者专门人员中，应当有女性工作人员。

公安机关、人民检察院、人民法院和司法行政部门应当对上述机构和人员实行与未成年人保护工作相适应的评价考核标准。

第一百零二条　公安机关、人民检察院、人民法院和司法行政部门办理涉及未成年人案件，应当考虑未成年人身心特点和健康成长的需要，使用未成年人能够理解的语言和表达方式，听取未成年人的意见。

　　第一百零三条　公安机关、人民检察院、人民法院、司法行政部门以及其他组织和个人不得披露有关案件中未成年人的姓名、影像、住所、就读学校以及其他可能识别出其身份的信息，但查找失踪、被拐卖未成年人等情形除外。

　　第一百零四条　对需要法律援助或者司法救助的未成年人，法律援助机构或者公安机关、人民检察院、人民法院和司法行政部门应当给予帮助，依法为其提供法律援助或者司法救助。

　　法律援助机构应当指派熟悉未成年人身心特点的律师为未成年人提供法律援助服务。

　　法律援助机构和律师协会应当对办理未成年人法律援助案件的律师进行指导和培训。

　　第一百零五条　人民检察院通过行使检察权，对涉及未成年人的诉讼活动等依法进行监督。

　　第一百零六条　未成年人合法权益受到侵犯，相关组织和个人未代为提起诉讼的，人民检察院可以督促、支持其提起诉讼；涉及公共利益的，人民检察院有权提起公益诉讼。

　　第一百零七条　人民法院审理继承案件，应当依法保护未成年人的继承权和受遗赠权。

　　人民法院审理离婚案件，涉及未成年子女抚养问题的，应当尊重已满八周岁未成年子女的真实意愿，根据双方具体情况，按照最有利于未成年子女的原则依法处理。

　　第一百零八条　未成年人的父母或者其他监护人不依法履行监护职责或者严重侵犯被监护的未成年人合法权益的，人民法院可以根据有关人员或者单位的申请，依法作出人身安全保护令或者撤销监护人资格。

　　被撤销监护人资格的父母或者其他监护人应当依法继续负担抚养费用。

　　第一百零九条　人民法院审理离婚、抚养、收养、监护、探望等案件涉及未成年人的，可以自行或者委托社会组织对未成年人的相关情况进行社会调查。

　　第一百一十条　公安机关、人民检察院、人民法院讯问未成年犯罪嫌疑人、被告人，询问未成年被害人、证人，应当依法通知其法定代理人或者其成年亲属、所在学校的代表等合适成年人到场，并采取适当方式，在适当场所进行，保障未成年人的名誉权、隐私权和其他合法权益。

人民法院开庭审理涉及未成年人案件，未成年被害人、证人一般不出庭作证；必须出庭的，应当采取保护其隐私的技术手段和心理干预等保护措施。

第一百一十一条 公安机关、人民检察院、人民法院应当与其他有关政府部门、人民团体、社会组织互相配合，对遭受性侵害或者暴力伤害的未成年被害人及其家庭实施必要的心理干预、经济救助、法律援助、转学安置等保护措施。

第一百一十二条 公安机关、人民检察院、人民法院办理未成年人遭受性侵害或者暴力伤害案件，在询问未成年被害人、证人时，应当采取同步录音录像等措施，尽量一次完成；未成年被害人、证人是女性的，应当由女性工作人员进行。

第一百一十三条 对违法犯罪的未成年人，实行教育、感化、挽救的方针，坚持教育为主、惩罚为辅的原则。

对违法犯罪的未成年人依法处罚后，在升学、就业等方面不得歧视。

第一百一十四条 公安机关、人民检察院、人民法院和司法行政部门发现有关单位未尽到未成年人教育、管理、救助、看护等保护职责的，应当向该单位提出建议。被建议单位应当在一个月内作出书面回复。

第一百一十五条 公安机关、人民检察院、人民法院和司法行政部门应当结合实际，根据涉及未成年人案件的特点，开展未成年人法治宣传教育工作。

第一百一十六条 国家鼓励和支持社会组织、社会工作者参与涉及未成年人案件中未成年人的心理干预、法律援助、社会调查、社会观护、教育矫治、社区矫正等工作。

第八章 法律责任

第一百一十七条 违反本法第十一条第二款规定，未履行报告义务造成严重后果的，由上级主管部门或者所在单位对直接负责的主管人员和其他直接责任人员依法给予处分。

第一百一十八条　未成年人的父母或者其他监护人不依法履行监护职责或者侵犯未成年人合法权益的，由其居住地的居民委员会、村民委员会予以劝诫、制止；情节严重的，居民委员会、村民委员会应当及时向公安机关报告。

公安机关接到报告或者公安机关、人民检察院、人民法院在办理案件过程中发现未成年人的父母或者其他监护人存在上述情形的，应当予以训诫，并可以责令其接受家庭教育指导。

第一百一十九条　学校、幼儿园、婴幼儿照护服务等机构及其教职员工违反本法第二十七条、第二十八条、第三十九条规定的，由公安、教育、卫生健康、市场监督管理等部门按照职责分工责令改正；拒不改正或者情节严重的，对直接负责的主管人员和其他直接责任人员依法给予处分。

第一百二十条　违反本法第四十四条、第四十五条、第四十七条规定，未给予未成年人免费或者优惠待遇的，由市场监督管理、文化和旅游、交通运输等部门按照职责分工责令限期改正，给予警告；拒不改正的，处一万元以上十万元以下罚款。

第一百二十一条　违反本法第五十条、第五十一条规定的，由新闻出版、广播电视、电影、网信等部门按照职责分工责令限期改正，给予警告，没收违法所得，可以并处十万元以下罚款；拒不改正或者情节严重的，责令暂停相关业务、停产停业或者吊销营业执照、吊销相关许可证，违法所得一百万元以上的，并处违法所得一倍以上十倍以下的罚款，没有违法所得或者违法所得不足一百万元的，并处十万元以上一百万元以下罚款。

第一百二十二条　场所运营单位违反本法第五十六条第二款规定、住宿经营者违反本法第五十七条规定的，由市场监督管理、应急管理、公安等部门按照职责分工责令限期改正，给予警告；拒不改正或者造成严重后果的，责令停业整顿或者吊销营业执照、吊销相关许可证，并处一万元以上十万元以下罚款。

第一百二十三条　相关经营者违反本法第五十八条、第五十九条第一款、第六十条规定的，由文化和旅游、市场监督管理、烟草专卖、公安等部门按照职责分工责令限期改正，给予警告，没收违法所得，可以并处五万元以下罚款；拒不改正或者情节严重的，责令停业整顿或者吊销营业执照、吊销相关许可证，可以并处五万元以上五十万元以下罚款。

第一百二十四条 违反本法第五十九条第二款规定，在学校、幼儿园和其他未成年人集中活动的公共场所吸烟、饮酒的，由卫生健康、教育、市场监督管理等部门按照职责分工责令改正，给予警告，可以并处五百元以下罚款；场所管理者未及时制止的，由卫生健康、教育、市场监督管理等部门按照职责分工给予警告，并处一万元以下罚款。

第一百二十五条 违反本法第六十一条规定的，由文化和旅游、人力资源和社会保障、市场监督管理等部门按照职责分工责令限期改正，给予警告，没收违法所得，可以并处十万元以下罚款；拒不改正或者情节严重的，责令停产停业或者吊销营业执照、吊销相关许可证，并处十万元以上一百万元以下罚款。

第一百二十六条 密切接触未成年人的单位违反本法第六十二条规定，未履行查询义务，或者招用、继续聘用具有相关违法犯罪记录人员的，由教育、人力资源和社会保障、市场监督管理等部门按照职责分工责令限期改正，给予警告，并处五万元以下罚款；拒不改正或者造成严重后果的，责令停业整顿或者吊销营业执照、吊销相关许可证，并处五万元以上五十万元以下罚款，对直接负责的主管人员和其他直接责任人员依法给予处分。

第一百二十七条 信息处理者违反本法第七十二条规定，或者网络产品和服务提供者违反本法第七十三条、第七十四条、第七十五条、第七十六条、第七十七条、第八十条规定的，由公安、网信、电信、新闻出版、广播电视、文化和旅游等有关部门按照职责分工责令改正，给予警告，没收违法所得，违法所得一百万元以上的，并处违法所得一倍以上十倍以下罚款，没有违法所得或者违法所得不足一百万元的，并处十万元以上一百万元以下罚款，对直接负责的主管人员和其他责任人员处一万元以上十万元以下罚款；拒不改正或者情节严重的，并可以责令暂停相关业务、停业整顿、关闭网站、吊销营业执照或者吊销相关许可证。

第一百二十八条 国家机关工作人员玩忽职守、滥用职权、徇私舞弊，损害未成年人合法权益的，依法给予处分。

第一百二十九条　违反本法规定，侵犯未成年人合法权益，造成人身、财产或者其他损害的，依法承担民事责任。

违反本法规定，构成违反治安管理行为的，依法给予治安管理处罚；构成犯罪的，依法追究刑事责任。

第九章　附　　则

第一百三十条　本法中下列用语的含义：

（一）密切接触未成年人的单位，是指学校、幼儿园等教育机构；校外培训机构；未成年人救助保护机构、儿童福利机构等未成年人安置、救助机构；婴幼儿照护服务机构、早期教育服务机构；校外托管、临时看护机构；家政服务机构；为未成年人提供医疗服务的医疗机构；其他对未成年人负有教育、培训、监护、救助、看护、医疗等职责的企业事业单位、社会组织等。

（二）学校，是指普通中小学、特殊教育学校、中等职业学校、专门学校。

（三）学生欺凌，是指发生在学生之间，一方蓄意或者恶意通过肢体、语言及网络等手段实施欺压、侮辱，造成另一方人身伤害、财产损失或者精神损害的行为。

第一百三十一条　对中国境内未满十八周岁的外国人、无国籍人，依照本法有关规定予以保护。

第一百三十二条　本法自 2021 年 6 月 1 日起施行。

中华人民共和国预防未成年人犯罪法（节录）

(1999 年 6 月 28 日第九届全国人民代表大会常务委员会第十次会议通过 根据 2012 年 10 月 26 日第十一届全国人民代表大会常务委员会第二十九次会议《关于修改〈中华人民共和国预防未成年人犯罪法〉的决定》修正 2020 年 12 月 26 日第十三届全国人民代表大会常务委员会第二十四次会议修订)

第一章 总 则

第五条 各级人民政府在预防未成年人犯罪方面的工作职责是：

（一）制定预防未成年人犯罪工作规划；

（二）组织公安、教育、民政、文化和旅游、市场监督管理、网信、卫生健康、新闻出版、电影、广播电视、司法行政等有关部门开展预防未成年人犯罪工作；

（三）为预防未成年人犯罪工作提供政策支持和经费保障；

（四）对本法的实施情况和工作规划的执行情况进行检查；

（五）组织开展预防未成年人犯罪宣传教育；

（六）其他预防未成年人犯罪工作职责。

第六条 国家加强专门学校建设，对有严重不良行为的未成年人进行专门教育。专门教育是国民教育体系的组成部分，是对有严重不良行为的未成年人进行教育和矫治的重要保护处分措施。

省级人民政府应当将专门教育发展和专门学校建设纳入经济社会发展规划。县级以上地方人民政府成立专门教育指导委员会，根据需要合理设置专门学校。

专门教育指导委员会由教育、民政、财政、人力资源社会保障、公安、司法行政、人民检察院、人民法院、共产主义青年团、妇女联合会、关心下一代工作委员会、专门学校等单位，以及律师、社会工作者等人员组成，研究确定专门学校教学、管理等相关工作。

专门学校建设和专门教育具体办法，由国务院规定。

第七条　公安机关、人民检察院、人民法院、司法行政部门应当由专门机构或者经过专业培训、熟悉未成年人身心特点的专门人员负责预防未成年人犯罪工作。

第八条　共产主义青年团、妇女联合会、工会、残疾人联合会、关心下一代工作委员会、青年联合会、学生联合会、少年先锋队以及有关社会组织，应当协助各级人民政府及其有关部门、人民检察院和人民法院做好预防未成年人犯罪工作，为预防未成年人犯罪培育社会力量，提供支持服务。

第九条　国家鼓励、支持和指导社会工作服务机构等社会组织参与预防未成年人犯罪相关工作，并加强监督。

第十条　任何组织或者个人不得教唆、胁迫、引诱未成年人实施不良行为或者严重不良行为，以及为未成年人实施上述行为提供条件。

第十一条　未成年人应当遵守法律法规及社会公共道德规范，树立自尊、自律、自强意识，增强辨别是非和自我保护的能力，自觉抵制各种不良行为以及违法犯罪行为的引诱和侵害。

第十二条　预防未成年人犯罪，应当结合未成年人不同年龄的生理、心理特点，加强青春期教育、心理关爱、心理矫治和预防犯罪对策的研究。

第十三条　国家鼓励和支持预防未成年人犯罪相关学科建设、专业设置、人才培养及科学研究，开展国际交流与合作。

第十四条　国家对预防未成年人犯罪工作有显著成绩的组织和个人，给予表彰和奖励。

第二章　预防犯罪的教育

第十五条　国家、社会、学校和家庭应当对未成年人加强社会主义核心价值观教育，开展预防犯罪教育，增强未成年人的法治观念，使未成年人树立遵纪守法和防范违法犯罪的意识，提高自我管控能力。

第十六条　未成年人的父母或者其他监护人对未成年人的预防犯罪教育负有直接责任，应当依法履行监护职责，树立优良家风，培养未成年人良好品行；发现未成年人心理或者行为异常的，应当及时了解情况并进行教育、引导和劝诫，不得拒绝或者怠于履行监护职责。

第十七条 教育行政部门、学校应当将预防犯罪教育纳入学校教学计划，指导教职员工结合未成年人的特点，采取多种方式对未成年学生进行有针对性的预防犯罪教育。

第十八条 学校应当聘任从事法治教育的专职或者兼职教师，并可以从司法和执法机关、法学教育和法律服务机构等单位聘请法治副校长、校外法治辅导员。

第十九条 学校应当配备专职或者兼职的心理健康教育教师，开展心理健康教育。学校可以根据实际情况与专业心理健康机构合作，建立心理健康筛查和早期干预机制，预防和解决学生心理、行为异常问题。

学校应当与未成年学生的父母或者其他监护人加强沟通，共同做好未成年学生心理健康教育；发现未成年学生可能患有精神障碍的，应当立即告知其父母或者其他监护人送相关专业机构诊治。

第二十条 教育行政部门应当会同有关部门建立学生欺凌防控制度。学校应当加强日常安全管理，完善学生欺凌发现和处置的工作流程，严格排查并及时消除可能导致学生欺凌行为的各种隐患。

第二十一条 教育行政部门鼓励和支持学校聘请社会工作者长期或者定期进驻学校，协助开展道德教育、法治教育、生命教育和心理健康教育，参与预防和处理学生欺凌等行为。

第二十二条 教育行政部门、学校应当通过举办讲座、座谈、培训等活动，介绍科学合理的教育方法，指导教职员工、未成年学生的父母或者其他监护人有效预防未成年人犯罪。

学校应当将预防犯罪教育计划告知未成年学生的父母或者其他监护人。未成年学生的父母或者其他监护人应当配合学校对未成年学生进行有针对性的预防犯罪教育。

第二十三条 教育行政部门应当将预防犯罪教育的工作效果纳入学校年度考核内容。

第二十四条 各级人民政府及其有关部门、人民检察院、人民法院、共产主义青年团、少年先锋队、妇女联合会、残疾人联合会、关心下一代工作委员会等应当结合实际，组织、举办多种形式的预防未成年人犯罪宣传教育活动。有条件的地方可以建立青少年法治教育基地，对未成年人开展法治教育。

第二十五条　居民委员会、村民委员会应当积极开展有针对性的预防未成年人犯罪宣传活动，协助公安机关维护学校周围治安，及时掌握本辖区内未成年人的监护、就学和就业情况，组织、引导社区社会组织参与预防未成年人犯罪工作。

第二十六条　青少年宫、儿童活动中心等校外活动场所应当把预防犯罪教育作为一项重要的工作内容，开展多种形式的宣传教育活动。

第二十七条　职业培训机构、用人单位在对已满十六周岁准备就业的未成年人进行职业培训时，应当将预防犯罪教育纳入培训内容。

第三章　对不良行为的干预

第二十八条　本法所称不良行为，是指未成年人实施的不利于其健康成长的下列行为：

（一）吸烟、饮酒；

（二）多次旷课、逃学；

（三）无故夜不归宿、离家出走；

（四）沉迷网络；

（五）与社会上具有不良习性的人交往，组织或者参加实施不良行为的团伙；

（六）进入法律法规规定未成年人不宜进入的场所；

（七）参与赌博、变相赌博，或者参加封建迷信、邪教等活动；

（八）阅览、观看或者收听宣扬淫秽、色情、暴力、恐怖、极端等内容的读物、音像制品或者网络信息等；

（九）其他不利于未成年人身心健康成长的不良行为。

第二十九条　未成年人的父母或者其他监护人发现未成年人有不良行为的，应当及时制止并加强管教。

第三十条　公安机关、居民委员会、村民委员会发现本辖区内未成年人有不良行为的，应当及时制止，并督促其父母或者其他监护人依法履行监护职责。

第三十一条 学校对有不良行为的未成年学生，应当加强管理教育，不得歧视；对拒不改正或者情节严重的，学校可以根据情况予以处分或者采取以下管理教育措施：

（一）予以训导；

（二）要求遵守特定的行为规范；

（三）要求参加特定的专题教育；

（四）要求参加校内服务活动；

（五）要求接受社会工作者或者其他专业人员的心理辅导和行为干预；

（六）其他适当的管理教育措施。

第三十二条 学校和家庭应当加强沟通，建立家校合作机制。学校决定对未成年学生采取管理教育措施的，应当及时告知其父母或者其他监护人；未成年学生的父母或者其他监护人应当支持、配合学校进行管理教育。

第三十三条 未成年学生偷窃少量财物，或者有殴打、辱骂、恐吓、强行索要财物等学生欺凌行为，情节轻微的，可以由学校依照本法第三十一条规定采取相应的管理教育措施。

第三十四条 未成年学生旷课、逃学的，学校应当及时联系其父母或者其他监护人，了解有关情况；无正当理由的，学校和未成年学生的父母或者其他监护人应当督促其返校学习。

第三十五条 未成年人无故夜不归宿、离家出走的，父母或者其他监护人、所在的寄宿制学校应当及时查找，必要时向公安机关报告。

收留夜不归宿、离家出走未成年人的，应当及时联系其父母或者其他监护人、所在学校；无法取得联系的，应当及时向公安机关报告。

第三十六条 对夜不归宿、离家出走或者流落街头的未成年人，公安机关、公共场所管理机构等发现或者接到报告后，应当及时采取有效保护措施，并通知其父母或者其他监护人、所在的寄宿制学校，必要时应当护送其返回住所、学校；无法与其父母或者其他监护人、学校取得联系的，应当护送未成年人到救助保护机构接受救助。

第三十七条 未成年人的父母或者其他监护人、学校发现未成年人组织或者参加实施不良行为的团伙，应当及时制止；发现该团伙有违法犯罪嫌疑的，应当立即向公安机关报告。

第四章　对严重不良行为的矫治

第三十八条　本法所称严重不良行为，是指未成年人实施的有刑法规定、因不满法定刑事责任年龄不予刑事处罚的行为，以及严重危害社会的下列行为：

（一）结伙斗殴，追逐、拦截他人，强拿硬要或者任意损毁、占用公私财物等寻衅滋事行为；

（二）非法携带枪支、弹药或者弩、匕首等国家规定的管制器具；

（三）殴打、辱骂、恐吓，或者故意伤害他人身体；

（四）盗窃、哄抢、抢夺或者故意损毁公私财物；

（五）传播淫秽的读物、音像制品或者信息等；

（六）卖淫、嫖娼，或者进行淫秽表演；

（七）吸食、注射毒品，或者向他人提供毒品；

（八）参与赌博赌资较大；

（九）其他严重危害社会的行为。

第三十九条　未成年人的父母或者其他监护人、学校、居民委员会、村民委员会发现有人教唆、胁迫、引诱未成年人实施严重不良行为的，应当立即向公安机关报告。公安机关接到报告或者发现有上述情形的，应当及时依法查处；对人身安全受到威胁的未成年人，应当立即采取有效保护措施。

第四十条　公安机关接到举报或者发现未成年人有严重不良行为的，应当及时制止，依法调查处理，并可以责令其父母或者其他监护人消除或者减轻违法后果，采取措施严加管教。

第四十一条　对有严重不良行为的未成年人，公安机关可以根据具体情况，采取以下矫治教育措施：

（一）予以训诫；

（二）责令赔礼道歉、赔偿损失；

（三）责令具结悔过；

（四）责令定期报告活动情况；

（五）责令遵守特定的行为规范，不得实施特定行为、接触特定人员或者进入特定场所；

（六）责令接受心理辅导、行为矫治；

（七）责令参加社会服务活动；

（八）责令接受社会观护，由社会组织、有关机构在适当场所对未成年人进行教育、监督和管束；

（九）其他适当的矫治教育措施。

第四十二条 公安机关在对未成年人进行矫治教育时，可以根据需要邀请学校、居民委员会、村民委员会以及社会工作服务机构等社会组织参与。

未成年人的父母或者其他监护人应当积极配合矫治教育措施的实施，不得妨碍阻挠或者放任不管。

第四十三条 对有严重不良行为的未成年人，未成年人的父母或者其他监护人、所在学校无力管教或者管教无效的，可以向教育行政部门提出申请，经专门教育指导委员会评估同意后，由教育行政部门决定送入专门学校接受专门教育。

第四十四条 未成年人有下列情形之一的，经专门教育指导委员会评估同意，教育行政部门会同公安机关可以决定将其送入专门学校接受专门教育：

（一）实施严重危害社会的行为，情节恶劣或者造成严重后果；

（二）多次实施严重危害社会的行为；

（三）拒不接受或者配合本法第四十一条规定的矫治教育措施；

（四）法律、行政法规规定的其他情形。

第四十五条 未成年人实施刑法规定的行为、因不满法定刑事责任年龄不予刑事处罚的，经专门教育指导委员会评估同意，教育行政部门会同公安机关可以决定对其进行专门矫治教育。

省级人民政府应当结合本地的实际情况，至少确定一所专门学校按照分校区、分班级等方式设置专门场所，对前款规定的未成年人进行专门矫治教育。

前款规定的专门场所实行闭环管理，公安机关、司法行政部门负责未成年人的矫治工作，教育行政部门承担未成年人的教育工作。

第四十六条 专门学校应当在每个学期适时提请专门教育指导委员会对接受专门教育的未成年学生的情况进行评估。对经评估适合转回普通学校就读的，专门教育指导委员会应当向原决定机关提出书面建议，由原决定机关决定是否将未成年学生转回普通学校就读。

原决定机关决定将未成年学生转回普通学校的，其原所在学校不得拒绝接收；因特殊情况，不适宜转回原所在学校的，由教育行政部门安排转学。

第四十七条　专门学校应当对接受专门教育的未成年人分级分类进行教育和矫治，有针对性地开展道德教育、法治教育、心理健康教育，并根据实际情况进行职业教育；对没有完成义务教育的未成年人，应当保证其继续接受义务教育。

专门学校的未成年学生的学籍保留在原学校，符合毕业条件的，原学校应当颁发毕业证书。

第四十八条　专门学校应当与接受专门教育的未成年人的父母或者其他监护人加强联系，定期向其反馈未成年人的矫治和教育情况，为父母或者其他监护人、亲属等看望未成年人提供便利。

第四十九条　未成年人及其父母或者其他监护人对本章规定的行政决定不服的，可以依法提起行政复议或者行政诉讼。

第五章　对重新犯罪的预防

第五十条　公安机关、人民检察院、人民法院办理未成年人刑事案件，应当根据未成年人的生理、心理特点和犯罪的情况，有针对性地进行法治教育。

对涉及刑事案件的未成年人进行教育，其法定代理人以外的成年亲属或者教师、辅导员等参与有利于感化、挽救未成年人的，公安机关、人民检察院、人民法院应当邀请其参加有关活动。

第五十一条　公安机关、人民检察院、人民法院办理未成年人刑事案件，可以自行或者委托有关社会组织、机构对未成年犯罪嫌疑人或者被告人的成长经历、犯罪原因、监护、教育等情况进行社会调查；根据实际需要并经未成年犯罪嫌疑人、被告人及其法定代理人同意，可以对未成年犯罪嫌疑人、被告人进行心理测评。

社会调查和心理测评的报告可以作为办理案件和教育未成年人的参考。

第五十二条 公安机关、人民检察院、人民法院对于无固定住所、无法提供保证人的未成年人适用取保候审的，应当指定合适成年人作为保证人，必要时可以安排取保候审的未成年人接受社会观护。

第五十三条 对被拘留、逮捕以及在未成年犯管教所执行刑罚的未成年人，应当与成年人分别关押、管理和教育。对未成年人的社区矫正，应当与成年人分别进行。

对有上述情形且没有完成义务教育的未成年人，公安机关、人民检察院、人民法院、司法行政部门应当与教育行政部门相互配合，保证其继续接受义务教育。

第五十四条 未成年犯管教所、社区矫正机构应当对未成年犯、未成年社区矫正对象加强法治教育，并根据实际情况对其进行职业教育。

第五十五条 社区矫正机构应当告知未成年社区矫正对象安置帮教的有关规定，并配合安置帮教工作部门落实或者解决未成年社区矫正对象的就学、就业等问题。

第五十六条 对刑满释放的未成年人，未成年犯管教所应当提前通知其父母或者其他监护人按时接回，并协助落实安置帮教措施。没有父母或者其他监护人、无法查明其父母或者其他监护人的，未成年犯管教所应当提前通知未成年人原户籍所在地或者居住地的司法行政部门安排人员按时接回，由民政部门或者居民委员会、村民委员会依法对其进行监护。

第五十七条 未成年人的父母或者其他监护人和学校、居民委员会、村民委员会对接受社区矫正、刑满释放的未成年人，应当采取有效的帮教措施，协助司法机关以及有关部门做好安置帮教工作。

居民委员会、村民委员会可以聘请思想品德优秀，作风正派，热心未成年人工作的离退休人员、志愿者或其他人员协助做好前款规定的安置帮教工作。

第五十八条 刑满释放和接受社区矫正的未成年人，在复学、升学、就业等方面依法享有与其他未成年人同等的权利，任何单位和个人不得歧视。

第五十九条 未成年人的犯罪记录依法被封存的，公安机关、人民检察院、人民法院和司法行政部门不得向任何单位或者个人提供，但司法机关因办案需要或者有关单位根据国家有关规定进行查询的除外。依法进行查询的单位和个人应当对相关记录信息予以保密。

未成年人接受专门矫治教育、专门教育的记录，以及被行政处罚、采取刑事强制措施和不起诉的记录，适用前款规定。

第六十条　人民检察院通过依法行使检察权，对未成年人重新犯罪预防工作等进行监督。

第六章　法律责任

第六十一条　公安机关、人民检察院、人民法院在办理案件过程中发现实施严重不良行为的未成年人的父母或者其他监护人不依法履行监护职责的，应当予以训诫，并可以责令其接受家庭教育指导。

第六十二条　学校及其教职员工违反本法规定，不履行预防未成年人犯罪工作职责，或者虐待、歧视相关未成年人的，由教育行政等部门责令改正，通报批评；情节严重的，对直接负责的主管人员和其他直接责任人员依法给予处分。构成违反治安管理行为的，由公安机关依法予以治安管理处罚。

教职员工教唆、胁迫、引诱未成年人实施不良行为或者严重不良行为，以及品行不良、影响恶劣的，教育行政部门、学校应当依法予以解聘或者辞退。

第六十三条　违反本法规定，在复学、升学、就业等方面歧视相关未成年人的，由所在单位或者教育、人力资源社会保障等部门责令改正；拒不改正的，对直接负责的主管人员或者其他直接责任人员依法给予处分。

第六十四条　有关社会组织、机构及其工作人员虐待、歧视接受社会观护的未成年人，或者出具虚假社会调查、心理测评报告的，由民政、司法行政等部门对直接负责的主管人员或者其他直接责任人员依法给予处分，构成违反治安管理行为的，由公安机关予以治安管理处罚。

第六十五条　教唆、胁迫、引诱未成年人实施不良行为或者严重不良行为，构成违反治安管理行为的，由公安机关依法予以治安管理处罚。

第六十六条　国家机关及其工作人员在预防未成年人犯罪工作中滥用

职权、玩忽职守、徇私舞弊的，对直接负责的主管人员和其他直接责任人员，依法给予处分。

第六十七条　违反本法规定，构成犯罪的，依法追究刑事责任。

第七章　附　　则

第六十八条　本法自 2021 年 6 月 1 日起施行。

中华人民共和国家庭教育促进法（节录）

（2021 年 10 月 23 日第十三届全国人民代表大会常务委员会第三十一次会议通过）

第一章　总　　则

第五条　家庭教育应当符合以下要求：

（一）尊重未成年人身心发展规律和个体差异；

（二）尊重未成年人人格尊严，保护未成年人隐私权和个人信息，保障未成年人合法权益；

（三）遵循家庭教育特点，贯彻科学的家庭教育理念和方法；

（四）家庭教育、学校教育、社会教育紧密结合、协调一致；

（五）结合实际情况采取灵活多样的措施。

第六条　各级人民政府指导家庭教育工作，建立健全家庭学校社会协同育人机制。县级以上人民政府负责妇女儿童工作的机构，组织、协调、指导、督促有关部门做好家庭教育工作。

教育行政部门、妇女联合会统筹协调社会资源，协同推进覆盖城乡的家庭教育指导服务体系建设，并按照职责分工承担家庭教育工作的日常事务。

县级以上精神文明建设部门和县级以上人民政府公安、民政、司法行政、人力资源和社会保障、文化和旅游、卫生健康、市场监督管理、广播电视、体育、新闻出版、网信等有关部门在各自的职责范围内做好家庭教育工作。

第七条　县级以上人民政府应当制定家庭教育工作专项规划，将家庭教育指导服务纳入城乡公共服务体系和政府购买服务目录，将相关经费列入财政预算，鼓励和支持以政府购买服务的方式提供家庭教育指导。

第八条　人民法院、人民检察院发挥职能作用，配合同级人民政府及其有关部门建立家庭教育工作联动机制，共同做好家庭教育工作。

第九条　工会、共产主义青年团、残疾人联合会、科学技术协会、关心下一代工作委员会以及居民委员会、村民委员会等应当结合自身工作，积极开展家庭教育工作，为家庭教育提供社会支持。

第十条 国家鼓励和支持企业事业单位、社会组织及个人依法开展公益性家庭教育服务活动。

第十一条 国家鼓励开展家庭教育研究，鼓励高等学校开设家庭教育专业课程，支持师范院校和有条件的高等学校加强家庭教育学科建设，培养家庭教育服务专业人才，开展家庭教育服务人员培训。

第十二条 国家鼓励和支持自然人、法人和非法人组织为家庭教育事业进行捐赠或者提供志愿服务，对符合条件的，依法给予税收优惠。

国家对在家庭教育工作中做出突出贡献的组织和个人，按照有关规定给予表彰、奖励。

第十三条 每年5月15日国际家庭日所在周为全国家庭教育宣传周。

第二章 家庭责任

第十四条 父母或者其他监护人应当树立家庭是第一个课堂、家长是第一任老师的责任意识，承担对未成年人实施家庭教育的主体责任，用正确思想、方法和行为教育未成年人养成良好思想、品行和习惯。

共同生活的具有完全民事行为能力的其他家庭成员应当协助和配合未成年人的父母或者其他监护人实施家庭教育。

第十五条 未成年人的父母或者其他监护人及其他家庭成员应当注重家庭建设，培育积极健康的家庭文化，树立和传承优良家风，弘扬中华民族家庭美德，共同构建文明、和睦的家庭关系，为未成年人健康成长营造良好的家庭环境。

第十六条 未成年人的父母或者其他监护人应当针对不同年龄段未成年人的身心发展特点，以下列内容为指引，开展家庭教育：

（一）教育未成年人爱党、爱国、爱人民、爱集体、爱社会主义，树立维护国家统一的观念，铸牢中华民族共同体意识，培养家国情怀；

（二）教育未成年人崇德向善、尊老爱幼、热爱家庭、勤俭节约、团结互助、诚信友爱、遵纪守法，培养其良好社会公德、家庭美德、个人品德意识和法治意识；

（三）帮助未成年人树立正确的成才观，引导其培养广泛兴趣爱好、健康审美追求和良好学习习惯，增强科学探索精神、创新意识和能力；

（四）保证未成年人营养均衡、科学运动、睡眠充足、身心愉悦，引导其养成良好生活习惯和行为习惯，促进其身心健康发展；

（五）关注未成年人心理健康，教导其珍爱生命，对其进行交通出行、健康上网和防欺凌、防溺水、防诈骗、防拐卖、防性侵等方面的安全知识教育，帮助其掌握安全知识和技能，增强其自我保护的意识和能力；

（六）帮助未成年人树立正确的劳动观念，参加力所能及的劳动，提高生活自理能力和独立生活能力，养成吃苦耐劳的优秀品格和热爱劳动的良好习惯。

第十七条　未成年人的父母或者其他监护人实施家庭教育，应当关注未成年人的生理、心理、智力发展状况，尊重其参与相关家庭事务和发表意见的权利，合理运用以下方式方法：

（一）亲自养育，加强亲子陪伴；

（二）共同参与，发挥父母双方的作用；

（三）相机而教，寓教于日常生活之中；

（四）潜移默化，言传与身教相结合；

（五）严慈相济，关心爱护与严格要求并重；

（六）尊重差异，根据年龄和个性特点进行科学引导；

（七）平等交流，予以尊重、理解和鼓励；

（八）相互促进，父母与子女共同成长；

（九）其他有益于未成年人全面发展、健康成长的方式方法。

第十八条　未成年人的父母或者其他监护人应当树立正确的家庭教育理念，自觉学习家庭教育知识，在孕期和未成年人进入婴幼儿照护服务机构、幼儿园、中小学校等重要时段进行有针对性的学习，掌握科学的家庭教育方法，提高家庭教育的能力。

第十九条　未成年人的父母或者其他监护人应当与中小学校、幼儿园、婴幼儿照护服务机构、社区密切配合，积极参加其提供的公益性家庭教育指导和实践活动，共同促进未成年人健康成长。

第二十条　未成年人的父母分居或者离异的，应当相互配合履行家庭教育责任，任何一方不得拒绝或者怠于履行；除法律另有规定外，不得阻碍另一方实施家庭教育。

第二十一条 未成年人的父母或者其他监护人依法委托他人代为照护未成年人的，应当与被委托人、未成年人保持联系，定期了解未成年人学习、生活情况和心理状况，与被委托人共同履行家庭教育责任。

第二十二条 未成年人的父母或者其他监护人应当合理安排未成年人学习、休息、娱乐和体育锻炼的时间，避免加重未成年人学习负担，预防未成年人沉迷网络。

第二十三条 未成年人的父母或者其他监护人不得因性别、身体状况、智力等歧视未成年人，不得实施家庭暴力，不得胁迫、引诱、教唆、纵容、利用未成年人从事违反法律法规和社会公德的活动。

第三章 国家支持

第二十四条 国务院应当组织有关部门制定、修订并及时颁布全国家庭教育指导大纲。

省级人民政府或者有条件的设区的市级人民政府应当组织有关部门编写或者采用适合当地实际的家庭教育指导读本，制定相应的家庭教育指导服务工作规范和评估规范。

第二十五条 省级以上人民政府应当组织有关部门统筹建设家庭教育信息化共享服务平台，开设公益性网上家长学校和网络课程，开通服务热线，提供线上家庭教育指导服务。

第二十六条 县级以上地方人民政府应当加强监督管理，减轻义务教育阶段学生作业负担和校外培训负担，畅通学校家庭沟通渠道，推进学校教育和家庭教育相互配合。

第二十七条 县级以上地方人民政府及有关部门组织建立家庭教育指导服务专业队伍，加强对专业人员的培养，鼓励社会工作者、志愿者参与家庭教育指导服务工作。

第二十八条 县级以上地方人民政府可以结合当地实际情况和需要，通过多种途径和方式确定家庭教育指导机构。

家庭教育指导机构对辖区内社区家长学校、学校家长学校及其他家庭教育指导服务站点进行指导，同时开展家庭教育研究、服务人员队伍建设和培训、公共服务产品研发。

第二十九条　家庭教育指导机构应当及时向有需求的家庭提供服务。

对于父母或者其他监护人履行家庭教育责任存在一定困难的家庭，家庭教育指导机构应当根据具体情况，与相关部门协作配合，提供有针对性的服务。

第三十条　设区的市、县、乡级人民政府应当结合当地实际采取措施，对留守未成年人和困境未成年人家庭建档立卡，提供生活帮扶、创业就业支持等关爱服务，为留守未成年人和困境未成年人的父母或者其他监护人实施家庭教育创造条件。

教育行政部门、妇女联合会应当采取有针对性的措施，为留守未成年人和困境未成年人的父母或者其他监护人实施家庭教育提供服务，引导其积极关注未成年人身心健康状况、加强亲情关爱。

第三十一条　家庭教育指导机构开展家庭教育指导服务活动，不得组织或者变相组织营利性教育培训。

第三十二条　婚姻登记机构和收养登记机构应当通过现场咨询辅导、播放宣传教育片等形式，向办理婚姻登记、收养登记的当事人宣传家庭教育知识，提供家庭教育指导。

第三十三条　儿童福利机构、未成年人救助保护机构应当对本机构安排的寄养家庭、接受救助保护的未成年人的父母或者其他监护人提供家庭教育指导。

第三十四条　人民法院在审理离婚案件时，应当对有未成年子女的夫妻双方提供家庭教育指导。

第三十五条　妇女联合会发挥妇女在弘扬中华民族家庭美德、树立良好家风等方面的独特作用，宣传普及家庭教育知识，通过家庭教育指导机构、社区家长学校、文明家庭建设等多种渠道组织开展家庭教育实践活动，提供家庭教育指导服务。

第三十六条　自然人、法人和非法人组织可以依法设立非营利性家庭教育服务机构。

县级以上地方人民政府及有关部门可以采取政府补贴、奖励激励、购买服务等扶持措施，培育家庭教育服务机构。

教育、民政、卫生健康、市场监督管理等有关部门应当在各自职责范围内，依法对家庭教育服务机构及从业人员进行指导和监督。

第三十七条　国家机关、企业事业单位、群团组织、社会组织应当将家风建设纳入单位文化建设，支持职工参加相关的家庭教育服务活动。

文明城市、文明村镇、文明单位、文明社区、文明校园和文明家庭等创建活动，应当将家庭教育情况作为重要内容。

第四章　社会协同

第三十八条　居民委员会、村民委员会可以依托城乡社区公共服务设施，设立社区家长学校等家庭教育指导服务站点，配合家庭教育指导机构组织面向居民、村民的家庭教育知识宣传，为未成年人的父母或者其他监护人提供家庭教育指导服务。

第三十九条　中小学校、幼儿园应当将家庭教育指导服务纳入工作计划，作为教师业务培训的内容。

第四十条　中小学校、幼儿园可以采取建立家长学校等方式，针对不同年龄段未成年人的特点，定期组织公益性家庭教育指导服务和实践活动，并及时联系、督促未成年人的父母或者其他监护人参加。

第四十一条　中小学校、幼儿园应当根据家长的需求，邀请有关人员传授家庭教育理念、知识和方法，组织开展家庭教育指导服务和实践活动，促进家庭与学校共同教育。

第四十二条　具备条件的中小学校、幼儿园应当在教育行政部门的指导下，为家庭教育指导服务站点开展公益性家庭教育指导服务活动提供支持。

第四十三条　中小学校发现未成年学生严重违反校规校纪的，应当及时制止、管教，告知其父母或者其他监护人，并为其父母或者其他监护人提供有针对性的家庭教育指导服务；发现未成年学生有不良行为或者严重不良行为的，按照有关法律规定处理。

第四十四条　婴幼儿照护服务机构、早期教育服务机构应当为未成年人的父母或者其他监护人提供科学养育指导等家庭教育指导服务。

第四十五条　医疗保健机构在开展婚前保健、孕产期保健、儿童保健、预防接种等服务时，应当对有关成年人、未成年人的父母或者其他监护人开展科学养育知识和婴幼儿早期发展的宣传和指导。

第四十六条　图书馆、博物馆、文化馆、纪念馆、美术馆、科技馆、体育场馆、青少年宫、儿童活动中心等公共文化服务机构和爱国主义教育基地每年应当定期开展公益性家庭教育宣传、家庭教育指导服务和实践活动，开发家庭教育类公共文化服务产品。

广播、电视、报刊、互联网等新闻媒体应当宣传正确的家庭教育知识，传播科学的家庭教育理念和方法，营造重视家庭教育的良好社会氛围。

第四十七条　家庭教育服务机构应当加强自律管理，制定家庭教育服务规范，组织从业人员培训，提高从业人员的业务素质和能力。

第五章　法律责任

第四十八条　未成年人住所地的居民委员会、村民委员会、妇女联合会，未成年人的父母或者其他监护人所在单位，以及中小学校、幼儿园等有关密切接触未成年人的单位，发现父母或者其他监护人拒绝、怠于履行家庭教育责任，或者非法阻碍其他监护人实施家庭教育的，应当予以批评教育、劝诫制止，必要时督促其接受家庭教育指导。

未成年人的父母或者其他监护人依法委托他人代为照护未成年人，有关单位发现被委托人不依法履行家庭教育责任的，适用前款规定。

第四十九条　公安机关、人民检察院、人民法院在办理案件过程中，发现未成年人存在严重不良行为或者实施犯罪行为，或者未成年人的父母或者其他监护人不正确实施家庭教育侵害未成年人合法权益的，根据情况对父母或者其他监护人予以训诫，并可以责令其接受家庭教育指导。

第五十条　负有家庭教育工作职责的政府部门、机构有下列情形之一的，由其上级机关或者主管单位责令限期改正；情节严重的，对直接负责的主管人员和其他直接责任人员依法予以处分：

（一）不履行家庭教育工作职责；

（二）截留、挤占、挪用或者虚报、冒领家庭教育工作经费；

（三）其他滥用职权、玩忽职守或者徇私舞弊的情形。

第五十一条　家庭教育指导机构、中小学校、幼儿园、婴幼儿照护服务机构、早期教育服务机构违反本法规定，不履行或者不正确履行家庭教育指导服务职责的，由主管部门责令限期改正；情节严重的，对直接负责的主管人员和其他直接责任人员依法予以处分。

第五十二条　家庭教育服务机构有下列情形之一的，由主管部门责令限期改正；拒不改正或者情节严重的，由主管部门责令停业整顿、吊销营业执照或者撤销登记：

（一）未依法办理设立手续；

（二）从事超出许可业务范围的行为或作虚假、引人误解宣传，产生不良后果；

（三）侵犯未成年人及其父母或者其他监护人合法权益。

第五十三条　未成年人的父母或者其他监护人在家庭教育过程中对未成年人实施家庭暴力的，依照《中华人民共和国未成年人保护法》、《中华人民共和国反家庭暴力法》等法律的规定追究法律责任。

第五十四条　违反本法规定，构成违反治安管理行为的，由公安机关依法予以治安管理处罚；构成犯罪的，依法追究刑事责任。

第六章　附　　则

第五十五条　本法自 2022 年 1 月 1 日起施行。

参考书目

1. 杨大文主编：《亲属法与继承法》，法律出版社 2013 年版。

2. 刘学文主编：《婚姻家庭案件立案标准》，人民法院出版社 2009 年版。

3. 陈琦主编：《社会保险与福利待遇纠纷诉讼指引与实务解答》，法律出版社 2014 年版。

4. 汪琼枝编著：《妇女权益保障法条文释义》，人民法院出版社 2006 年版。

5. 周信、宋才发主编：《最新老年人权益保护疑难案例解析》，南海出版公司 2006 年版。

6. 赵新主编：《老年权益法律保护问答》，山东人民出版社 2003 年版。

7. 宋才发、刘玉民主编：《大众维权 600 问——民事卷》，中国发展出版社 2006 年版。

8. 张钢成主编：《劳动争议纠纷诉讼指引与实务解答》，法律出版社 2014 年版。

9. 李克、宋才发主编：《婚姻家庭纠纷案例》，人民法院出版社 2004 年版。

10. 李克、宋才发主编：《家有少年系列丛书》，人民法院出版社 2005 年版。

11. 最高人民法院民法典贯彻实施领导小组主编：《中华人民共和国民法典婚姻家庭编继承编理解与适用》，人民法院出版社 2020 年版。

12. 李永军主编：《民法典婚姻家庭编法律适用与案例指引》，中国民主法制出版社 2022 年版。

13. 陈枝辉主编：《婚姻家庭继承纠纷疑难案件裁判要点与依据》，法律出版社 2021 年版。

14. 房绍坤、范李瑛、张洪波主编：《婚姻家庭继承法》，中国人民大学出版社 2021 年版。

15. 吴国平主编:《婚姻家庭原理与实务》,中国政法大学出版社 2022 年版。

16. 吴卫义、张寅主编:《婚姻家庭案件司法观点集成》,法律出版社 2015 年版。

17. 最高人民法院民法典贯彻实施领导小组主编:《中华人民共和国民法典侵权责任编理解与适用》,人民法院出版社 2020 年版。

18. 最高人民法院民事审判第一庭编:《民事审判实务问答》,法律出版社 2021 年版。

19. 胡云腾、熊选国、高憬宏、万春主编:《刑法罪名精释》,人民法院出版社 2022 年版。